北京工商大学学术专著出版资助项目

北京大学新闻学研究会学术文库⑩

半殖民主义语境中的"断裂"报格：

北方小型报先驱《实报》与报人管翼贤

李杰琼　著

中国社会科学出版社

图书在版编目（CIP）数据

半殖民主义语境中的"断裂"报格：北方小型报先驱《实报》与报人
管翼贤/李杰琼著 . —北京：中国社会科学出版社，2015.1
（北京大学新闻学研究会学术文库）
ISBN 978 – 7 – 5161 – 5200 – 3

Ⅰ.①半…　Ⅱ.①李…　Ⅲ.①报纸—新闻事业史—研究—中国—近代
Ⅳ.①G219.295

中国版本图书馆 CIP 数据核字（2014）第 292080 号

出 版 人	赵剑英	
责任编辑	田　文	
特约编辑	金　泓	
责任校对	石春梅	
责任印制	王　超	

出　　版	中国社会科学出版社
社　　址	北京鼓楼西大街甲 158 号
邮　　编	100720
网　　址	http：//www.csspw.cn
发 行 部	010 – 84083685
门 市 部	010 – 84029450
经　　销	新华书店及其他书店

印刷装订	北京君升印刷有限公司
版　　次	2015 年 1 月第 1 版
印　　次	2015 年 1 月第 1 次印刷

开　　本	710×1000　1/16
印　　张	15.75
插　　页	2
字　　数	268 千字
定　　价	48.00 元

"北京大学新闻学研究会学术文库"总序

程曼丽[*]　　［新］卓南生^{**}

程曼丽[*]　　［新］卓南生^{**}

经过一番甄选与琢磨，"北京大学新闻学研究会学术文库"即将陆续出版。它既是学会复会六年来所开展的学术研究与学术活动的集萃，也是吾辈向创会前辈敬献的一份厚礼。

历史上的北大新闻学研究会成立于 1918 年 10 月 14 日，由时任校长蔡元培亲自发起并担任会长，他同时聘请留美研习新闻学归国的徐宝璜、《京报》社长邵飘萍担任研究会的导师，这三人也因此被称为北大新闻学研究会的三驾马车。

蔡元培校长亲自起草研究会章程，确立研究会宗旨为"灌输新闻知识，培养新闻人才"。学会拟定的章程、宗旨，学会开设的课程，出版的刊物、教材，成为中国新闻学科建设最初的范本，也使北京大学毫无疑问地成为中国新闻教育和新闻学研究的摇篮。

北大新闻学研究会的会员很多是当时的进步学生，其中的一些后来成为中国最早的马克思主义者，中国共产党的早期领导人，也有一些成为著名的新闻人。据史料记载，在获得证书的 55 人中，就有毛泽东、罗章龙等人的名字。这段往事已经在中国新闻发展史上留下了深刻的印记。

2008 年 4 月 15 日，北京大学新闻学研究会恢复成立，按照惯例，许智宏校长任会长，并聘请首批 10 位海内外学者担任研究会导师。《光明日报》用整版篇幅介绍了北京大学新闻学研究会的历史及恢复成立的情

* 程曼丽，北京大学新闻学研究会执行会长、北京大学新闻与传播学院教授、中国新闻史学会会长。

** 卓南生，新加坡旅华学者，北京大学新闻学研究会导师兼副会长、北京大学新闻与传播学院客座教授、日本龙谷大学名誉教授。

况；人民网对导师聘任仪式进行了全程直播报道。

恢复成立后的北京大学新闻学研究会一方面继承和发扬历史传统，另一方面，力求开拓进取，创造新的业绩。

复会以来，研究会连续举办了五届年会，主题分别为"纪念五四运动90周年暨五四时期新闻传播专题史研究"、"东亚新闻学与新闻事业的回顾与反思"、"新闻史论教育与研究面临的难题与困惑"、"如何研究新闻史？如何弘扬学术精神——以《新闻春秋》公开发行为契机"、"新闻传播学的本土化与主体性的再思考"。

复会以来，研究会传承历史，连续举办了五届新闻史论师资特训班，截至2013年，毕业学员达到100名。学员来自国内三个新闻机构、一所海外大学和64所国内高校，包括北京大学、清华大学、中国人民大学、复旦大学、中国传媒大学、河南大学、河北大学、湖南大学、厦门大学、广西大学、西北大学、暨南大学、上海大学、华中科技大学，等等。2011年，特训班学员自行成立了同窗会，2012年和2014年又相继成立了两湖分会和东北分会。

复会以来，研究会与北京大学世界华文传媒研究中心联合举办了40多次北大新闻学茶座。光临茶座的有来自美国、英国、加拿大、日本、新加坡以及中国大陆、中国香港、中国台湾的学者和业界人士。茶座讲座的部分内容刊登在《国际新闻界》、《世界知识》、《参考消息》、《新闻春秋》、新加坡《联合早报》等报刊和财团法人卓越新闻基金奖的网站上。近年来，北大新闻学茶座吸引了一批志同道合的中青年学者、学子，形成了一个跨国、跨界、跨校、跨学科的学术共同体。

复会以来，研究会出版《北大新闻学通讯》13期（第14期正在编辑中），并且开设了专门的网站（http：//ioj.pku.edu.cn）和专门的公共邮箱（iojpku@126.com）。

在广泛开展学术交流活动的基础上，2013年7月，学会成员首次走出国门，与韩国言论学会联合举办有关两国媒介产业发展的研讨会，搭建起了中韩两国学者可持续交流的平台。

2013年11月9日，在国务院新闻办的支持下，北大新闻学研究会和新闻与传播学院联合举办了"十年再出发——中国新闻发布实践与创新论坛"，各部委十数位新闻发言人与会并围绕如何推动新闻发布制度建设等问题进行了探讨。人民网、中国网全程直播，《人民日报》、《中国青年报》等作了大篇幅的报道。论坛文集《十年——新闻发言人面对面》已由清华大学出版社出版。

复会以来，北大新闻学研究会开展的一系列学术活动在海内外新闻传播学界产生了较大的影响，获得了广泛的认可。在北京大学新闻与传播学院建院十周年之际，新闻学著名教授、中国新闻史学会创会会长、北大新闻学研究会学术总顾问方汉奇先生对于北大的新闻学教学、研究作出这样的评价："北大新闻与传播学院建院十周年了。她在新闻学研究和新闻教育方面拥有四个全国第一，加上站在她背后的北大的声望和影响，近年来发展十分迅速，已经后来居上，跻身于中国新闻教育的第一团队。希望她脱颖而出，为中国新闻学研究和新闻教育的发展继续努力，不断作出新的贡献。"（参见方汉奇教授 2011 年 5 月 29 日的微博）2013 年 12 月 21 日，在纪念北京大学新闻学研究会成立 95 周年复会五周年的学术研讨会上，方汉奇教授作为学会成长的见证者，在发言中强调："从复会到现在，会员们对新闻理论与实践中的众多问题进行了研究和探讨……北大新闻学研究会复会后五年的工作已经为中国新闻传播学研究的发展作出了贡献，我们期待她百尺竿头再进一步，为中国新闻传播学研究的发展，作出更多的贡献。"

"北京大学新闻学研究会学术文库"即是研究会复会六年来所开展的学术研究与学术活动的全面展示。它主要由四个部分组成：经典新闻学著作的再版，研究会导师的研究成果，特训班学员的优秀成果以及研究会学术活动荟萃。我们的初衷和心愿是：通过"文库"的出版，贯通"古今"，延续血脉，传承薪火，砥砺来人，让北京大学新闻学研究会的优良传统在新的时代发扬光大。对吾辈而言，这也是一份历史责任。

2014 年 10 月 14 日

复会六周年纪念

序　一

欣闻李杰琼博士的专著《半殖民主义语境中的"断裂"报格：北方小型报先驱〈实报〉与报人管翼贤》将由中国社会科学出版社出版，由衷快慰。遵嘱为序，以贺付梓。

若干年前，方汉奇教授在谈到对新闻史研究工作者的期待时指出：要"多打深井，多做个案研究"。[①] 李杰琼的这部著作即为新闻史个案研究的"打深井"之作。它所考察的是 1928 年管翼贤在北京创办的一份小型报——《实报》从草创到停刊的全过程。

小型报是中国近代新闻史上一种特殊的报纸型态。从时间上看，它与中国近代私营商业报纸的发展并行不悖，这使它在编辑方针与经营策略上不可避免地带有私营商业报纸的一些特征，《实报》即是如此。该报以下层民众为主要对象，采取"小报大办"的方针，对稿件进行精编、细编，版面设计也生动活泼，受到读者的欢迎，发行量最高时曾达 10 万多份，居华北各报之首。赵君豪在《中国近代之报业》中曾作出评价："中国各地之小型报，若北平之实报，南京之朝报，皆创办较早，深得读者之赞许"。然而如同本书作者所指出的，在《实报》存在的 16 年间，该报存在着明显的报格"断裂"现象。初创时，《实报》就有着明显的政治倾向，拥护南京国民政府。"九一八"事变后，其立场转向抗日救国，发表过一些抗日言论，也举办过为抗日战士募集药品、钢盔等活动。北平陷落后，创办人管翼贤的人生轨迹发生变化，转向了日伪，《实报》也随之沦为日伪蛊惑人心、统制华北的宣传工具。

如果说管翼贤及其《实报》是中国特殊历史条件下的特殊产物（人

---

① 方汉奇、曹立新：《多打深井 多做个案研究——与方汉奇教授谈新闻史研究》，《新闻大学》2007 年第 3 期。

物），那么，这种特殊性是如何形成的，它的决定性因素是什么，其中又是否存在着某种普遍性与必然性呢？这正是作者试图求证的，也是本书的意义和价值所在。

　　结合《实报》所处20世纪20年代至40年代中国社会发展的基本要素与主要特征，作者提炼出"半殖民主义语境"的概念，并将《实报》的报格断裂现象置于其中进行考察，透过现象深入本质，揭示了这种现象必然产生的内在规律性。她在书中写道：半殖民主义语境下中国社会的主要特征是政治的动荡、军阀的争斗和外国势力的渗透，这使报刊成为各种势力争夺话语权的角逐场，也为多数报纸巧妙周旋于各方之间提供了机会。早在"中原大战"期间，新闻界的言论就随着时局的演变而转向，而当政府的对日态度与政策发生变化时，报纸的立场亦发生微妙的变化。"值得玩味和思考的是，《实报》的这种性格特征与报格断裂并非个别现象"，"这是当时平津多数私营报刊的普遍反应"。究其原因，作者认为："这种报界的普遍现象较为有力地揭示了视营业为生命的私营报纸（商业报刊）的妥协性与报格上的内在矛盾性"。

　　关于《实报》创办人管翼贤的变节附逆，之前曾有研究者提出疑问，例如"仅仅从表面的情况看，他似乎是'嗜'报如命，以至于甘愿以丧失人格、国格为代价，通过日军报道部追回已被人占据的《实报》资产，继续其已失去了新闻意义的办报生涯……"并认为"现有的资料还无法呈现其转变的'心迹'"。① 本书作者则基于对《实报》的个案研究，通过对管氏所处社会历史环境及其个性特征、处事原则进行综合考察后指出："管翼贤从非沦陷区主动返回沦陷区附逆投敌的行为，并非因环境所迫走投无路，也非一时的'人格分裂'，而是他在衡量个人利益得失之后做出的抉择。与其说这是他'嗜报如命'的人生悲剧，不如说是他'精打细算''营利主义至上'思考模式的极端表现。"在我看来，这不但很好地回答了前述研究者的疑问，对于新闻史的相关研究也是一种必要的补充和拓展。

　　除此之外，本书作者对于《实报》等私营商业报纸"以营业为导向"（即通过经济独立避免依附政治权力）的"追求"和自我标榜也进行了深入的检视和分析，指出"从报业言论、报道和经营的实践来看，实现营

---

① 单波：《论管翼贤的新闻观》，《新闻与传播研究》2001年第2期。

业化转型与新闻事业走上质量提高、报纸品格实现独立的正轨未必能够划上等号"。从中可见本书作者勇于追问的学术勇气，以小见大、由点及面的辨证思维以及勘透隐微、切中肯綮的分析功力。

本书作者李杰琼是北京工商大学艺术与传媒学院的一名青年教师，也是北京大学新闻与传播学院为数不多的"十年一贯制"的毕业生。作为她本科、硕士、博士学位论文的指导教师，我见证了她的成长，也深切感受到她对于新闻史研究的热爱和坚持——在新闻史教学、研究日渐边缘化的今天，一个年轻学子对她的热爱与坚守尤显难能可贵。本书即是在李杰琼博士论文的基础上经充实、修改而成。为了完成这篇论文，李杰琼用六年的时间收集、整理中外文文献资料，包括《实报》出版16年间的报纸原件、《实报半月刊》现存原件以及日本外务省外交史料馆所藏日文档案原件（于日本）等，在此基础上进行细致的分析、甄别，几经修改，最终成文。而在此过程中给予李杰琼精神鼓励和学术滋养的还有一位令人敬重的学者——北京大学客座教授、北京大学新闻学研究会副会长兼导师、日本龙谷大学名誉教授卓南生先生。借本书付梓之际，对他深表谢意。

"关山初度，前路犹长。"在为《半殖民主义语境中的"断裂"报格：北方小型报先驱〈实报〉与报人管翼贤》一书的出版致贺的同时，期待李杰琼在新闻史研究中有更多更好的学术成果问世。我乐观其成。

程曼丽

2014 年 8 月 13 日

序　二

2005 年春天，笔者利用学术年假，再度到北京大学讲学。上半年的任务是为国际关系学院本科生开一门"日本的政治与外交"（和 2000 年为研究生开的课同课名），目的无非是想多接触本科生，了解中国优秀青年学子的求知态度和想法；下半年则为已从国际关系学院分家并和其他院系合并成立的新闻与传播学院的研究生开了一门有关日本新闻事业与日本外交相关的课程。

除此之外，笔者还想趁这个学术年假，了决与世界知识出版社早已签约的三卷本书稿《卓南生日本时论文集》。为此，笔者拜托程曼丽教授帮我找一名助手协助校阅长达 180 万字、横跨近 40 年的时评书稿。助手的任务有三：一是一般的校阅，即订正错别字等；二是如发现有些词汇难以理解或存疑的，不妨提出。因为，绝大多数的原文是为新加坡、马来西亚报章而写的，其中难免掺杂些新马特有的"南洋口语"；三是坦直提出自己阅后的感想，因为这套书毕竟是面向中国大陆的读者（特别是青年读者）。校阅者——第一个读者的反应，我是十分重视的。记得当年笔者和黄彬华兄共同主持新加坡《星洲日报》（《南洋・星洲联合早报》，简称《联合早报》的前身报之一）的笔政时，我们两人除了互看各自撰写的社论的最终稿（曾有一段时期，社论的执笔者只有我们两人）之外，笔者还有一个习惯，就是喜欢请路过我们社论委员室的新记者看稿。一来是想了解年轻人的反应；二来是我和彬华兄都有留日背景，平时接触日文较多，有时恐怕在撰写中文书稿时不自觉地渗入日语，污化中文的纯正性（近来在各中文报刊中，常可看到刻意将日文渗入以示时髦的词汇，如"看板"、"研究分野"等，不禁令人感慨万千）。让年轻记者看稿，既符合我写时评"心目中要有读者"的座右铭，又能减少一些可能会被视为不规范的文字表述，从而拉近写作者与读者的距离，何乐而不为？

　　在了解我对助手的基本要求之后，程老师向我推荐了一名大四的本科生。推荐的简单理由是这位同学已被保送念硕士，相对有较充裕的时间，不妨让她试试。

　　几天之后，一位有点日本"新人类"装束打扮的少女来到我们家。她就是程老师推荐的李杰琼同学——大家都叫她小杰。寒暄之后，得知她是日本的动漫迷，也学了一些日语。但能否胜任我对助手赋予的任务，老实说，我心里没底。不过，既然是程老师推荐且保送攻读硕士班的北大生，我想应该不会有太大的差错。

　　于是乎，我便开宗明义，向李同学说明助手的任务，并将一小部分稿件交给她带回去看。我们同时约定，每周到我们家一次至两次。一是共同审定她带回去校阅并发现有差错或质疑的文字与内容；二是听取她阅后的感想，并交换彼此的看法。结束后则和我夫人蔡史君教授一同到附近的餐馆共进午餐或晚餐，高谈阔论。

　　这样的相处和对话方式一直持续着，差不多贯穿了我学术假整整一年的时间。在这一年里，我不但完成了三卷本的书稿，也从小杰口中得知了许多我们在书报中了解不到的中国"80后"青年的思维和梦想。

　　记忆里，小杰虽然已经被保送念硕士，但从一开始就没有念博士的意愿，这和我与内人早年在日本留学年代"硕博连读"的基本常识，是不太相符的。特别是从她认真仔细校稿并坦直提出各种存疑或者感想当中，我发现她是一个可造之材。

　　在共同审定最终稿时，我们桌上都备有几本中、日文乃至英文辞典。一有争执，小杰都耐心地一一查明，以便定夺是否合乎汉语规范。我的基本原则是，文字尽可能保持原状（哪怕是带有"南洋口语"而不离谱者），但如果读者阅后不易理解的则只好舍弃或修改。

　　记得有一次争议最大的是小杰发现我文中用了"在在"两个字，认为不符合汉语规范，但我则坚持我们从小就经常使用，意思是"处处"或"到处"。几经争执并动用了我们家里的所有辞典，结果说明我们都没有错：在今天中国大陆的书刊中，作为书面语的"在在"的确已经少用或不用了；但在中国港台或新马，"在在"可以看到类似的文字或表述，这两个字的使用还是合乎我们的汉语规范的。

　　通过一年频繁的接触与交流，特别是对各种学术话题的探讨，我们察觉到，学习和工作态度毫不马虎，对各种新知识反应灵敏且求知欲强烈的小杰，不朝向学术的道路跑是十分可惜的。于是，我们经常给她鼓励。2005 年的下半年，已是硕士生的小杰很自然地成为我课堂的助教，我们谈论学术的机会就更多了。也许多少受到我们的影响，有一天，她主动向我们表示，她有意考博。我们听了都为她高兴。

　　既然有意读博，我个人的经验和一向的看法是：硕士和博士的研究方向（乃至研究题目）最好是相同或者相去不远。硕士论文一个方向、博士论文另一个截然不同的研究领域，固然称得上"跨学科研究"，也似乎合乎某些学界人士此刻提倡的时尚，但平心而论，在研究时间和付出精力等条件不变的情况下，改换专题研究而质量优秀的博士论文并不多见。说得刻薄些，不少此类的博士论文在实质上只能说是同名研究生的第二篇硕士论文。

　　为此，在征得李同学导师程曼丽教授赞同的情况下，我鼓励小杰在硕士课程较早的阶段，便尝试摸索和寻找一个硕、博可以连续研究、扩展和深入探讨的论文题目。20 世纪前半期曾经名噪一时的北京小型报《实报》及其颇具争议性的主持人管翼贤的相关研究，便是李同学在几经折腾、反复思考并涉猎不少原件之后敲定的研究专题与方向。

　　针对北平小型报《实报》和管翼贤的选题，小杰早在硕士课程"大翻原件、乱翻原件和准原件"的阶段，就存有不想以传统的、简单的"二元对立论"来撰写论文的念头。她曾不止一次地对我表示过，她对某些以简单黑白答案代替研究、毫无生气的"学术论文"的厌恶。这是可以理解的。环顾众多学术刊物（包括核心刊物），千篇一律、以简单的"议题设定"炮制的论文不乏其数。但与此同时，我也注意到十年来中国大陆的学术界充斥着不少也许是想摆脱旧有教条框框但却沦为"为创新而创新"（实际上是标新立异）、远离其初衷的"学术作品"。

　　年轻人不满旧框框、想要寻求突破和创新的精神，是可取的也是值得鼓励的。但要做到这一点，既要有更明确的问题意识（特别是对"为何研究、为谁研究"问题的思考），也得付出更多的时间和精力，倍加努力。对于有意从事新闻史研究的年轻人，我的劝告是：一，要对现存的原件或准原件看得细些，并从其碎片化的信息当中疏理或归纳出其特征及所含的意义；二，要对时代的背景和相关报刊诞生的缘由、资金来源和办报理念与目标有深刻的认识；三，在引用或利用新闻学乃至大众传播学的理论或概念时，一定要深入考察该理论或概念是否合乎其研究对象的实际情况。生吞活剥东、西洋的某些理论，或者随意摘取一两个来自名家的新鲜名词与概念，来套用或解读中国新闻史，有时难免会令人有削足适履之感。

消化源自原件和准原件的碎片化信息与资料、理清其时空的大背景（以本书的作者而言，似乎更喜欢称之为"语境"），是每个新闻史研究者无法绕开的漫长和痛苦的最初过程。我曾遇到不少中国大陆的研究生，在未做任何上述功课之前就问我该如何切入课题撰写学术论文，或者大谈预定撰写的学位论文的"创新性"或"填补学界的空白"（当然，有不少纯粹是为了应付大学当局"开题报告"刻版式的要求）。我的简单回应是：此刻探讨这些问题，还为时过早。这犹如厨师在未知手头上有何新鲜蔬菜与鱼肉等素材之前，大谈将推出美味可口的"法国经典大餐"或者"中国某方私藏名菜"一般，毫无意义。

小杰在撰写硕士论文期间，倒是脚踏实地地埋头于原件及其相关资料，也力图对《实报》与管翼贤所处的时代"语境"有个较为清晰的认识，但对于研究方法论和如何得出更有说服力的结论，确有困惑之感。这个困惑，突出地体现在她博士论文的开题报告中。

在其洋洋数万字的开题报告中，不难看出这是作者费了不少心血的结晶。从其"自圆其说"的角度和分量来看，也堪称为开题报告的佳作。但报告中涉及的诸多西方学术理论和概念，究竟与《实报》和管翼贤研究的特定时空及问题的本质如何扯上关系？老实说，我看不透。

不过，通过小杰堂而皇之的开题报告，我也略为领会中国青年学子为遵循当今学术游戏规则而炮制的"论文选题"的思维和苦心，也进一步了解她在研究过程中面临的迷惑与困境。

为了更好地和研究生沟通和交流，我仔细地看了小杰开题报告中所列举的西方学术书目，也对其中的若干内容进行恶补。结合包括其他院校硕士生、博士生的相关研究，我很惊讶地发现，中国的硕士生和博士生在疏理前人研究成果或借鉴研究模式时，比起我们在中国大陆境外的学术环境成长的学人，更热衷于套用与亚洲社会（包括中国）未必一定能挂钩的西方学理和模式。就以在中国大陆风靡一时的本尼迪克特·安德森的《想像的共同体——民族主义的起源与散布》一书来说，此书的日文版比起中文版的问世要早得多，但该书在日本学界的冲击和影响领域远不及其在中国学界（特别是在日本新闻与传播学界，此书未受到特别的重视）；

反观中国学界（包括新闻与传播学界），却似乎有趋之若鹜乃至牵强套用的现象。"想像的共同体"，遂成为了一部分研究者解读中国诸多错综复杂问题，包括民族主义与印刷媒体、现代化等相关问题的关键词乃至万宝丹。

不过，我也察觉到小杰对西方学术的舶来品的着迷与困惑，主要是在撰写博士论文开题报告的前后。一来也许是对硕士论文的结语还有"言犹未尽"或"欠缺满足感"；二来可能是为了应对开题报告时必须回应的诸多成文要求。但当她静下心来认真钻研和撰写论文的具体章节时，我发现其思路有了极大的改变。

小杰思路最大的改变，应该是发生在 2010 年至 2011 年她在中国国家留学基金委员会的资助下到日本龙谷大学进修的一年。在这一年之间，她不但接触了不少东京大学前新闻研究所新闻史名师（如内川芳美教授、荒濑丰教授和香内三郎教授等）在战后初期剖析日本法西斯新闻管制及其思潮的相关书籍与论文，也从其弟子们撰写的新闻史，特别是前日本大众传播学会会长有山辉雄撰写的《近代日本新闻事业的结构：大阪朝日新闻白虹事件前后》一书获得了不少书写新闻史的智慧和启发。小杰的几篇投递给中国国内核心刊物的论文（也是后来构成其博士论文的主要章节），便是在这期间完成的。

除此之外，值得一提的是，自从 2006 年开始，小杰和现任职于人民网研究院的刘扬博士，就是程曼丽教授和我共同主持的"北大新闻史论沙龙"的基本成员，也是推动沙龙活动的得力助手。2009 年之后，这一学术沙龙更发展为由复会后的北京大学新闻学研究会主持、面向中国境内外学员的"北大新闻学研究会新闻史论师资特训班"（连办五届，毕业学员共计一百名）。

与此同时，北大世界华文传媒研究中心也从 2010 年开始每月定期举办"北大新闻学茶座"，并不定期但却持续地举办"北大华媒读书会"。

这些"师资特训班"、"茶座"和"读书会"一直都有刘扬、小杰和后来成为秘书处秘书的崔远航博士及李松蕾同学的踪影。他（她）们既是我们的基本工作人员，也是上述学术活动的积极分子。确切地说，他（她）们都为这些活动付出了不少心血和劳力，但同时也在这些活动中大量吸取了学术的阳光和养分，他（她）们在实际上也可以说是这些活动的直接获益者。特别是通过和境内外著名专家、学者和业界人士的面对面交流与接触，以及集体精读一部分时下被喻为经典的著作（包括争议性的作品），我发现学员们或参与者的视野更加宽畅了，其学术素养是更加丰富了。

　　体现在小杰身上的，就是这部以其博士论文为基础，改写而成的学术著作。

　　《半殖民主义语境中的断裂"报格"：北方小型报先驱〈实报〉与报人管翼贤》，无疑记录了李杰琼博士摸索中国新闻史研究的全过程，也见证了她执着于新闻史研究的成长过程。她在试行错误的曲折道路中摸索，并逐步纳入学术正轨的精神和成果，是应该给予鼓励和正面评价的。特别是对时下"营业化报章至高无上论"或者纯粹从"排错队论"角度和"报人、报格境遇论"来片面论述历史人物的是非曲直的趋向，本书的作者都通过详尽的史实和论据，有力地给予驳斥和回应。新闻史论的研究，显然并非善于咬文嚼字或玩弄概念游戏（有时是偷换概念）者的专利品。

　　值得庆幸的是，随着北大新闻学研究会新闻史论师资特训班同窗会的成立及其分会的相继诞生，我们看到一支新闻史论研究的新梯队正在逐步形成与成长。

　　谨此预祝与李杰琼博士同样肯脚踏实地、辛勤耕耘的新生代快快成长，异军突起，早日接棒！

卓南生

草于星洲百馨园

2014 年 8 月 29 日

目　　录

导　论

半殖民主义语境与中国
近代新闻事业

在鸦片战争以前，中国和中国以外的世界几乎完全隔绝。这一次战争打破了这种隔绝，中国和世界发生了越来越密切的联系。因为有了这种联系，中国人打开了眼界，中国人民的斗争得到了世界各国进步人民的同情和支持。近代中国社会发生了新的社会经济形态、新的阶级力量、新的思想，也是和中国不再是对外界完全封闭的社会有关。但是，在那一百年间，中国是作为一个半殖民地国家，即半独立的国家和世界联系的。从根本上说，这种联系的内容是帝国主义对中国的侵略和掠夺。诚然，到了世界的近代，没有一个民族的发展能够和世界隔绝。但是，是以附庸国的地位，半殖民地、殖民地的地位来和世界联系，还是以独立国家的地位来和世界联系，这是关系一个民族和国家的命运的大问题。①

1840 年至 1842 年的鸦片战争，打破了清王朝闭关锁国的状态，是封建中国变为半殖民地半封建中国的转折点。此后的一百余年时间里，中国以这种不平等的身份同世界（主要是包括日本在内的西方帝国主义国家）保持着联系。与此同时，中国人民在帝国主义外来压力的刺激下，在启蒙和救亡的号召下，踏上了寻求民族独立、摸索现代化发展的道路，经历了几多磨难、困苦和挣扎。

在此语境中，中国社会的各方面发生着微妙又不可逆转的变化：社会

---

① 《纪念鸦片战争一百五十周年》，载胡绳《从鸦片战争到五四运动》上册，人民出版社 1997 年第 2 版，第 11 页。

结构的动摇，政治权力的更迭，"民族"和"现代"概念日益浸渍人心，民众的日常生活实践日趋丰富。近代以来，大众传媒（mass media），尤其是各种定期出版的报纸和期刊，是在描述这种变化发生与进行时，一个不可忽略的要素。在政治改革、文化运动以及其他相关的历史事件与冲突中，都缺少不了传媒（很长一段时间，报刊是主流的媒介形态）的身影；当然，在这个过程中，传媒自身也发生着相应的变化与改良。

在传统士大夫、近代知识分子等精英群体"开眼看世界"的风潮中，以报纸为主要代表的近代大众传媒向阅报者提供了一条认识外部世界的重要渠道，使他们了解置身于其中的社会以及这个社会之外的其他社会，发生过什么、正在发生什么以及可能发生什么。简言之，无论国家大事还是街头风闻都会日复一日地在报纸上出现，或以言论的方式，或以"新近事实"的方式。

尽管许多西方传播学学者曾对大众传媒与真实环境之间简单的映射关系提出了质疑——比如李普曼（Walter Lippmann）认为大众传媒报道的内容建构了一个"拟态环境"（pseudo-environment）；鲍德里亚（Jean Baudrillard）则使用了"仿真"（simulation）这个概念来描述这种关系——然而不能否认的是，大众传媒的报道内容与人们的生活环境之间存在着密切关联，且这种联系具有现实的物质基础。报刊上的内容既是反映社会现实的"镜子"，又是社会建构的产物；既是对各种权力冲突、竞争、妥协、合作的揭露，同时又是这种权力冲突、竞争、妥协、合作的结果。

中国新闻事业的发展史虽有其独特的学科史特征，但大体内嵌于中国近代史的发展脉络中，不只中国，世界各国的新闻事业都具备这一特征。从这个角度出发，对中国新闻事业发展史的考察，为充实对中国近代史的认识与理解提供了一条特殊路径；对中国近代史的梳理，为把握中国新闻事业发展的历史语境提供了参考资源。然而在具体的新闻史论研究中，这个常识所包含的丰富意义往往容易为人所忽视，导致历史背景与研究对象的彼此割裂。

有鉴于此，本章的内容将以中国近代史与中国新闻事业史的如上关系为基本立足点，以问题意识为导向，主要围绕"半殖民主义"和"报格"两个关键词展开，以期复原理解中国近代新闻事业产生和发展的时空脉络和历史语境。

一　"非正式帝国主义"与"半殖民主义"

自 19 世纪末期到 20 世纪初期，中国的现代化，实际上就是资本主义化，那时社会主义还没有被提上日程。西方帝国主义的压力不允许中国统治势力闭关自守，也不允许它一切保持原样。从维护各所在国"国益"的角度出发，各种妨碍中华民族进步发展的前资本主义的社会关系被有意地保留下来。① 中国虽然未沦为完全的殖民地，但呈现出独特的半殖民地半封建的社会特征，而且受到的影响更为深远和难以察觉。

随着工业革命的兴起，一个国家控制另外一个国家的能力经常依赖于更强有力的经济发展而非单纯的军事实力。帝国主义的扩展可以（且经常）采取比领土征服更隐蔽而间接的方式进行。在此意义上，彼得·杜斯（Peter Duus）认为，帝国就像一座冰山，可见的仅仅是一角，更大的部分潜藏在水下并支撑着整座冰山的移动。② 彼得·杜斯以英国为例进一步指出，英国希望通过出口商品与资本、进口原材料和农作物的做法，将通向海外市场的渠道整合进其自身不断扩张的庞大经济体中。在此过程中，英国发明了"非正式帝国主义"（informal imperialism），并建立起一种此后约定俗成的结构——不平等条约体系。

彼得·杜斯在说明英国"非正式帝国主义"的表现时，援引了加拉格尔（Gallagher）和罗宾逊（Robinson）的观察。自由贸易条约以及发展（或强迫发展）同弱小国家的"友谊"，是英国扩张中最为常用的政治工具。与中国签订的一系列不平等条约，如《南京条约》（1842 年）、《天津条约》（1858 年）、《北京条约》（1860 年）和《烟台条约》（1876）就是最为明显的例子。通过"非正式帝国主义"在自由贸易意识形态的掩盖下，英国的冀图是：从那些比自身弱小贫穷的民族攫取经济利益，而不用支付管理他们的成本。加拉格尔和罗宾逊对英国政策的精髓作出了如下评价：如果有可能就通过非正式的控制进行贸易，必要时再通过统治进行

---

① 《纪念鸦片战争一百五十周年》，载胡绳《从鸦片战争到五四运动》上册，人民出版社 1997 年第 2 版，第 9—10 页。

② Peter Duus，"Japan's Informal Empire in China, 1895 - 1937：An Overview."in Peter Duus, Ramon H. Myers, and Mark R. Peattie, eds., *The Japanese Informal Empire in China*, 1895 - 1937, Princeton, New Jersey：Princeton University Press, p. xi.

贸易。①

　　《南京条约》是中国近代史上第一个不平等条约。通过这个条约，英国不仅得到了割地、赔款，迫使中国开设通商口岸，实行对外贸易自由，还开创了协定关税、设立领事裁判权制度、在通商口岸设立租界等先例。与此同时，英国为其他帝国主义国家同中国订立类似的不平等条约制造了机会。1844 年中美签订的《望厦条约》则成为其他资本主义国家同中国签订不平等条约的范本。参与《望厦条约》谈判的美国特使在向美国国务院的报告中曾这样说道：

　　　　美国及其他国家，必须感谢英国，因为它订立了的《南京条约》，开放了中国门户。但现在，英国和其他国家，也须感谢美国，因为，我们将这门户开放的更宽阔了。②

　　也有学者指出，在中国，"非正式帝国"（informal empire）并非帝国主义的一个初级阶段，它本身就是一套体系。虽然帝国主义在中国没有变成完全的殖民主义，但它的一个明显特征是合作性的帝国主义。③

　　上述西方学者围绕"非正式帝国主义"的学术讨论和理论建构，为理解 19 世纪末至 20 世纪前半期，中国与"世界"（主要是帝国主义国家）的联系提供了一个有启发意义的视角。不过需要注意的是，"非正式帝国主义"的发明也好，"非正式帝国"的建立也好，两者的成因同帝国主义国家本身军事、政治、经济实力的消长，帝国主义国家间的竞争和矛盾有所关联。但针对中国没有沦为完全的殖民地这个具体例子而言，与其说是帝国主义国家主动、有意选择的结果，不如说暴露了帝国主义国家在中国人民的抵抗面前"非不为也，实不能也"的现实。从这个角度来看，"非正式帝国主义"和"非正式帝国"这两个概念也不可避免地带有某种

---

① Peter Duus, "Japan's Informal Empire in China, 1895 - 1937：An Overview." in Peter Duus, Ramon H. Myers, and Mark R. Peattie, eds., *The Japanese Informal Empire in China*, 1895 - 1937, Princeton, New Jersey：Princeton University Press, pp. xiv - xv.

② 有关《南京条约》和《望厦条约》对中国的影响，载胡绳《从鸦片战争到五四运动》上册，人民出版社 1997 年第 2 版，第 63—64 页。

③ H. L. Wesseling, "Imperialism and Empire：An Introduction." In Wolfgange J. Mommsen and Jürgen Osterhammel, eds., *Imperialism and After：Continuities and Discontinuities*, London：Allen and Unwin, 1986, p. 7.

程度的"西方中心论"色彩，忽略了中国人民在这一历史过程中的能动作用，部分遮蔽了中国历史发展的事实。

在论及 1840 年至 1949 年间中国的社会特征时，"半封建半殖民地"是一个经典概念。术语"半殖民地"起源于列宁，后被中国的马克思主义者整合进"半封建半殖民地理论"，用以表明"封建主义已然被打破，但任何指向资本主义的重大转变仍尚未发生。殖民主义渗透进了封建体系，但还不能完全取代封建体系。由此，社会处于一种混杂的社会形态，而这是经典的历史唯物主义所始料未及的"①。毛泽东对"半封建半殖民地"概念的使用和强调，突出了在中国社会内部，殖民主义不仅与封建主义共存，而且殖民力量是十分多元的。②

史书美认为，中国马克思主义理论家对"半殖民地"术语的使用是出于对"殖民主义"的修正，用以描绘外国力量之间的竞争和中外之间多层次的支配关系，以及描绘在华外国势力之间相互合作所引发的滚雪球般递增的剥削效应。③

通过对"半殖民地"概念的知识考古，并部分地结合马克思主义有关"帝国主义间"竞争时期（即 20 世纪早期之帝国主义）的讨论，史书美认为，展开相互竞争的外国列强为争取更多的权力和利益，对中国进行了多元和多层次的占领，这直接导致了中国不均衡的殖民关系结构。这种殖民关系结构作为一种非正式的帝国主义形态，对外国列强而言，具有更大的经济意义；对中国社会而言，这种结构以及多元殖民的事实，促使国内政治区域的四分五裂，进而导致文化领域内充满争论的局面。

基于这一观察，史书美用"半殖民主义"（semi-colonialism）作为分析工具，对在华"非正式帝国主义"的特征和影响进行概括：半封建半殖民地的中国与在华多种帝国主义之间存在一种不均衡的殖民关系；多种帝国主义在中国的多重统治以及其碎片化的殖民地理分布和控制，催生了相应的社会和文化形态。④ 也就是说，"半殖民主义"可用以突出帝国主

---

① Jürgen Osterhammel, "Semi-Colonialism and Informal Empire in Twentieth-Century China: Towards a Framework of Analysis." In Wolfgange J. Mommsen and Jürgen Osterhammel, eds., Imperialism and After: Continuities and Discontinuities, London: Aleen and Unwin, 1986, p. 276.

② ［美］史书美：《现代的诱惑——书写半殖民地中国的现代主义（1917—1937）》，何恬译，江苏人民出版社 2007 年版，第 38 页。

③ 同上书，第 37—39 页。

④ 同上书，第 48 页。

义在华殖民结构多元、分层次、强烈、不完全和碎片化的特性。①

在史书美看来，"半殖民主义"有着如下四重含义。第一，它意味着西方帝国主义势力和中国之间构成一种不均衡的关系，由此对中国社会造成的破坏性比完全控制和正式殖民要更加严重。第二，完全控制的缺席意味着，半殖民主义的运行是一种非正式的制度化了的殖民主义。第三，外国势力的碎片化和多元化表明，每一势力在中国文化的想象中分别占据了不同的位置。第四，帝国主义在华殖民结构多元、分层次、碎片化的特征，造成了中国知识分子在意识形态、政治和文化立场上的态度远比正式殖民地的知识分子更加多元化的局面。②

本书借用"半殖民主义"这个术语，主要用以描述与中国近代新闻事业发生、发展及演变紧密关联之历史语境的复杂特征。通过"半殖民主义"中的"半"字，强调自 1840 年至 1949 年的中国社会，在殖民力量和封建力量的合作下，呈现出"不完整"与"碎片化"的状态。同时也强调，因为殖民力量的渗透，当时中国不少的"国内"问题，其实也是"国际"问题，即不只是封建性的问题，同时也是殖民性的问题。

二　日本的"大陆政策"及其侵华进程

西方帝国主义"前辈"在中国打造的"非正式帝国"，对后起的日本帝国主义的发展在两个方面起着重要影响。第一，它决定了日本的反应和逐渐兴起的国际野心：日本将在中国获得贸易特权视为衡量成功的一个重要标准。第二，它为日本所采取的行动提供了难以回避的语境。威廉·比斯利（W. G. Baesley）在考察日本帝国主义的特征及其变迁时指出，日本帝国主义的一个鲜明特征是，它发端自西方帝国主义于 19 世纪在亚洲建立起来的非正式帝国结构的内部。那时候的日本尚处于政治封建且经济落后的状态中。③

---

① ［美］史书美：《现代的诱惑——书写半殖民地中国的现代主义（1917—1937）》，何恬译，江苏人民出版社 2007 年版，第 39—42 页。

② 同上书，第 42—48 页。

③ W. G. Beasley, Japanese Imperialism 1894 - 1945, New York：Oxford University Press, 1987, p. 1.

　　结合比斯利的分析可以发现，日本近代军国主义的兴起和以侵略扩张为内核的"大陆政策"的推行（特别是 20 世纪 30 年代起对中国的军事侵略），在一定程度上是日本帝国主义逐渐不甘心在由西方列强主导的"非正式帝国"的框架中寻求有限的满足，取而代之的是建立一种由其自身主导的新秩序的尝试。

　　1868 年开始的明治维新使日本完成了从封建社会向资本主义社会的迅速过渡，由此，日本成为了当时亚洲唯一独立自主的现代国家。但是，日本的军国主义也随着近代天皇制的建立和巩固而发展壮大。早在幕府末期，日本朝野内外逐渐形成了如下一种观点：酝酿对朝鲜、中国的侵略，作为对欧美及俄国屈服的补偿。1890 年 11 月，以山县有朋在日本第一届帝国会议上发表"利益线论"的施政方针为标志，日本的近代"大陆政策"作为其国策正式确立。①

　　1894 年爆发的中日甲午战争，是日本为推行"大陆政策"而发动的第一次大规模侵华战争。通过《马关条约》，日本不仅占据台湾为殖民地，以此为据点将福建等地划定为其在华的势力范围；更通过清政府的战争赔款获得了进一步扩充军备所需要的巨额资金，增强了其与假想国俄国进行较量的实力。

　　"满蒙"，即中国东北、内蒙古等区域，从明治时期以来一直是日本近代"大陆政策"的战略目标。为同俄国争夺在朝鲜及中国东北三省的利益，1904 年 2 月 10 日，日本政府正式向俄国宣战，日俄战争爆发。日本在这场两个帝国之间的争霸战中，将其"利益线"扩展到了中国东北地区的南部。

　　1911 年 10 月 10 日，辛亥革命爆发。日本认为中国政局的动荡是其攫取"满蒙"的有利时机，自 1912 年开始，便以此为目的进行了种种阴谋活动。到 1912 年 7 月，日本攫取了"东部内蒙古"。1913 年 10 月，日本山本权兵卫内阁以承认北京政府和袁世凯为正式大总统为筹码，获得了

---

　　①　大陆政策的主要内容可以概括为：吞并朝鲜，征服中国，称霸东亚乃至世界。关于大陆政策形成的主要历史渊源有三：第一，16 世纪末，丰臣秀吉的大陆扩张构想；第二，德川幕府末期，佐藤信渊的"征服支那"论；第三，19 世纪 50 年代，吉田松阴的"海外扩张"补偿论。参见沈予《日本大陆政策史（1868—1945）》，社会科学文献出版社 2005 年版，第 34—37 页。

　　另外，有关丰臣秀吉、佐藤信渊和吉田松阴的上述思想及理论，参见王向远《日本对中国的文化侵略——学者、文化人的侵华战争》，昆仑出版社 2005 年版，第 19—40 页。

"满蒙五铁路"。从此，日本的在华势力随着铁路而进一步延伸。

第一次世界大战期间，日本在中国东北地区"经营"（日本在美化侵略行为时惯用的外交辞令）殖民地所带来的巨额利润，进一步刺激了其扩张的野心。1927 年 7 月，田中义一内阁召开第二次东方会议后，日本独占"满蒙"的方针被作为最高国策公开化了。1931 年在中国发生了"万宝山事件"和"中村大尉事件"，日本政府和军部趁机叫嚣"要保卫在甲午战争和日俄战争中父兄先辈流血换来的满蒙权益！""日本的生命线满蒙正面临危机！"等等，借此为战争作舆论准备。日本的大众传媒在此过程中起到了推波助澜的作用。

1931 年 9 月 18 日晚，以柳条湖事件为起点，日本制造了"九一八事变"。为转移欧洲列强对此次事变的关注从而使炮制伪"满洲国"的计划成功，1932 年 1 月日本海军陆战队制造了"一·二八事变"。同年 3 月 1 日由张景惠等九军阀首领组成了东北行政委员会，宣布成立伪"满洲国"；3 月 9 日，溥仪就任执政。日本通过建立傀儡政权对中国东北地区进行的殖民统治到 1945 年战败后才结束。

1932 年 5 月，在日本国内法西斯化的大背景下，[1] 斋藤实内阁与军部配合开始酝酿入侵华北。1933 年 5 月，国民政府在日本关东军的武力威胁下同日本政府签订了《塘沽协定》，日本军国主义借此机会将其"利益线"由中国东北地区推进到了华北地区。此后，日本的华北分离政策逐步形成，其标志就是 1934 年 12 月《关于对华政策之件》（按：或译为《关于对华政策文件》）的制定。[2]

---

①　日本对外的侵略战争与对内的法西斯化几乎是并行的。1932 年 2 月和 3 月，前大藏大臣井上准之助和三井财阀的最高首脑团琢磨分别被以农民出身青年为主力的右翼团体——"血盟团"的团员所杀害。接着 1932 年 5 月 15 日，一伙海军军官和陆军士官学校的学员袭击了首相官邸，枪杀了犬养毅首相，制造了"五一五事件"，为政党内阁的历史打上了休止符，以斋藤实为首相的举国一致内阁登上了历史舞台。［日］井上清：《日本军国主义：军国主义的发展和没落》，马黎明译，商务印书馆 1985 年版，第 257—258 页。参见 ［日］藤原彰《日本近现代史》第三卷，伊文成等译，商务印书馆 1983 年版，第 35—37 页。

②　1934 年 12 月 7 日陆军、海军、外务三省有关科长制定出《关于对华政策之件》，将"华北分离政策"作为重要内容写入日本政府的政策文件。该件的基本内容有三：第一，阐明日本对华政策是控制中国、称霸东亚；第二，实行华北分离政策；第三，使中国中央政府与各地方政权"分立"。相关内容详见沈予《日本大陆政策史（1868—1945）》，社会科学文献出版社 2005 年版，第 450 页。另外，《关于对华政策之件》的详细内容，参见熊沛彪《近现代日本霸权战略》，社会科学文献出版社 2005 年版，第 77 页。

　　1935 年是日本推行以"分离华北"为重点的"大陆政策"最猖狂的一年。同年 1 月至 6 月，日军先后制造了"察东事件""河北事件"和"张北事件"，迫使国民政府与其签订《秦土协定》与《何梅协定》，使华北几乎成为非武装地带。10 月，日本政府以发表"广田三原则"的形式，表达了将华北变成第二个伪"满洲国"的企图。11 月，日军在长城以南的非军事地带炮制了"冀东防共自治政府"。12 月，又成立"冀察政务委员会"，企图将河北和察哈尔从国民政府的管辖中分离出来成为自治区域。

　　1936 年，日本在对华北地区进行政治分裂的同时，加紧了对该地区的经济侵略。9 月，日本中国驻屯军①司令官田代皖一郎中将，向宋哲元提出了"中日经济提携"的具体计划，遭到宋的拒绝。1936 年末、1937 年初，随着"对华一击论"的抬头，日本法西斯决定以武力夺取华北。"卢沟桥事变"就是在这样的背景和气氛中爆发的。

　　以上就是 1868 年至 1937 年日本政府和军部先后以"攫取满蒙"和"分离华北"为战略目标在中国推行"大陆政策"的大致进程。在这个进程中，其他在华帝国主义出于维护自身既得利益的考虑，对日本在中国的侵略行为采取了绥靖态度。这是前述在华各帝国主义之间合作关系的又一例证。

　　上述进程，尤其是日本在 20 世纪 30 年代的侵华活动，在政治、军事、外交、文化等各方面对中国社会产生了巨大而深远的影响。具体到中国新闻界的情况来看，这个进程在很大程度上主宰了当时报纸的报道和言论，甚至同不少报刊的存亡和报人的转变有着直接关系（比如本书考察的《实报》及其创办者管翼贤）。当时呈现在报刊上的对"日本问题"的不同立场与态度，进一步揭示了"半殖民主义"语境中，中国知识分子、文化人、报人在政治、文化、思想等领域的分裂状况。

三　"现代主义"与"殖民主义"的隐秘联系

　　现代主义一直被描述为一个从西方向非西方的移动过程，这种"单

---

　　①　中国驻屯军是根据《辛丑条约》规定设立的。《辛丑条约》规定："中国国家应允，由各国分应主办，会同酌定数处，留兵驻守，以保京师至海道无断绝之虞。"复旦大学历史系：《中国近代对外关系史资料选辑》上卷第二分册，上海人民出版社 1977 年版，第 151 页。

向的旅行"，深刻地揭示了西方和非西方之间在话语层面的不平等。然而在种种关于"现代化"的神话中，很少有人正视如下历史事实：西方现代主义和现代主义者是以其所在国入侵非西方领土所获得的军事和经济权力作为其旅行得以实现的先决条件的。在此过程中，现代主义伴随着帝国主义的扩张，以文明传教活动的名义在殖民地传播帝国主义的文学和文化确立起来，并成为维护帝国主义侵略和扩张的意识形态合法化和中立化的一部分。①

日本在这个全球性的历史进程中，不论对其他西方列强而言，还是对亚洲其他国家和地区而言，都扮演了复杂而特殊的角色。西方帝国主义对中国的侵略和剥削，对日本造成了极大的冲击。鹤见俊辅（Syunsuke Tsurumi）指出，为了不成为西方各国在亚洲的殖民地，日本国内逐渐酝酿出一种"大家必须结成一体保护国家"的舆论氛围。②

19 世纪末期明治维新的成功，对日本和亚洲而言，有着不一样的意义。对日本而言，明治维新之后，日本国民普遍具有了一种迈上"文明阶梯"的使命感。鹤见认为，从 1876 年到 20 世纪 40 年代的这段时期里，这种被称为"文明阶梯"的虚幻存在，在日本国民的身份认同和文化想象中持续发挥着不可小觑的作用。③ 对亚洲其他国家、地区，尤其是对中国而言，日本成为了"现代化＝西化"的成功典型，中国的知识分子在救亡图存的热潮中，认为通过热心学习日本从西方学来的方法，中国也可以变得强大，以此便可以抵御西方帝国主义的侵略与剥削，从而扭转中国的命运。从这个意义上说，日本不仅是学习的榜样，更是通向"现代化＝西方化"的中介和捷径。④

日俄战争的胜利，不仅让日本从俄国手中"接管"了后者在中国东北地区的特权，而且让日本各阶层萌生了可以与西方列强平起平坐的信心，刺激了统治阶层与文化精英阶层将以侵略朝鲜和中国为目标的"大陆政策"由构想变为现实的野心。以侵略扩张为核心的"大陆政策"，正

① ［美］史书美：《现代的诱惑——书写半殖民地中国的现代主义（1917—1937）》，何恬译，江苏人民出版社 2007 年版，第 3—15 页。

② ［日］鹤見俊輔：《戦時期日本の精神史 1931—1945 年》，東京：岩波書店 2001 年版，第 14 页。

③ 同上书，第 12 页。

④ ［美］史书美：《现代的诱惑——书写半殖民地中国的现代主义（1917—1937）》，何恬译，江苏人民出版社 2007 年版，第 21 页。

是在明治政权成立初期，在迈上"文明阶梯"使命感的促进下，伴随着
"脱亚"与"兴亚"两股并行的社会思潮，被确定为日本最高国策的。

　　"脱亚论"者耻与亚洲人为伍，要摆脱亚洲；"兴亚论"者虽标榜
"解放亚洲"，其实质是取代白色人种奴役亚洲人民。卓南生（Toh Lam-
seng）发现在"脱亚论"和"兴亚论"两者之间你中有我，我中有你的
关系。日本在侵略扩张思想的膨胀期，虽以"脱亚论"为主导思想，但
出自战略需要（特别是发现凭一己之力难以同西方诸国对抗，并且在亚
洲其他国家和地区遭受抵抗时），大打"兴亚论"的招牌，提倡"亚细亚
主义"。实际上，"脱亚论"和"兴亚论"都以日本对亚洲的控制和主导
作为逻辑起点，相比之下"兴亚论"更具迷惑性。①

　　李文卿在博士学位论文中指出，明治维新后，日本在"成为亚洲第
一"的思维下，国家的视野一度转向摆脱落后亚洲的桎梏，迈入西洋之
林；然而在与西洋多重利益冲突下，将其视野又转向了"兴亚"。在这样
一个进程中，福泽谕吉（Yukichi Fukuzawa）的"脱亚论"与以冈仓天心
（Kakuzo Okakura）为主的"东洋论"提出的"亚洲人的亚洲"主宰了日
本的近代思潮，之后的"大亚细亚主义"继承了冈仓天心的思想，欲以
亚洲自决的方式兴盛亚洲。以至太平洋战争时期的"大东亚宣言"中强
调的东亚民族团结之诉求，其实是可以在上述"东洋论"到"大亚细亚
主义"的思想脉络中找到"兴亚论"的相似逻辑。②

　　"兴亚论"之所以具有迷惑性，或者，具体来说"大东亚宣言"中的
"大东亚"视角以及所提倡的"东亚团结"为亚洲一些国家和地区的知识
分子所接受甚至拥护，和亚洲当时置于西方帝国主义侵略铁蹄下的历史现
实分不开。对这些国家和地区而言，对西方帝国主义剥削压迫进行反抗的
共同需求构成了东亚团结意识的现实基础，并使由日本提出的这一号召得
以合法化。但是，诚如李文卿所揭示的一般，日本设想的"东亚团结"
具有明显的位阶顺序，是以日本为盟主地位的东亚思考，实际上复制了欧
美帝国主义的思考模式，仅是将欧美列强置换为日本帝国，延伸其势力范

---

　　①　根据卓南生教授于2005年在北大新闻与传播学院开设"传媒与国际报道"课程的讲义
整理而来。参考［新］卓南生《"亚细亚主义"为何令人生畏？》，载卓南生《卓南生日本时论
文集》（全三卷），日本社会卷，世界知识出版社2006年版，第467—469页。
　　②　李文卿：《共荣的想像：帝国日本与大东亚文学（1937—1945）》，博士学位论文，台湾
政治大学，2009年，第3—4页。

围的一种策略。①

对于这种几经包装的殖民主义逻辑，亚洲各国家和地区因所处具体历史语境的不同，而采取了不同的认识和态度。陈芳明认为，现代性与殖民性对台湾而言，并不是可以截然区隔的两组价值观念。日本殖民者在时间点上抢先抵达现代，并且又把现代性转化为文化优越性；因此，在统治台湾之际，使得被殖民的知识分子错误地以为现代性等同于日本性，忘记了在现代化与日本化之间其实还存在一个殖民化的过程。②

上述这种情况，与日本对台湾殖民时间之久和程度之深有不可割裂的联系。对比之下，杜赞奇（Prasenjit Duara）发现，在中国大陆的大多数地区，由于没有形成制度化的殖民主义，因此无论对殖民者还是被殖民者来说，都没有像那些沦为直接（或完全）殖民地的国家或地区那样强烈的殖民主义意识形态。虽然帝国主义的存在受到痛恨，但反帝主要是在政治经济层面上的，即维护主权独立和反对经济剥削，从人民的自我认识中根除帝国主义意识形态的影响并非当务之急。③

此外，史书美也发现，置于半殖民主义语境中的中国知识分子通过文化启蒙话语部分遮蔽了殖民现实，将"西方"的概念分化为"都市西方"和"殖民西方"。在这种两分法中，前者被优先考虑为模仿的对象，同时也就削弱了作为批判对象的后者。④ 日本作为中国学习西方知识的中介和捷径，通过这样一种策略，日本对中国的侵略与占领同文化启蒙的急务得以分离，由此便可理解为什么当时很多知识分子只谈"以日为师"，而回避"老师总是欺负学生"的现实。可以说，这样一种认识论上的分裂，无疑是半殖民主义历史语境中中国文化思想界的一个普遍特征，也经常呈现在报刊的言论与报道中。

胡绳曾用阶级分析的观点和方法解释了中国的现代化与帝国主义之间的关系，对理解半殖民主义语境的部分特征，或者说，"现代主义"与"帝国主义"（甚至是"殖民主义"）间的隐秘联系颇具启发性。他认为

① 李文卿：《共荣的想像：帝国日本与大东亚文学（1937—1945）》，博士学位论文，台湾政治大学，2009 年，第 4 页。

② 陈芳明：《殖民地摩登：现代性与台湾史观》，台北：麦田出版社 2004 年版，第 12 页。

③ ［美］杜赞奇：《从民族国家拯救历史：民族主义话语与中国现代史研究》，王宪生等译，江苏人民出版社 2009 年版，第 214—215 页。

④ ［美］史书美：《现代的诱惑——书写半殖民地中国的现代主义（1917—1937）》，何恬译，江苏人民出版社 2007 年版，第 42 页。

以现代化为主题叙述中国近代史的发展进程是有重要意义的。从 1840 年
鸦片战争以后，几代中国人为实现现代化作过什么努力，经历过怎样的过
程，遇到过什么艰难，有过什么分歧、什么争论，这些无疑都是中国近代
史中的重要题目。但需要注意的是，最早促使中国走向某种程度的现代化
的力量其实是帝国主义。之所以说是"某种程度的现代化"，是因为帝国
主义只允许中国在对其有利的严格范围内发生朝向资本主义的变化。因
此，从 19 世纪后期到 20 世纪初期，中国的现代化，或者说资本主义化，
虽然是中国国内各种社会力量的对比和斗争的问题。但由于帝国主义势力
的渗透，又并非单纯的国内问题。①

四 半殖民主义语境中的中国近代报业

从中国近代新闻事业的发展史来看，促使以邸报为代表的中国古代报
纸转型成为近代报纸的力量，也是帝国主义。中国近代报纸的出现与发展
同以通商口岸体系和不平等条约为主要政治工具的"非正式帝国"在中
国的建立、帝国主义势力在中国境内的扩张和渗透紧密相关。方汉奇在他
的代表性专著《中国近代报刊史》中指出，近代化报刊在中国的出现是
与西方国家的入侵和中国的半殖民地化同时开始的。最先用中文出版的近
代化报刊，最先在我国境内出版的近代化报纸，都是外国侵略者首先创办
起来的。②

卓南生在其严谨扎实、在学界引起强烈反响的新闻史论研究中，为
19 世纪初期在东南亚出现的近代华文报纸的发展过程描绘了一幅清晰的
鸟瞰图。从中可知，中国近代中文报业的一个重要特征是萌芽于西方传教
士在东南亚殖民地创办、但旨在传入中国、以中国人为受众目标的宗教月
刊。1815 年由伦敦布道会传教士米怜（William Milne）在马六甲创办的
中文月刊《察世俗每月统记传》是最早的一份近代化中文报刊。至于中
国境内的近代化中文报刊，则以 1833 年由德国传教士郭士立（Karl
Friedrich August Gutzlaff 或 Charles Gutzlaff）在广州创办的《东西洋考每月
统记传》为最早。《南京条约》签署后，这些原本以东南亚的马六甲等地

---

① 胡绳：《从鸦片战争到五四运动》上册，人民出版社 1997 年第 2 版，第 8 页。
② 方汉奇：《中国近代报刊史》上册，山西人民出版社 1981 年版，第 10 页。

为据点的西方传教士，纷纷把阵地转移到香港以及通商口岸，准备向中国境内进行大规模的传教活动。与此同时，他们也创办了不少近代化中文定期刊物作为"文字播道"的手段。①

卓南生指出，从 1815 年《察世俗每月统记传》创刊到 1858 年《六合丛谈》停刊的 40 余年之间，随着时代的改变，各传教士所办之报刊的出版动机、发行区域乃至内容编排等，也发生了一定的改变。但综观这些中文宗教月刊的诞生与发展，可以发现在当时的历史语境下，它们的相继问世，与其说是应中国国内社会的需要，不如说纯粹是出自西方传教士为达到传教及宣扬西方文明，从而改变中国人的西洋观的目的创办的。② 换句话说，西方将近代化的报业概念传入东方的过程伴随着价值观的传播与渗透。为维护政、教、商"铁三角"的利益，早期创办近代中文报刊的传教士们冀图借助文化力量改变亚洲人对西方的态度，从而达到为西方各国"国益"服务的目的。③

《中国报学史》是我国最早的一部对中国报纸由古代向近代演变、发展之过程进行系统论述的著作。戈公振在该书中虽然肯定了外人所刊之书报对打破国人守旧思想，研究新学的激励作用，以及为中西文化融合创造了机会；而且认为外报在编辑、发行、印刷、经营方面的优点值得中国报纸所效法。但他同时强调，这些在中国的外报外刊，以传教为主要目的，实际上是"去一偶像而又立一偶像也"。此外，他还指出，这些外报几乎一致为其国家出力，在外交问题上，往往推波助澜，为害于中国甚大。④

保罗·法兰奇（Paul French）在近期出版的一部历史作品中也指出，英国和美国这两个孪生的帝国主义国家都尝试以贸易和传教手段拓展各自的帝国业务，谋求帝国的利益，扩充帝国的财富。这就意味着最早的外国报纸杂志需要反映以下三重利益：宗教需求、财富追求和国家利益。保罗·法兰奇用讽刺的口吻记述道："尽管最先踏足报纸生意的是商人而不是传教士，不过那些上帝的仆人从来不会落后于玛门（按：指金钱）的

---

① ［新］卓南生：《中国近代报业发展史 1815—1874》（增订版），中国社会科学出版社 2002 年版，第 1—2 页。
② 同上书，第 206 页。
③ 李杰琼：《"北大新闻学茶座"首次学术研讨活动掠影》，《国际新闻界》2010 年第 6 期。
④ 戈公振：《中国报学史》，生活·读书·新知三联书店 1955 年版，第 112 页。

奴隶们太远。"① 他还揭示，这些在华的外国记者和外国媒体本身就是不平等条约和外国势力干涉中国内政的产物，他们对中国的兴趣归根结底以如何让中国人、中国产品和资源服务于西方列强为目的。②

艾瑞克·霍布斯鲍姆（Eric Hobsbawm）在分析西方资本主义发展到19世纪时所呈现的"帝国"特性时，也敏锐地捕捉到殖民统治结构下欧洲人对"他者"存在的文化优越感，以及在帝国主义殖民扩张过程中，宗教、商业与军事三者的勾结。他这样分析道："19世纪的新奇之处，是欧洲人越来越认为非欧洲人及其社会卑下、不可取、薄弱、落后，甚至幼稚。它们应该是被征服的对象，至少应该是必须接受真正文明教化的对象；而代表这个唯一的真正文明的，是商人、传教士和一队队携带枪炮、烈酒的武装士兵。"③ 艾瑞克·霍布斯鲍姆的分析提醒我们注意到19世纪传教士的传教活动并非单纯的"文化交流"或是传播"现代文明的福音"，这种传教活动不仅构筑在欧洲对"他者"的文化优越感之上，依附于帝国主义殖民的势力和结构，而且往往内在于并服务于殖民扩张和殖民统治。

正是察觉到这种所谓的"文化交流"的不平等性和虚伪性，当时不少中国报业的先驱者深刻体会到，只有中国人自己出资、自己主持的报纸才能保障中国人的利益，遂萌生了"华人出资、华人操权"的办报理念，以同西方的声音抗争。由华人独自创办、华人主持的华文日报，首推艾小梅1873年在汉口创办的《昭文新报》，其次是王韬1874年在香港创办的《循环日报》以及中国最早的留学生容闳同年在上海创办的《汇报》。其中影响力最大、最具代表性的一份报纸就是《循环日报》。④ 它重视言论，而一切言论又以国家、民族的利益为依归。《循环日报》的办报风格毫无疑问地开创了文人论政的政论报纸的先河。⑤ 因此，卓南生认为，19世纪萌芽期的中国近代报业史，其实是一部中国人要求摆脱外国势力对传媒的

① ［美］保罗·法兰奇：《镜里看中国：从鸦片战争到毛泽东时代的驻华外国记者》，张强译，中国友谊出版公司2011年版，第3页。

② 同上书，第16页。

③ ［英］艾瑞克·霍布斯鲍姆：《帝国的年代（1875—1914）》，贾士蘅译，中信出版社2014年版，第88页。

④ ［新］卓南生：《中国近代报业发展史1815—1874》（增订版），中国社会科学出版社2002年版，第179—180页。

⑤ 同上书，第200页。

控制，争取言论自由，从而表达国家民族意识的斗争史。① 这一观点十分恰当地概括了在半殖民地半封建历史语境下，国人所办报纸发展历史的特征。而且"华人出资、华人操权"办报理念的萌生以及实践的政治意义，说明了近代以来中国新闻业的发展同中国人民寻求民族独立、建设统一国家、反帝反殖民的斗争的紧密联系。

方汉奇在前述《中国近代报刊史》中系统地描述了从戊戌维新到辛亥革命以及军阀混战时代中国近代报刊的作用与影响，在对中国近代新闻事业发展历程进行细致梳理的基础上，清楚展现了中国清代仁人志士的忧患与反抗意识、19 世纪末资产阶级的救亡宣传、变法议论以及20世纪初资产阶级革命派的反帝反封建的宣传。由此可见，康有为、梁启超创办的维新派的报刊、孙中山等革命派创办的报刊、新文化刊物的兴起、《新青年》的诞生以及此后中国共产党创办的报刊等无一不是以各自的方式延续着这一斗争。在外忧内患的历史背景中，围绕救亡图存、民族自立和现代化发展的出路等与国家、民族命运紧密挂钩的问题，各种新旧思潮的论战屡见报端，主宰着报纸的言论和报道。近代中文报刊成为中国人民进行反帝反封建斗争，表达民族和国家意识的重要舆论工具。②

与此同时，方汉奇注意到，从清王朝到北洋军阀政府对待进步报刊和报人大致存在两种主要的方式：一种是用钱收买，一种是收买不成就任意镇压。③ 可见在半殖民主义历史语境中，争取言论自由的斗争对象既包括外国帝国主义势力，也包括他们在华培植、收买或驯服的各种代理人，例如清王朝、北洋军阀政府，甚至以"反帝"为标榜取代北洋军阀政府建立政权的南京国民政府。

在中国人民寻求民族独立、建设统一国家、进行反帝反殖民斗争的历史大背景下，在"华人出资、华人操权"理念下创办的各种近代中文报刊的独立精神与品格，即"报格"，在半殖民主义语境下，一定程度上便体现于报纸是否敢于为国家、民族的根本利益发出声音并进行抗争。

---

① ［新］卓南生：《中国近代报业发展史 1815—1874》（增订版），中国社会科学出版社2002 年版，第 210 页。
② 方汉奇：《中国近代报刊史》上册，山西人民出版社 1981 年版，第 6 页。
③ 同上书，第 1 页。

五　20世纪30年代平、津报业的"营业化转型"

1912年中华民国宣告成立，帝制的中国换上了民国的招牌。但是，从孙中山让位给袁世凯的时刻开始，就宣告了革命的不彻底。1924年孙中山在《中国国民党第一次全国代表大会宣言》中回顾辛亥革命的教训时，这样说道：

> 曾几何时，已为情势所迫，不得已而与反革命的专制阶级谋妥协。此种妥协，实间接与帝国主义相调和。遂为革命第一次失败之根源。夫当时代表反革命的专制阶级者实为袁世凯。其所挟持之势力初非甚强，而革命党人乃不能胜之者，则为当时欲竭力避免国内战争之延长，且尚未能获一有组织、有纪律、能了解本身之职任与目的之正当故也。（中略）夫袁世凯者，北洋军阀之首领，时与列强相勾结，一切反革命的专制阶级如武人官僚辈，皆依附之以求生存；而革命党人乃以政权让渡于彼，其致失败，又何待言！①

从1912年中华民国宣告成立到1949年中华人民共和国成立共计37年，在此期间以1928年为界，中国经历了北京北洋军阀政府和南京国民党政府两个统治时期。杨公素指出民国时期的中国社会具有以下三个主要特征：

第一，国家不统一。虽然不同阶段的两个政府均被国际承认为合法政府，但它们能在国内管辖的区域是有限的，多数省份仍由本省军阀统治，各行其是。

第二，内战不停。民国37年的历史中有二三十年都在打内战。

第三，外国势力的渗透。无论北洋政府还是国民党政府都是在外国势力的支持下维持统治的，不同点在于，前者更富有封建性，后者更具有买办性。②

这无疑是用一种不同的叙述方式重申了半殖民主义语境中中国社会的

---

① 胡绳：《从鸦片战争到五四运动》下册，人民出版社1997年第2版，第884页。

② 杨公素：《中华民国外交简史》，商务印书馆1997年版，第3—9页。

结构特征。政治的动荡，军阀的争斗，外国势力的渗透，使报刊成为各种势力争夺话语权的角逐场；颇具讽刺意味的是，也为多数报纸巧妙周旋于各方之间提供了机会。如今中国各高校新闻院系所使用的新闻史教材，在介绍民国时期的名记者、名报人时，都对其出众的交际能力赞颂有加。然而，需要保持敏感的是，这种交际能力之所以成为当时新闻记者"必备"的一项素质，正是上述历史语境与社会结构的产物。

北洋军阀政府时期，大多数资产阶级私营商业报纸都多少有着政治背景，或接受军阀政客的馈赠、津贴，或领取各个机关团体以谘议员、职员名义发放给记者的车马费。戈公振对此种情形曾有如下论述："虽内地报馆，前仆后继，时有增益，然或仰给于军阀之津贴，或为戒严法所劫持，其言论非偏于一端，即模棱两可，毫无生气。"① 当时在报界名噪一时的记者黄远生就政治势力对报业的渗透也曾喟然感慨："吾立意不作官，不作议员，而遁人于报馆与律师，然其滋味乃正复与官相同！"②

戈公振认为北洋政府时期的报纸，除一部分杂志外，其"精神"远逊于清末。他具体论述道：

> 盖有为之记者，非进而为官，即退而为营业所化。故政治革命迄未成功，国事窳败日益加甚。从国体一方面观，当筹安时代，号称稳健之报纸，多具暧昧之态度，其是否有金钱关系虽不可知，若使无民党报纸之奋不顾身，努力反抗，则在外人眼光中，我国人之默许袁氏为帝，似无疑义。故从严格立论，若当袁氏蓄意破坏共和之时，各报一致举发，则筹安会中人或不敢为国体问题之尝试，是以后纷乱，可以不作。更进一步言之，使袁氏至今而健在，则其为害于民国，有为吾人所不敢想像者。报纸之失职，有逾于此耶？其实袁氏虽死，继之而起者，往往倒行逆施，无所恐懼（惧）。虽曰其故甚多，而舆论之软弱无力，不可谓非一种诱因。③

戈公振所指的"精神"主要是指报纸的独立精神，即为国家民族的

---

① 戈公振：《中国报学史》，生活・读书・新知三联书店1955年版，第180页。
② 许纪霖：《大时代中的知识人》，中华书局2008年版，第12页。
③ 戈公振：《中国报学史》，生活・读书・新知三联书店1955年版，第196页。

根本利益敢于发声和反抗的精神。他认为，自民国以来，部分报人为图个人的荣辱和私利，在一定程度上导致报纸的独立精神受损。尽管报业的生存环境存在诸多问题和困难，但私营报纸自身的懦弱以及同逆时代而行之政治势力的妥协，实际上是造成这种环境的一种诱因。可见，戈公振的一个潜在意思是，要改变这种状况，需要从报业自身的整顿与改革做起，以维护报纸的独立精神与品格。

当时的报人大多目睹了北洋军阀对新闻事业的各种收买和钳制手段，以及报业自身依附政治、甘于堕落的种种病态现象。痛心于这种状况，期待以报纸唤醒民众、服务于社会的报人，为维护报纸的独立品格和追求言论的自由，逐渐倾向于将报纸的"营业化"或"营业本位"作为报业改革的方向：通过营业稳固经济基础，实现经济独立，摆脱依赖政治津贴过活的状况，从而抗拒政治权力对报业的干涉。这种倾向在20世纪20年代末30年代初成为北方报业改革思潮的主流。黄天鹏将此思潮的核心归纳为"由政论本位而为新闻本位，由津贴本位而为营业本位"。[①]

"营业化转型"并非如字面所表示的一般，是单纯的报纸经营问题，而是在半殖民主义历史语境中，为维护报纸的独立品格（即"报格"），在私营报刊中形成的一种对报纸定位和改革方向的共识。"营业化转型"的思潮得以形成的一个重要背景，同此时期都市民众作为一个社会阶层逐渐兴起，以及报纸进入都市普通民众的生活紧密相关。

根据戈公振观察，民国以来"人民阅报之习惯业已养成，凡具文字之知识者，几无不阅报。偶有谈论，辄为报纸上之纪（记）载"。同时，读者也逐渐具备了一定的辨别能力：被政客收买而颇具宣传色彩的报纸，"俱为社会所贱恶"；而缺乏定见、主张不时易变的报纸，也"终不得社会之信仰"。这无疑成为报纸改良的推进剂。此外，戈公振强调，"报纸的作用，已为一般人所审知。故一家庭有报，一学校有报，一商店有报，一工厂有报，一团体有报，一机关有报。其不能有报者，亦知藉（借）他报以发抒其意见。"正是在这样一种社会氛围中，报界认识到"经济独立之重要，而积极改良营业方法；知注意社会心理，而积极改良编辑方法"。[②]

---

① 黄天鹏：《新闻学刊全集》，光新书局1930年版，第129页。
② 戈公振：《中国报学史》，生活·读书·新知三联书店1955年版，第198页。

同南方的报业相比，因地理、政治、文化和经济等各方面的原因，北方报业显得更为保守以及对时局的变动更为关注与敏感，这尤其反映在平、津两地的报刊上。同天津相比，北平①的地理位置更靠近内陆，既是政治中心，又是文化中心，同时还存在各种外国势力，所以报纸更易受到政局变动的影响，也更易依附于政治权力求生，这在北洋军阀政府时期，以及南京国民政府成立初期都表现得十分明显。此外，政局的频繁变动和欠缺支撑营业发展的产业支柱，导致社会经济低迷。随着首都迁移到南京，政府机构的撤销，原有社会中上层读者大量流失。这些都是北平私营报刊"营业转型"要克服的难题。

在这种背景下，以城市普通民众为主要读者群体、精粹现存专注于政治言论的大报和专长于娱乐休闲的小报之优点于一身的小型报登上了历史舞台。小型报的这一特征无疑源于其以营业为本位的性格，以期最大程度地满足城市各阶层读者的阅读需求。从这点来看，早在 20 世纪 30 年代末期，日本外务省文化事业部的一份调查报告将北京的小型报定位为"小型大众报纸"不无其道理。②

六 《实报》自我矛盾中蕴藏的历史性

目前学界公认成舍我的《立报》是民国时期小型报的杰出代表，因为其他小型报在新闻报道与评论质量方面无能出该报之右者。实际上，《实报》的创刊比《立报》早了 6—7 年，是平、津报界小型报的先驱。在当时北方报界"知经济独立之重要，而积极改良营业方法；知注意社会心理，而积极改良编辑方法"的改革风潮中，《实报》的诞生及其畅销，反映了该报创办者管翼贤提出的兼顾经营与编辑两方面的"小报大办"方针的成功。赵君豪在《中国近代之报业》中曾评价"中国各地之小型报，若北平之实报，南京之朝报，皆创办较早，深得读者之赞许"③。

《实报》作为北方小型报的先行者，于 1928 年 10 月 4 日创刊，适逢

---

① 1928 年 6 月 20 日之前称为"北京"，1928 年迁都南京后改为"北平"；在日本占领时期改为"北京"，日寇投降后改为"北平"；1949 年 9 月 21 日，北平再次改名为"北京"。本书将依据具体时期的城市名称使用"北平"与"北京"。

② 日本外务省外交史料馆档案：《北京ノ新聞ニ就テ》，1939 年 8 月。

③ 赵君豪：《中国近代之报业》，香港：申报馆，1938 年，第 173 页。

北伐完成，北洋军阀政府倒台，南京国民政府作为中央政权在名义上统一中国；于 1944 年 4 月 30 日停刊，时值太平洋战争后期，日本侵略者试图做垂死挣扎，华北日伪当局加紧了对占领区物资和宣传的一元化统制。1937 年北平沦陷前，该报因编辑方法新颖，经营方法得当，深谙城市平民的阅读心理，成为受到广大民众喜爱的大众报纸，畅销于华北大部分城市；1937 年北平沦陷后，该报因这种聚积的"人气"受到日伪当局的重视，并随着该报创办人管翼贤的附逆，日益成为日伪蛊惑民众、统制华北的得力工具。

这份有着近 16 年历史的小型报作为一位观察者，通过报道和言论，见证了南京国民政府时期半殖民地半封建中国的发展与动荡：南京国民政府的成立，张学良的东北易帜，冯玉祥、阎锡山与蒋介石的"中原大战"，"九一八事变"的爆发，"一·二八事变"的爆发，伪"满洲国"的成立，热河告急，长城抗战，《塘沽协定》的签署，日方策动"华北自治运动"，"卢沟桥事变"的爆发，华北伪政权的更迭，汪伪政权的建立，太平洋战争的爆发……在上述历史进程中，民族和国家的命运走向对《实报》的诞生、发展、壮大与没落产生了直接影响。

《实报》同时又是一位参与者，依然通过报道和言论，介入历史发展的进程：它曾在"国难时期"屡屡发出抗日救亡的呼吁，宣扬国家和民族意识；曾在"中原大战"期间为冯玉祥、阎锡山代言，客观上纵容甚至支持了内战的延续；曾在日本占领时期，沦为日伪宣传统制下的"言论报道机关"，为侵略者唱诵赞歌。

综观《实报》不到 16 年的发展历程，在不同历史时期，该报在对待"民族"与"国家"的问题上表达过不同的观点，呈现出截然相异的立场。事实上，这种"报格"的断裂现象与半殖民主义的历史语境中，报人管翼贤对国家、民族与个人的抉择有着千丝万缕的联系。

笔者根据现存《实报》和《实报半月刊》的原件，综合《实报》在版面编辑、报道言论活动、营业拓展等方面的特点，将该报自 1928 年至 1944 年的发展大致划分为以下四个阶段："草创期"（1928—1929 年）、"递嬗期"（1930—1931 年）、"发展成熟期"（1931—1937 年）和"转变没落期"（1937—1944 年）。

《实报》在上述四个阶段的新闻实践与经营发展，同中国华北地区在南京国民政府执政的众多历史事件的发生与演变有着耦合；从分期结果来看，两者在时间上多有重合。例如，《实报》的"草创期"刚好是南京国民政府成立初期，"递嬗期"则遭遇持续半年之久的"中原大战"，"发展成熟期"处于1931年"九一八事变"与1937年"卢沟桥事变"之间，"转变没落期"是1937年日伪统治北平的时期。这种"巧合"恰恰例证了中国新闻事业的演变内嵌于中国近代史的发展脉络的特点，并凸显了在半殖民主义历史语境中，民族和国家的命运走向与中国近代新闻事业发展的紧密联系。

按照上述的分期策略，本书针对《实报》和报人管翼贤的整体性研究可分为以下四个部分：

第一部分为第二章，以《实报》现存1928年至1929年五份原件为主要研究资料，参照相关的回忆性文章，着力梳理该报在"草创期"的基本情况以及"小报大办"方针提出的背景，以点带面揭示北方小型报生存空间的特征与局限。

第二部分为第三章和第四章，以《实报》现存1930年的报纸原件为主要研究资料，分别考察该报报道政治新闻和社会新闻时所依据的原理、采用的手法以及呈现的立场。据称，及时翔实的政治新闻与富有兴味的社会新闻是《实报》引人购读的两大法宝。第三章和第四章尝试从不同的角度，对《实报》在新闻报道领域的特色给予详细剖析，并进一步探察保障该报在"递嬗期"实现营业增长的主、客观条件。

第三部分为第五章和第六章，以《实报》现存1931年至1935年的报纸原件和《实报半月刊》现存1935年至1937年的杂志原件为主要研究资料。第五章主要剖析了该报在"发展成熟期"言论活动的特征与局限，并比较在南京国民政府采取不同对日政策的各个阶段，同时期平、津报界的言论立场和论调有何变化，由此探讨《实报》报格"断裂"现象存在的普遍性问题。同时这一章还将对半殖民主义语境中大众传媒与民族国家建构工程之间的关系给予简要讨论。第六章对《实报》在此期间的营业发展进行了考察，以进一步把握该报日益鲜明的营业本位性格。

第四部分为第七章和第八章，主要考察《实报》在北平沦陷时期所进行的报道言论活动的倾向与变化，从而管窥华北日伪治下的报刊作为"言论报道机关"的特性。其中第七章主要通过对中、日两国相关历史研究、档案文献的梳理，对"思想宣传战"在日本"总力战"构想中的定位、华北日伪当局在沦陷区内的新闻统制等问题进行了澄清，以有助于深入理解日伪报刊在日本侵华战争中的定位与作用。第八章以《实报》现存1937年至1944年的报纸原件为主要研究资料，对《实报》在此时期华北日伪统治的三个不同阶段（北平维持会时期、伪中华民国临时政府时期和伪华北政务委员会时期），言论报道呈现的倾向和特点进行了梳理与分析，以期进一步揭示华北沦陷区日伪报刊的本质属性。

上述章节的讨论，分别从不同的方面，展现了《实报》在新闻实务方面的创新与报业经营方面的成功，以及该报在不同历史时期"报格"断裂的具体表现（即该报自我标榜与具体实践之间的矛盾）。坦诚地说，《实报》"小报大办"的成功与"报格"的断裂其实是一枚硬币的两面，或者有如光影同行一般。上述各章也尝试在具体的时空脉络中，剖析这一共生现象的关系与成因。

作为推动《实报》诞生和发展的灵魂人物，管翼贤的新闻观和个人选择对这份报纸具有直接影响。透过《实报》在不同发展阶段中自我标榜与经营实践的矛盾，亦可屡次窥见管翼贤性格的多面性和处事的投机性，从而也为读者思考报人的社会责任提供了案例。

小型报是中国新闻事业发展进程中一个值得关注的历史现象，这种报纸形态蕴含着丰富的历史性（Historicity）。事实上，小型报发展达到巅峰的时期，即20世纪20年代末期至30年代后期，也正是中国私营商业报刊发展进入鼎盛的阶段。不妨这样说，小型报的诞生与发展，是中国资产阶级私营商业报刊在此时期大众化编辑方针和经营策略的体现；对小型报的考察将为深入思考中国私营商业报刊的特征与局限提供一条路径。本书期望通过这个细致的个案研究，对这种历史性进行唯物辩证的考察，从而把握内嵌于中国近代史脉络中的新闻事业的阶段性特征；并立足于半殖民主义的语境，尝试从历史的与国际的宏观视野对这一特征进行学理性的思考。

在进入对《实报》和管翼贤的细致探讨前，有必要先对"何为小型报""小型报与此前的报纸形态有何联系、有何区别"等系列问题进行说明，以便更好地揭示在中国私营商业报刊发展的黄金时期，这一风行南北报界的报纸形态具有怎样的性格与特征。

第一章

近代小报与小型报的联系与区别

"小报"一向是被所谓上流社会人士目为不登大雅之堂的东西，然而，这两年来"小型日报"却成了个极时髦的名词了。这固然是由于时代需要的促成，另一方面，亦得力于本身的改良。近数年北平的小报无论在取材，在编辑，在印刷各方面，显著的均有长足的进步，所以能有这种效果，盖因同业的竞争，溯本追源，为同业先导者，当推实报，而能排除恶劣环境，不堕入魔道者亦属实报？我们可以说，自从实报出版后，北平——甚至中国——的小报即换了个局面，实报的发达，亦促成许多小报的发达……①

本章将围绕"小报"发展与变迁的脉络、近代小报与小型报的关系与区别、小型报的性质与影响等关键问题，对小型报的概念进行界定。以期读者能够了解，当我们谈"小型报"时在谈什么。

一 古代小报与近代小报的区分与区别

宋代的"小报"是中国新闻史上最早出现的民间报纸。戈公振在《中国报学史》一书中专门用一节的篇幅对宋代的"小报"与"新闻"（当时两者是同义语）进行了介绍。戈氏引用南宋兵部侍郎周麟之所著《海陵集》中的一篇奏章《论禁小报》，借以勾勒出宋代小报的特点以及官方对此种民办报刊的基本态度：

---

① 方奈何：《我理想中的小型日报》，《实报半月刊》1936 年 11 月 1 日。

方陛下颁诏旨，布命令，雷厉风飞之时，不无小人诪张之说，眩惑众听。如前日所谓召用旧臣，浮言胥动，莫知从来。臣尝究其然矣，此皆私得之小报。小报者，出于进奏院，盖邸吏辈为之也。比年事有疑似，中外不知，邸吏必竟以小纸书之，飞报远近，谓之小报。如曰"今日某人被召，某人罢去，某人迁除。"往往以虚为实，以无为有。朝士闻之，则曰："已有小报矣！"州郡间得之，则曰："小报到矣！"他日验之，其说或然或不然。使其然耶，则事涉不密；其不然耶，则何以取信？此于害治，虽若甚微，其实不可不察。臣愚欲望陛下深诏有司，严立罪赏，痛行禁止。使朝廷命令，可得而闻，不可得而测；可得而信，不可得而诈。则国体尊而民听一。①

根据方汉奇和张之华的总结，宋代小报主要有以下特征：第一，宋代小报是一种以刊载新闻和时事性政治材料为主的不定期的民办报纸；第二，宋代小报的发行人是邸吏、使臣、在政府机关工作的中下级官员和书店主人；第三，和官报（即邸报）相比，宋代小报的消息时效性更强，所发表的内容大多是尚未公开的"朝廷机事"（但也因此消息并不完全准确）；第四，宋代小报的读者多为集中在首都的各级京官、散处诸路州郡的地方官和一般的士大夫知识分子，即精英阶层。中国报刊史研究者一般认为，宋代的小报为读者提供了不少官报所不载的和禁止刊载的消息，是邸报的一个重要补充。②

李楠将宋代小报定位为"古代小报"，并认为近现代历史上的小报与这种古代小报在内涵上相去甚远，近现代的小报是伴着清末小报的盛行而渐渐明晰起来的。③ 另外，洪煜也对"小报"进行了"古代"和"近代"的区分，并对这种区分进行了更为详细的描述。他指出，晚清以前的小报多为不正规的、散布关于朝廷政治方面小道消息或传闻之类或内部交流的纸页，是非正式的信息通报；近代意义上的小报是近代都市民众调剂生活的一种休闲文化，内容以揭露社会黑幕和软性新闻为主，并赋以消遣娱乐

①　戈公振：《中国报学史》，生活·读书·新知三联书店1955年版，第30页。
②　方汉奇、张之华主编：《中国新闻事业简史》，中国人民大学出版社1995年第二版，第16—19页。
③　李楠：《晚清、民国时期上海小报研究——一种综合的文化、文学考察》，人民文学出版社2005年版，第20页。

功能。①

孟兆臣在《中国近代小报史》中将近代小报界定为 1840—1949 年间产生于上海、北京、天津等大中城市的小型报纸，这种报纸以刊登文艺作品为主，新闻为辅，是纯粹的文艺报刊。② 他从地域分布的角度将近代小报分为南派小报（出版发行集中在上海）和北派小报（以北京为中心，出版发行于京津地区），并认为中国近代小报的中心在上海，北派小报没有南派小报发达，在数量上远不能与南派小报相比。③

孟兆臣还指出由于地域、政治体制、法律制度、风俗习惯的不同，南派小报和北派小报呈现出不同的特点，并从内容、文字、语言风格、有无照片和有无插图漫画五个方面对南北小报的差别进行了归纳。在内容上，北派小报的内容多是一般的政治、社会新闻，较南派小报平淡；在文字上，北派小报稳重纯净，没有情色内容，而南派小报经常因文字淫秽受到当局的处罚；在语言风格上，北派小报多用北京方言，南派小报在民国以前多用吴语，民国以后多用上海俗语（孟氏认为语言风格是把近代小报分成南北两派的一个重要依据）；在刊载照片方面，南派小报大量登载照片，以娱乐明星为多，北派小报则很少登载照片；在刊载插图漫画方面，南派小报几乎没有不刊登插图和漫画的，北派小报则少有插图和漫画。④

尽管李楠注意到如下事实，即戈公振、赵君豪、胡道静等人的新闻史论著中，都将成舍我于 1935 年在上海创办的《立报》视为不同于一般消闲性小报的"小型报"，而且当代报刊史学者往往沿用这一观点。但她认为《立报》也是"小报"，理由主要有两点：第一，《立报》虽然较注重政治新闻的报道，版面体例也模仿大报，但它的主要副刊如《花果山》和《小茶馆》均是消闲性的。第二，20 世纪 40 年代的小报普遍增强了时事新闻。因此她认为没有必要另起炉灶，分出一个"小型报"的品种来。⑤ 也正是从这一观点出发，李楠在另一篇研究论文中，将本书研究的

---

① 洪煜：《近代上海小报与市民文化研究（1897—1937）》，上海书店出版社 2007 年版，第 15—16 页。

② 孟兆臣：《中国近代小报史》，社会科学文献出版社 2005 年版，第 1 页。

③ 同上书，第 153 页。

④ 同上书，第 156—157 页。

⑤ 李楠：《晚清、民国时期上海小报研究———一种综合的文化、文学考察》，人民文学出版社 2005 年版，第 21 页。

北方小型报先驱《实报》纳入了北派小报的范畴中。①

　　总体而言，上述针对近代小报的专著及研究存在以下两个特点：第一，研究对象主要为上海的近代小报，即南派小报；对在北京、天津等地出版的近代小报，即北派小报，少有或鲜有涉及。第二，研究者或出身于中文系，或出身于历史学系，受到专业背景和知识结构的影响，研究多采用文学或文化的视角，而非从新闻事业发展史的角度进行考察。上述研究基本都将"小型报"纳入"小报"的范畴，而未对近代"小报"与"小型报"进行更细致的区分。

二　与近代小报形似而神异的小型报

　　在对待近代小报与小型报是否为两个不同的报刊品种这一问题上，报刊史学者有着明显不同的观点。20 世纪 30 年代，已有报人和新闻学研究者注意到，与强调娱乐性和消闲性的近代小报相比，小型报虽在形态上与之相似，但在报道上更具新闻性，在言论上也更具严肃性，因而呈现出"大报色彩"。鉴于两个报刊品种可观察到的区别日趋明显，有些报人和新闻学研究者开始有意识地用"小型报"这个术语以强调其与近代小报的区别。

　　赵君豪在《中国近代之报业》中专辟了一章讨论小型报和小报的区别。② 他认为小报的内容"无非为吟风弄月之诗句，歌台舞榭之艳事，就新闻原则言之，绝未尽报道之职责，惟当时风气所趋，各方争阅，是亦慰情聊胜于无也"。③ 与此同时，他强调以小报姿态出现、撷登简明消息的小型报在立场、规模与性质等方面，"究未可与小报相提并论也"。④ 他指出"小型报者，纸张大小，一如小报，惟内容则绝非小报；盖以大报之精髓，成一最简明之刊物，为读者省脑力与时间也"。⑤

　　丁淦林于 1987 年发表在《新闻大学》（夏季号）上的《三十年代中

---

　　① 李楠：《北京市民文化品格的中心情结："吟味"——以一九三零年至一九三三年的〈实报〉为例》，《书城》2009 年第 6 期。

　　② 赵君豪：《中国近代之报业》，香港：申报馆，1938 年，第 157—174 页。

　　③ 同上书，第 158 页。

　　④ 同上书，第 164 页。

　　⑤ 同上书，第 168 页。

国小型报浅议》① 应该是改革开放后，在新闻学研究与教育大发展的背景下，对 20 世纪 30 年代小型报诞生的背景、特征和影响进行了较为详细梳理的一篇学术论文。通过阅读和比较可以发现，学界现有为数不多的以小型报为研究对象的论文，基本上是以这篇论文中所阐释的观点为参照，或从小型报办报模式的创新之处，或从小型报的政治传播意义，进行更加具体的解析。②

在这篇具有经典意义的论文中，丁淦林首先指出，"小型报"这个称呼是在 20 世纪 30 年代兴起来的，小型报与大报形成分庭抗礼之势也是在这个时期。③ 他进而以同时期的大报、小报和杂志作为参照对象，指出小型报既有这三者的影子，又是不同于此三者的一个新的报刊品种。因此，人们一般用来概括小型报特点的"大报小型化""小报大办""报纸杂志化""小型报乃大报的缩影"等形象的说法，不能作为对小型报特点的科学概括。在此基础上，他尝试对小型报的特点作出更为精准的描述，认为小型报是篇幅小、内容精、版面活、定价低的大众化政治报纸。④

此外，甘艺娜指出，小型报是介于小报和大报之间的既坚持严肃的时事报道的办报态度，又不失生动活泼的编辑方法的一种新型报纸，是将大报的主要材料加以浓缩、精编，以质胜量，比大报更为精粹的报纸。⑤ 再如唐志宏指出，小型报的产生主要是为了修正"大报"和"小报"之间的缺点，加上社会条件的需求和配合，在 20 世纪 30 年代达到了巅峰。⑥

学界一般将 1927 年于南京创办的《民生报》视为成舍我创办小型大众报刊的尝试，而将 1935 年于上海创办的《立报》视为这一尝试的完

---

① 收入《丁淦林文集》时，题目改为《20 世纪 30 年代中国小型报浅议》。见《丁淦林文集》，复旦大学出版社 2005 年版，第 50—56 页。

② 前者如吕莎《成舍我"小型报"思想探究》，《新闻窗》2008 年第 2 期；后者如彭垒《民国时期小型报的政治传播意义探微（1927—1937）》，《新闻界》2009 年第 5 期。

③ 丁淦林：《20 世纪 30 年代中国小型报浅议》，《丁淦林文集》，复旦大学出版社 2005 年版，第 50 页。

④ 同上书，第 53 页。

⑤ 甘艺娜：《中西小型报溯源及比较——以〈立报〉与〈每日镜报〉为例》，《新闻窗》2008 年第 2 期。

⑥ 唐志宏：《成舍我的小型报广告策略》，《广告大观》（理论版）2008 年第 4 期。

成，并将《立报》评价为同时期小型报的代表与模板。① 吴廷俊在《中国新闻史新修》中指出，《民生报》内容丰富，新闻性强，完全不像前些时上海滩上的消闲小报；而《立报》在报纸业务上有颇多的独创之处，是一张大报性的小型报。他同时强调与消闲小报不能参加报业公会不同，《立报》是报业公会的成员，取得了和大报平起平坐的地位。②

尽管新闻史论研究者大多强调小型报与近代小报的区别，但事实上，小型报在报纸形态、副刊内容方面同近代小报也存在着不少相似之处，这是造成不少学者将两者混为一谈的一个原因。另外，历史更为悠久且在底层民众中拥有社会基础的近代小报，对小型报的编辑方针也起到了不可否认的示范作用。例如陈琼珂的学位论文《成舍我的小型报思想研究——以上海"立报"为个案》以及陈建云的论文《报人成舍我的成功之道》，均提及创刊于北京的近代小报《群强报》对成舍我创办《民生报》具有借鉴与启发作用。③

在注意到近代小报对小型报提供了重要借鉴的同时，也有研究者注意到小型报异军突起后对小报改革产生的影响。例如郭永在《小报的历史沿革及对报业大众化的意义——以上海的小报为例》中将 20 世纪 30 年代小报改革的主要体现归纳为以下五个方面：第一，在内容上，一改过去不问时政，偏重娱乐消遣的倾向，兼容政治、经济、文化和社会新闻，向综合性方向发展。第二，逐步改变过去那种用道听途说的消息和耸人听闻的标题吸引读者的做法，开始用比较客观、健康的笔调对社会名流、重大事件进行报道。第三，在体裁上，开始采用特稿、专访、报告文学等新颖的新闻体裁。第四，在刊期上，多由三日刊改为日刊。第五，在编排上，从原来的稿件粗糙、编排混乱、栏目随意变更到注重版面编排，改变采、

① 2007 年至 2011 年有数篇硕士学位论文均以成舍我的办报理念作为研究对象，它们分别是：黄俊华：《"小报"大世界——成舍我"小报大办"思想研究》，硕士学位论文，河南大学，2007 年；陈琼珂：《成舍我的小型报思想研究——以上海"立报"为个案》，硕士学位论文，复旦大学，2008 年；陈贝贝：《成舍我的报业经营管理思想研究》，硕士学位论文，河北大学，2010 年；陈英：《成舍我办报理念的核心价值观及成因探析》，硕士学位论文，暨南大学，2011 年；袁玮：《成舍我的办报实践与办报思想研究》，硕士学位论文，湘潭大学，2011 年。

② 吴廷俊：《中国新闻史新修》，复旦大学出版社 2008 年版，第 267—268 页。

③ 参见陈建云《报人成舍我的成功之道》，《新闻大学》2011 年第 2 期；以及陈琼珂《成舍我的小型报思想研究——以上海"立报"为个案》，硕士学位论文，复旦大学，2008 年，第 6 页。

写、编一人负责的做法，聘请专人分版编辑把关，朝精编的方向努力。①
此外，李时新在论文《"大报小办"与"小报大办"——近代上海报业发展的两种取向》中也指出《立报》获得发行成功后，一时间成为众多上海小报模仿的对象。②

综合学界现有对小型报纸（包括近代小报和小型报）的研究成果，不难发现以下四点基本共识：

第一，从中国新闻事业自身发展的历史脉络来看，肇始于清末、盛行于民国的近代小报凭借娱乐性和消闲性的特色获得了市民阶层的青睐，成为都市民众日常生活的休闲读物。

第二，近代小报在都市民众之间的风行，在一定程度上为小型报的诞生提供了借鉴。事实上，一部分小型报在副刊与社会新闻方面呈现出"小报色彩"，甚至成为小报的竞争者。

第三，小型报在立场、规模和性质方面与近代小报有着可以辨识的区别，特别是报道更注重新闻性，言论更注重严肃性，使得小型报在政治时事新闻报道和言论方面并不逊于大报，呈现出"大报色彩"。

第四，20 世纪 20 年代末 30 年代初，在北平、南京、上海出现的小型报，在一定程度上撼动了此前"大报"与"小报"并立的报业格局，使得大报与小报分别参照小型报的成功经验纷纷作出不同程度的改良。

可见，仅以小型报的副刊具有消闲性或近代小报也刊登时事新闻为据，忽视小型报与近代小报的区别，把两个报刊品种混为一谈，将妨碍我们对小型报的社会影响（尤其是对中国报业大众化的促进作用）作出更清醒的认识与判断。

需要注意的是，小型报作为 20 世纪 30 年代的新兴事物，人们对它形成清晰的认识需要一个过程，在此过程中不可避免地出现概念的混用甚至混淆。民国时期的不少新闻学研究者也未能对近代小报与小型报进行明确区分，例如萨空了所撰《北平小报之研究》③ 和许邦兴所撰《中国小型报

① 郭永：《小报的历史沿革及对报业大众化的意义——以上海的小报为例》，《新闻窗》2007 年第 3 期。

② 李时新：《"大报小办"与"小报大办"——近代上海报业发展的两种取向》，《湖北大学学报》（哲学社会科学版）2010 年第 3 期。

③ 萨空了：《北平小报之研究》，《实报增刊》（再版）1929 年 11 月，"论著"部分第 37—46 页。

纸》① 两篇文章，就将"小报""小型报纸""小型报"三者作为同义语，相互混用。

另外，部分小型报在创办初期与小报的区别并不明显也是造成概念混淆的一个事实基础。学界一般认为1935年《立报》的出现才确定了小型报与近代小报的明确区分。

有鉴于此，本书中"小报"（近代小报）与"小型报"分别指称不同的报刊品种，"小型报纸"则是泛指晚清、民国时期在开张上小于大报（或四开；或八开）的报纸。

三　小型报的特征、性质与影响

在前引论文中，丁淦林认为，"大众化"的办报方针无疑是小型报区别于同时期大报、小报和杂志的一个突出特征。他认为所谓大众化报纸，早在19世纪30年代就已在西方国家出现，那是一种以社会上广大民众为读者对象、以社会新闻为主要内容的、售价低廉的小报；然而20世纪30年代中国小型报的"大众化"办报方针，是在中国特定的历史条件下提出来的，并不完全照搬西方的经验，而是具有独特的历史性。这种历史性主要体现在以下三个方面：第一，它显示了中国报纸读者范围的扩大；第二，它表明了报纸对读者的重视；第三，它体现了中国报刊的服务精神。有关上述第二点，丁淦林特别强调，小型报有强烈的读者观念，努力使报纸成为人民大众日常生活的"必需品"。②

与此同时，丁淦林还指出"精编"是小型报区别于同时期大报、小报和杂志的另一个突出特征，也是这一报刊品种赖以生存、在报业竞争中取胜的法宝。他强调，精编是数量和质量的统一。小型报"精编"的重点是新闻报道，但同时也涉及报纸工作的各个方面，从社论、文章到副刊，从版面、标题到广告，都要着眼于精。③

包括丁淦林在内的不少新闻学研究者，在分析小型报的性质时，多着眼于此报刊品种的政治性；或在分析小型报的影响时，多强调此报刊品种

---

① 许邦兴：《中国小型报纸》，《报学》1941年第1期。

② 丁淦林：《20世纪30年代中国小型报浅议》，《丁淦林文集》，复旦大学出版社2005年版，第53—54页。

③ 同上书，第54—55页。

在政治传播领域的意义。① 实际上，对小型报"政治性"或"政治传播意义"的关注与强调，在一定程度上源于此报刊品种内在的大众化性格。与此同时不能忽视的是，私营报刊的大众化与商业化（以及企业化）是密不可分的。

李彬在《中国新闻社会史（1815—2005）》一书中将"民间报业"定义为以营利为宗旨的商人报业。他同时强调，民间报业首先是企业而不是事业，事业是公共性的、公益性的，而企业是私利性的、营利性的。总之，民间报业是为营利而生存的。②

在谈及小型报的影响与意义时，李彬认为，小型报是典型的商业报刊，不论中国还是外国，小型报的出现和发展都推动了报刊的大众化进程，在文人报刊与政党报刊之外，开辟了报刊大众化之路。③ 这一观点既揭示了小型报的社会影响，同时对私营报业的"大众化"与"商业化"（以及"企业化"）之间密不可分的关系有着敏锐的把握。在透视商人报刊的办报理念与实践时，李彬也以成舍我为个案展开了分析与论述。耐人寻味的是，他将成舍我冠以"新闻商人"的头衔。④

可以这样说，小型报对"精编"思想和方法的全面灵活运用，是与其"大众化"办报方针一脉相承的。这既代表着中国近代中文报业在采编理念、新闻实践等方面的改良（当然也包括对欧美新闻经验的模仿与借鉴），也是中国特定历史条件下的产物。在肯定小型报"大众化"方针各项优点的同时，应注意到20世纪30年代中国的小型报与西方19世纪30年代的"大众化报纸"，以及中国同时期的报刊品种之间存在的模仿、借鉴和传承关系。在关注小型报政治传播功能的同时，还应注意到这一报刊品种对社会新闻和文艺副刊的注重，事实上后者是吸引大多数城市中下层民众养成购报、读报习惯的不可忽略的因素。这些被现有小型报研究忽视的方面，其实都与前述"营业化转型"的思潮，或者说与小型报的商业化性质紧密相关。

---

① 参见彭垒《民国时期小型报的政治传播意义探微（1927—1937）》，《新闻界》2009年第5期。

② 李彬：《中国新闻社会史（1815—2005）》，上海交通大学出版社2007年版，第167页。

③ 同上书，第172页。

④ 同上书，第170页。

四 小型报在华北报界的诞生

在北洋政府统治末期，社会对报纸需求的增长以及私营报刊的商业化①在上海已成为事实；进入国民政府时期，上述两种趋势在北平和天津两地亦有显现，并逐渐增强。据当时报人的观察，自 1928 年南北统一至 1937 年"七七事变"爆发前，北平和天津有四五家民营报刊不仅在南京各有两三名特派员，在本埠及国内其他地区的新闻网也得到扩充。从更宏观的角度来看，此时期平津的大部分私营报刊，新闻采写和编辑的技术与水平有很大提高；报道和言论涉及的内容由政治领域拓展到社会领域，编辑方针上"以整个社会为服务对象"的民众化或平民化倾向日益增强；销路有所增长，设备得到更新，个别报纸甚至实现了盈余。② 时人普遍认为 1928 年南北统一后的新闻事业（包括新闻实务、新闻学研究和新闻教育）相较北洋政府时期有显著发展，可谓中国近代报业发展的一个新时期，赵君豪在著述中甚至将这一年视为中国近代报业的起点。③ 李彬也将国民政府定鼎南京的 1927 年到 1937 年抗战全面爆发的十年，视为私营报业发展的"黄金十年"。④

当然，此时期的报业也有不少尚待改进之处（很多或在北洋时期已有显现，或是该时期的遗产），其中营业性不足和过度营业化是两个为人瞩目的问题。概言之，前者指报纸依附政治津贴生存，不能避免带有机关团体宣传工具的色彩，难以实现报道和言论之独立；后者指报纸为求扩大销路而迎合读者需求，以煽情主义的社会新闻和小说充塞版面，未能尽增长民众智识的职责。结合 20 世纪 20—30 年代北京（平）的报业状况而言，前者常与"大报"相关，后者多同"小报"相关。

"大报"与"小报"，是民国时期的报人依据形态、内容和文字等事实差异对报纸进行的一种简单区分。"大报"指大量刊载时事政治新

---

① 研究者李秀云指出，20 世纪 20—30 年代的报人及新闻学研究者对新闻事业的"企业化"经营方式有多种称呼，诸如"营业化""商品化""商业化"和"产业化"等。李秀云：《中国现代新闻思想史》，中国社会科学出版社 2007 年版，第 99 页。

② 对上述趋势的详细论述，参见刘豁轩《中国报业的演变及其问题》，《报学》1941 年第 1 期。

③ 赵君豪：《中国近代之报业》，香港：申报馆，1938 年，第 11 页。

④ 李彬：《中国新闻社会史（1815—2005）》，上海交通大学出版社 2007 年版，第 167 页。

闻的报纸；"小报"自清朝后期就已出现，至 20 世纪 20 年代有了较大发展，此时期"小报"多指仅刊载文艺作品和社会新闻的报纸。① 因后者多为四开，形态上是正常报纸规格的一半，故有"大""小"之分。

针对"大报"和"小报"存在的问题，小型报作为一种与两者既有区别又有联系的报刊品种应运而生，于 20 年代末期至 30 年代风行一时，如北平的《实报》、南京的《朝报》及上海的《立报》等。

成舍我于 1935 年在上海创办的《立报》已被公认为当时小型报的杰出代表。作为北方小型报的先行者，《实报》的创刊时间早于《立报》，该报标榜的"小报大办"和"精编主义"一定程度上为小型报在平、津地区的发展积累了可贵的经验。上述两点从同时代报人的研究与回忆中即可获得印证。比如，许邦兴在《中国小型报纸》一文中认为，"在中国小型报史中，以成舍我氏在上海所办之立报最为成功"。他同时提出，"在北方唯一可称之小型报为北平之实报"。② 再如，自《实报》诞生之日便参与报社事务，并担任外勤记者的李诚毅在回忆录中曾作如下论述：

> 这一个新风格的小型报，想不到在中国开了先河，以后南京的朝报、人报，上海的立报、社会日报，都以实报为蓝本，其中以立报办得比较成功。③

尽管李氏的忆述不免含有自我标榜的成分（特别是有关《实报》为《立报》的创办提供了蓝本一点，有待更详尽的史料和更有力的证据进行考察），但同时代的其他报人（如许邦兴、赵君豪）对《实报》的评价，可在一定程度上为该报在华北新闻界取得的良好成绩提供佐证。

这份成绩是历史偶然性与必然性的产物——管翼贤、李诚毅等人选择小型报这种报刊形态经营《实报》，实际上既受到当时中国报业"营业化"转型思潮的吸引，也受制于当时北京的政治、经济、社会、文化

---

① 有关"大报"与"小报"的区别，参见丁淦林《20 世纪 30 年代中国小型报浅议》，《丁淦林文集》，复旦大学出版社 2005 年版，第 50—51 页。

② 许邦兴：《中国小型报纸》，《报学》1941 年第 1 期。

③ 李诚毅：《三十年来家国》（再版），香港：振华出版社 1962 年版，第 142 页。

等诸多因素。《实报》在奉行"小报大办"编辑方针与营业方针过程中面对的两难困境（dilemma），也代表了当时多数私营商业报刊在自我标榜与经营实践两者间的矛盾。有关此问题，将在下一章给予详细探讨。

第二章

"草创期"的困境与"小报大办"策略

　　愚尝以为中国报纸经营之方法，迟早须革命，盖中国不产纸，社会经济，又极幼稚，人民有读报力者复极少，故为普及之计，利在张幅少而取材精，俾任何社会人，得以极廉之价读报，北平非商埠，广告事业，发达困难，故节缩报纸之生产费，尤为必需……①

　　《实报》创刊于 1928 年 10 月 4 日，与该报几乎同时诞生的还有时闻通信社。《实报》与时闻通信社的创立孰前孰后，目前有两种说法。第一种为"先社后报"说，持此观点者是李诚毅。李氏分别在 1929 年《实报增刊》的文章和 1962 年出版的回忆录中指出，《实报》在时闻通信社的基础打稳后创办。② 第二种为"社报同时"说，持此观点者是苏雨田和夏铁汉。苏氏和夏氏亦在 1929 年《实报增刊》著文指出，时闻通信社与《实报》同时发行。③ 不过，李氏在纪念《实报》创办八周年的文章中所述内容却与"社报同时"说相符，指出《实报》与时闻通信社同时举办。虽然关于此细节两方说法有所出入，即便同一论者也存在前后矛盾的情况，但《实报》与时闻通信社你中有我、我中有你的关系是可以确定的事实，此点在下文中另有详述。

　　《实报》创刊号上刊登了署名管翼贤的发刊辞，标题为《实之第一声》。当日头版的版面自上至下共有 8 段，每段横向用五号字可排下 58 ~

---

① 张季鸾：《祝实报一周》，《实报增刊》（再版）1929 年 11 月，"纪念文"部分第 1 页。

② 李诚毅：《周年的话》，《实报增刊》（再版）1929 年 11 月，"纪录"部分第 3 页；李诚毅：《三十年来家国》（再版），香港：振华出版社 1962 年版，第 141 页。

③ 苏雨田、夏铁汉：《实报之一年》，《实报增刊》（再版）1929 年 11 月，"纪录"部分第 1 页。

60 字，纵向可排下 13 字。这篇发刊辞载于要闻版左侧 4—6 段的位置，篇幅不长，所占面积呈长方形。① 据当时的读者回忆，这篇发刊辞"首段辞严义正，标出实字之精神；中间雍容婉转，剖析不实之症结；煞尾本自立立人之旨，流露无限之热望"。② 结合《实报》创办初期曾用"The Truth Post"作为英文报名的事实，可见确如社长管翼贤所述，"实"字揭示了该报的发行理想和目标。③

一　《实报》草创期的基本情况

《实报》自创刊起日出一大张，分为四版，头版刊登时政要闻；二三版为副刊，初期分别名为"小实报"和"特别区"，专载各种小说、诗歌和杂文等内容，此后该报副刊的名称几经变更，内容也有所扩充；四版以刊登社会新闻为主。

《实报》创刊的时间恰好在国民党中央常务会议通过《训政纲领》之翌日，这一巧合颇具戏剧性地暗示了该报所处的时代特征，即国家由"军政时期"转入"训政时期"的阶段。在纪念《实报》创办一周年的回忆文章中，苏雨田和夏铁汉曾有如下撰述：

> 实报创始于民国十七年十月四日……同人以彼时革命虽已告成，而思想尚未齐一，市面凋敝，民生艰困，欲求宣扬党义效果普遍，更衡诸社会之经济状况，与群众购阅能力，使徒重其质，难期收获，报之篇幅乃决定发行一小报，以发扬党义提倡民生为宗旨，记载力求翔实，营业自不难发展，故命名曰实……④

由此可知，《实报》宣称的办报宗旨同训政时期国民政府对报刊的期望有所呼应（"以发扬党义提倡民生为宗旨"）。还可知，《实报》以

---

① 目前在国内尚未发现《实报》创刊号的原件，笔者在 1936 年 10 月 16 日出版的《实报半月刊》封底找到了该报创刊号头版缩影的照片，仅能辨认出发刊辞的标题为《实之第一声》，具体内容不详。

② 李麟玉：《吾与实报之渊源》，《实报半月刊》1936 年 10 月 16 日。

③ 管翼贤：《新闻学集成》，北京：（伪）中华新闻学院，1943 年第一辑，第 148 页。

④ 苏雨田、夏铁汉：《实报之一年》，《实报增刊》（再版）1929 年 11 月，"纪录"部分第 1 页。

小报形态发行报纸，是创办人考虑到社会的经济状况和读者的购阅能力后作出的决定。前引李诚毅的回忆录对此也有所提及，可与上述引文互为参照和补充，为《实报》"小报大办"的标榜作出具体解释。李氏指出：

> 我们商量之下认为办一个大报，北京城里的大报，已有了京报、晨报、世界日报、以及每日能由天津运到的大公报、益世报、庸报等，报纸供应，已经达到它的饱和量。我们只有别创一格，另出一种小型报，而又不落入一般所谓小报的窠白，这样就能别树一帜，吸引读者。北京已有的小型报如小小日报、实事白话报、群强报、这些都是四开小报，完全是迎合低级趣味的读物。我们要办的是小报的型式，大报的内容，高级的趣味，是一个麻雀虽小，五脏俱全的独特报纸。于是我们决定创办一个四开小型的实报，并确定"博采精编"主义，凡是大报有的消息，我们都有，而我们独家的新闻，大报又没有。①

提及创办《实报》的资本额，李氏认为"那个数字就少得令人难以置信"，能够依靠这个资本额办成报纸，"这真是一个传奇故事"。② 根据李氏回忆，管翼贤找鄂籍军人徐源泉一次送给大洋五百元，从前陕西督办寇霞处拿了四百元，从方振武处拿了二百元；他本人通过第四集团军前敌总指挥部参谋长王泽民的关系，向白崇禧每月领到津贴三百元。七拼八凑，一共集到一二千大洋以资创办《实报》。③

有关《实报》创办资本并不丰厚这一点，在文章《实报值得纪念的几点——成功因素的分析》中也有所记述："可是物质的力量，在实报的初期是很薄弱的，并没有雄厚的基金，做他的后盾。"④ 此外，仅就目前所收集到的纪念文章来看，涉及《实报》初期惨淡经营的内容

---

① 李诚毅：《三十年来家国》（再版），香港：振华出版社 1962 年版，第 141—142 页。
② 同上书，第 143 页。
③ 同上。
④ 洪流：《实报值得纪念的几点——成功因素的分析》，《实报半月刊》1936 年 10 月 16 日。

也屡有出现。① 据此可推论，《实报》以"小报"形态出版的决定很可能也受限于办报资金，不得不节省成本以降低经营风险。

综合目前所掌握的史料，可知《实报》在创办初期，规模不大、设备简陋、组织相对简单：管翼贤任社长，负报社全责；其妻邵挹芬任经理，综理全社事务；根据实际需要设置编辑、营业、工务三个部门。② 社内主要员工有苏雨田、李诚毅、梁梓材、蒋天竞、王柱宇、张醉丐、夏铁汉等人。由常振春负责发行事务，通过派报社的报夫贩卖和发送报纸。③

《实报》的馆址最初设在宣武门内嘎哩胡同十四号一间小房子内。据称创刊时仅发行八百份，④ 后增至二千份，1929 年 4 月销量涨至七千份，同年年底接近一万份，编辑部因而进行扩充改组。⑤ 此处的数字因缺少直接史料难以证明其准确性，但结合以下事实，即实报社先于 1928 年 12 月移至和平门内路西新帘子胡同三十六号，此后于 1930 年春添加机器，实现自行印刷，迁往宣武门外大街路西五十六号，⑥ 可推断 1928—1929 年该报销量增长的趋势颇为可信。

---

① 例如窦以锐在《管翼贤与〈实报〉》一文中有这样的描述："管翼贤办《实报》的初期，无力筹集大量资金，报馆设备，极为简陋。"详见中国人民政治协商会议全国委员会文史资料研究委员会《文化史料》（丛刊）第四辑，文史资料出版社 1983 年版，第 125 页。

② 参见管翼贤《新闻学集成》，北京：（伪）中华新闻学院，1943 年第六辑，第 325 页；无赖子《管彤古》，《实报》1928 年 12 月 25 日。另外，王柱宇还曾就管氏在《实报》扮演的角色作过如下描述："本报社长管翼贤，……每天天亮起床，……忙实报，忙时闻通信社，忙打探新闻，忙编稿，忙营业的发展，忙印刷的改良。"（《实报》1931 年 10 月 25 日）结合社内组织情况，可发现管翼贤对《实报》的经营和编辑都有影响力。有关此问题将在第四章中作详述。在此，仅就这一事实提醒人们注意，不应将该报"小报大办"的两难困境理解为经营者与编辑者的简单对立。

③ 有关此问题可参见管翼贤《新闻学集成》，北京：（伪）中华新闻学院，1943 年第六辑，第 294、295 页；《实报》1928 年 12 月 1 日和 1929 年 1 月 1 日。另外还可参见苏雨田、夏铁汉《实报之一年》，《实报增刊》（再版）1929 年 11 月，"纪录"部分第 2 页。

④ 《与国人共信共守》，《实报》1932 年 10 月 4 日，社论。

⑤ 苏雨田、夏铁汉：《实报之一年》，《实报增刊》（再版）1929 年 11 月，"纪录"部分第 2 页。

⑥ 管翼贤：《新闻学集成》，北京：（伪）中华新闻学院，1943 年第六辑，第 324—325 页。根据管翼贤的记述，报社第一次迁址的时间为 1929 年，第二次迁址的时间为 1930 年秋天。但 1928 年 12 月 24 日《实报》原件登载的启事明确表示"本报与时闻通讯社已于十六日迁至和平门路西新簾子胡同三十六号"，同理对照《实报》现存 1930 年最早一期报纸原件（1930 年 4 月 2 日）的出版信息，可知截至同年 4 月 2 日馆址已迁移至宣武门外大街路西五十六号。在没有更具说服力的史料出现前，此处时间以报纸原件内容为准。

二　兼顾营业与编辑的"小报大办"方针

　　《实报》针对北平报业环境的特点和报社现有资源，采取小报形态经营报纸以谋求生存发展的方针，受到了报界同业的认可。《大公报》的张季鸾就将其"小报大办"的做法喻为"最新式合算"之经营方法。[①]

　　张季鸾认为"小报大办"有助于《实报》在同业竞争中发挥两种优势：第一，成本优势。在纸张和油墨等关键原料均须依赖外国进口的条件制约下，用小报形态发行报纸可较之大报节省生产成本。第二，价格优势。在生产成本降低的前提下，报纸定价亦能随之下调，适应读者的购买力，有利于实现销量的增长。以上优势主要源于报纸形态的"小报"特征，"张幅少而取材精"则暗示了《实报》内容的"大报"特色，也就是其"大办"方针的体现。可见，"小报大办"兼顾了经济和内容两方面的考虑，既是《实报》的营业方针又是该报的编辑方针。

　　若联系北平当时报业的状况，特别针对北平报纸读者的结构特征，可以发现"小报大办"是对如上社会现实作出的回应。根据萨空了对北平报纸阅读状况的经验性观察，可知当时读者群体较为明显地呈现出两极分布的特点，而且读报类型与读者阶层两者之间有较强的相关性。

　　　　北平人士对于报纸之阅读，有甚明显之阶级的划分，大报之读者，多为知识阶级及中等以上之资产者，小报之读者，则大部为劳动者，此种划分之背景，实基于经济之关系，盖一份大报之价值，最少亦可购小报两份，另一缘因，则为对于政治之趣味，劳动者对政治趣味极薄弱，故不欲多出一倍之价格，购买多载彼所不欲阅读之政治消息之报纸，如是大报与小报遂分道扬镳，小报成为对劳动者有势力之报纸，大报成为左右中产阶级者之权威。[②]

---

　　① 张季鸾：《祝实报一周》，《实报增刊》（再版）1929 年 11 月，"纪念文"部分第 1 页。
　　② 萨空了：《北平小报之研究》，《实报增刊》（再版）1929 年 11 月，"论著"部分第 38 页。

《实报》针对上述事实，为最大程度上迎合读者需求，尽舍短取长之努力，融合大报的新闻性和小报的趣味性于一报之内，在进行自我宣传时强调有"精确的政治新闻和富于趣味的社会新闻"，[①] 以期能将各界读者网罗。这种定位与方针确实有助于该报获得以城市平民阶层为主体的广大读者的好评，促进销量增长。密切关注中国言论界动向的日本外务省情报部在1929年编纂的对北平报纸的调查中对《实报》的评语是："记者能够掌握政治新闻和社会新闻两方面的报道要领，因此（《实报》）受到各阶级读者欢迎。"[②]

《实报》与同时期北平白话小报（如《实事白话报》、《群强报》）最明显的不同之处是，其"要闻版"因刊载了大量具有"大报"色彩的时政新闻，成为该报标志性的版面。原因在于，一般小报虽也登载时政新闻，但内容多剪自前一日的大报或晚报，[③] 不仅少有自行采写的新闻，对转载的内容也多不核实。与此对照，《实报》对新闻时效性和准确性有着明确追求，这种追求从报纸和通讯社的命名可以窥见。同时又因为《实报》与时闻通信社虽分工有别，实则一体，客观上为该报新闻追求的实现提供了条件与保障。《实报》与时闻通信社的这种依存关系，从苏雨田和夏铁汉的如下叙述中便可管窥一二：

> 实报之实，与时闻社之时，音同而字异，似有别而无别，有别者，报与通信社性质之差异也，无别者，实报即时闻社，时闻社即实报也，且实报与时闻社各职员，原在一个团体下分工合作，当工作时，几无分畛域，实报有今日之繁荣者，谓得时闻社同志援助之力为多，殆不为过。[④]

日本外务省情报部在1929年的调查报告中这样写道，时闻通信社虽然"创立后时日尚短，由于管翼贤的努力，每天收集发布大量消息，该

---

① 《实报合订本》，《实报》1928年11月19日。

② 日本外务省外交史料馆档案：《外国に於ける新聞》，昭和四年版，1929，上卷，"亚细亚の部"，第34页。

③ 黄天鹏：《中国新闻界之鸟瞰》，《新闻学刊》1927年第4期。

④ 苏雨田、夏铁汉：《实报之一年》，《实报增刊》（再版）1929年11月，"纪录"部分第1页。

社在北平的影响力仅次于国闻通讯社和复旦通讯社"。① 足见时闻通信社和《实报》所载时政新闻的质量很早就受到各界（乃至包括外国驻华情报调查部门）的关注。

创刊后一段时期内《实报》每一版从上至下共有八栏，用五号字排版，每栏横排约 55 字，竖排 11 字，除去报头所占位置，一版能排 4500 字左右。由于草创时期的广告不多，要闻版内容一般能排满整版。报道内容的丰富翔实，也是《实报》进行自我宣传的一个重点，例如：

> 本报为供给阅报诸君子充分新闻起见，自十一月一十日起，每行增加一字，改用线皮，每版约有六千字，又减去广告合计四版约有二万字左右，较之普通大报一切内容并不少……②

为在有限的版面刊登"充分新闻"，《实报》有效运用了"精编"手法。新闻"精编主义"的提倡大致流行于 20 世纪 30 年代，一方面是回应当时报界所共同面对的难题：消息来源多而版面有限；同时也是对以往"有闻必录""来者不拒"的编辑方法进行反思，主张以新闻价值为依据，在不影响事实表述的前提下，对刊载内容进行选择、改写、浓缩和归纳。③ 可见，"精编主义"是一种强调"新闻本位"的编辑方法。从世界报业发展史的角度来看，对"新闻本位"的强调，恰恰是从 19 世纪 30 年代大众化商业报纸逐渐增多开始的。

《实报》的"精编"主要体现在以下三个方面：第一，根据新闻价值安排消息的版面位置及内容详简。第二，重要消息采用通栏多行标题（一般两三行），主题用大字加黑，强调消息的核心内容，副题对关键细节进行说明。第三，对重要性相对不高的消息用"简报"方法，即以一短句概括每条消息的要点，将多条消息并置一处，冠以"要闻简报"之总题。

"精编"方法的运用，不仅使要闻版的版面清楚简洁、方便阅读，还

---

① 日本外务省外交史料馆档案：《支那に於ける内外通信社の組織及活動》，1929 年 4 月，第 44 页。

② 《实报》1928 年 12 月 1 日。

③ 周孝庵：《新闻学上之精编主义》，载黄天鹏《新闻学刊全集》，光新书局 1930 年版，第 25—27 页；赵君豪：《中国近代之报业》，香港：申报馆，1938 年，第 41—42 页。

保障其编辑方针得以良好实践：凭借小报形态刊载不逊于大报的时政消息，价格却比大报低廉。

三 《实报》的自我标榜与经营实践

尽管《实报》以"小报大办"为标榜，也确实比其他白话小报更具"新闻性"，但从该报社会新闻的报道特点、副刊材料的取材角度和广告版面的处理方式，可以发现以小型报为自我定位的《实报》与"小报"的众多相似之处。这种相似性源于《实报》的"营业本位"，它既如实反映了管翼贤的应对政策与办报方针，也揭示了该报在自我标榜和经营实践两者之间存在的矛盾。

《实报》的社会新闻多刊登抢劫、凶杀、自缢、吞毒等犯罪新闻或与风月场所有关的里巷新闻，例如《调戏少女被咬》（1928.11.19）、《票匪惨无人道》（1928.11.19）、《唐宝和吃人心下酒》（1928.12.1）、《族兄卖妹为娼》（1928.12.1）、《情人悔婚/游客掣刀伤妓女》（1928.12.24）、《"强奸"、"杀人"、"强盗"/任长林被告判处两个死刑》（1928.12.25）、《听弟言王子清杀妻》（1928.12.25），从标题到内容均以离奇、惊悚引人眼球。

《实报》一定程度上依靠此类新闻刺激了读者读报、购报的欲望，并将此欲望化为持续阅读、购买报纸的动力，打开报纸销路。这一点在时任社会版编辑蒋天竞的如下撰述中表露无遗："举凡平市社会所发生之离奇新闻，差尽应有尽有之能事，而实报之销路，赖同事诸公之力，竟得普及于一般社会。"①

然而并非所有读者都能接受《实报》社会新闻的这种取材角度和报道手法，事实上读者对此类新闻的评价也是毁誉参半。蒋天竞不仅坦言有读者认为"实报者，一奸盗淫邪之印刷品也"，②他个人也承认《实报》的"社会新闻及一二小说，文字稍涉淫乱"。③

可能意识到这种煽情手法招致了部分读者的负面评价，为减小这种

---

① 蒋天竞：《社会新闻与社会》，《实报增刊》（再版）1929 年 11 月，"纪录"部分第 5 页。

② 同上。

③ 蒋天竞：《与日俱进》，《实报》1937 年 11 月 25 日。

评价给报社经营带来的风险，管翼贤需要为此找到一个合理的解释。他曾表达过这样一种观点，即"使人快意"的新闻可以保持公共兴趣（public intersest），避免报纸沦为特定阶级的专属读物。

> 新闻又可以分作两类、一类是使人快意的新闻、一类是供给消息的新闻。这种分类、难能使其有绝对性……而在为一般读物之报纸——大多数的报纸是这样——这两种性质、是必须兼而有之的。因为不能使人快意的消息、无论怎样的好、怎样的有价值、一般说来、一定缺乏保持公共兴趣与公共援助的引透（按：应为"诱"）的力量。诚然有一些报纸、专门的刊登新闻、而其价值也不容疑问。不过、这类报纸、往往是阶级的刊物、用以向某特殊利益方面供给新闻、而对于不在这个利益方面的读者、没有引诱的力量。假如这类报纸不是阶级的报纸、则其销路、必定限于很少数、由此、也便成为一个阶级的报纸了。[1]

这段论述的逻辑耐人寻味。首先，论者设定了两类报纸的存在，即"一般读物"和"阶级的刊物"，在暗含着的"一般"对"特殊"、"大众"对"少数"、"平民"对"特权"的对立关系中，表达了对后者的否定评价。所谓"阶级的刊物"又可分为两种，一种是志愿成为某一特殊阶层的专属读物，一种是因为销路不畅，事实上被动成了少数人的读物。于是销量的多寡成为区别一般读物和阶级刊物的标准。同时，论者设定了两类新闻的存在，即"使人快意的新闻"（趣味性）和"供给消息的新闻"（新闻性），并指出一般读物刊载的新闻必须兼有这两种性质。但论者暗示了这两种属性的地位并非平等。只有新闻性而缺少趣味性的新闻，因不能保持公共兴趣，必然销量不畅，成为"阶级的刊物"。

论者通过将"公共兴趣"（public interest）与"人类兴趣"（human interest），"一般读物"与"大众（民众）读物"进行同义互换，依据上述逻辑推导出"使人快意的新闻"是"一般读物"的必要条件，由此便在"趣味性"与"民众化"／"平民化"两者间构建了一种看似合理的相关性。

---

[1]　管翼贤：《新闻学集成》，北京：（伪）中华新闻学院，1943 年第一辑，第 41 页。

将新闻的"趣味性"与报纸的"民众化"／"平民化"联系起来，不是管翼贤的一家之言，也并非中国报人所首创。其中的逻辑关系是否禁得起推敲，不是这里讨论的重点，重点在于类似的论述，显然为私营商业报刊以营利为前提所采取的编辑方针进行合理化辩护。从另一个角度看，这段论述所借用的原理或原则，不能不说是报纸经营者敏锐又巧妙地抓住了当时社会思潮中颇具吸引力的关键词，作为其自圆其说的论据。这既迎合了当时的社会风潮，即"民众"作为兼具社会性与政治性的一个阶层登上舞台，也可以说是充分利用了社会各领域内日渐明显的"民众化"／"平民化"倾向，为《实报》"快意的新闻"找到落点。

民国报人喻血轮评价《实报》时，曾提及该报"以社会新闻见长，其副刊采综合性编辑法，凡小品、掌故、小说、文艺，包罗万象，尤饶趣味，以是风行一时，脍炙人口，在北平小型报中，几占首要位置"。[①]

《实报》的副刊"小实报"主要登载由文人墨客撰写的与戏剧剧本、演员相关的休闲小品，以及与北平、清末之轶事有关的记述文字，内容贴近中下层市民的日常生活和娱乐活动。另一副刊"特别区"主要刊载小说和杂文，同时连载多位人气作家的长篇通俗小说，因其内容常常为下层民众抱打不平、宣扬惩恶扬善，非常容易引起读者的共鸣。此外《实报》副刊刊登的各类杂文，篇幅不长，语言通俗，虽然也存在某些针砭时弊的内容，但基本停留在迎合民众情绪的层面，很少能够提供具备建设性或革命性的观点。

不论是以趣味性为核心的报道手法，还是以平民立场为原则的取材角度，均源于《实报》投合城市中下层民众之阅读兴趣与心理的营业（营利）动机，此点与同时代小报如出一辙。根据萨空了的观察，当时北平的白话小报基本都是"迎合社会心理之读物"，依靠"多登强盗、恋爱、奸杀之社会新闻，及无聊之小说以互为竞争"，《实报》作为后起之秀，其销数之多令大报难望其项背。[②]

小报的新闻、副刊和广告版面分配情况大致如下：新闻占一版（其

---

① 喻血轮：《绮情楼杂记——一位辛亥报人的民国记忆》，眉婕整理，中国长安出版社2010年版，第243页。

② 萨空了：《北平小报之研究》，《实报增刊》（再版）1929年11月，"论著"部分第44页。

中紧要新闻与社会新闻占位之比例为 1∶3），副刊占一版半，广告占一版半。① 由此可见小报重营业、轻报道的明显倾向。

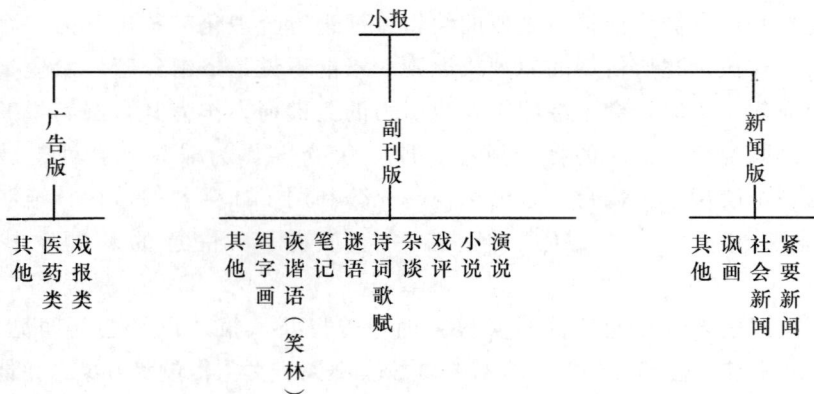

图 2-1 小报版面构成示意

资料来源：《实报增刊》（再版）1929 年 11 月。

根据现存的五份原件可知，《实报》在创办初期的广告数量十分有限。若以 1930 年报馆迁址为界，对比新闻版面和广告版面的变化，也可找出该报视"营业本位"高于"新闻本位"的蛛丝马迹。其中一个明显的证据，就是随着广告数量的增长，在保持版面数量不变的情况下，《实报》压缩了新闻报道的版面，以腾出更多的空间刊登广告。

《实报》这种存广告而舍新闻的做法并非特例。根据当时的制版流程，多数营业性报纸都是先安排登广告的位置，再通知编辑可用的新闻版面。② 赵君豪对此现象曾作出如下分析：

> 报社恃广告为生命线，欲舍广告而存新闻，编者无此权力也。或谓报社编者对广告莫不通融，新闻则任情宰割，此语似可引起读者之恶感，然此为报社营业之整个政策，尤非一二家报纸所可任意拒登……③

① 萨空了：《北平小报之研究》，《实报增刊》（再版）1929 年 11 月，"论著"部分第 41 页。
② 管翼贤：《新闻学集成》，北京：（伪）中华新闻学院，1943 年第二辑，第 170 页。
③ 赵君豪：《中国近代之报业》，香港：申报馆，1938 年，第 56 页。

可见,《实报》在自我标榜与经营实践中出现的矛盾,在当时的营业性报刊中颇具代表性。这种矛盾可视为营业性报纸在认识、处理"报纸"与"民众"的关系时面临的两难困境。

"报纸"与"民众"的关系,是当时许多报人在从事新闻实践、阐述新闻思想时不可回避的一个问题。其中强调报纸的教育功能和着眼报纸的营业需要是两种颇具代表性的新闻观。前者如顾红叶在平民大学新闻学系的演讲中,从平民教育的角度,认为新闻纸负有教育使命,并倡导"新闻纸的平民教育化"和"平民教育的新闻纸化"。① 后者如胡政之在探讨中国新闻事业不发达之原因与改进之方向时指出,新闻事业要谋发达,首先在经济独立;其次"须引起一般人阅读之兴趣",通过"增加兴趣之材料,唤起阅读之需要"。②

"教育功能观"对报纸应尽的社会职责提出了原则性要求,"营业需要观"为报业的生存发展和经济独立提供了实践性指导。虽然此两者之间不存在必然对立,但综观中外大众化报纸的新闻选择与报道,"兴趣"往往成为"娱乐"和"煽情主义"的同义语。中国私营报刊在20世纪30年代由"津贴本位"转向"营业本位"的过程中,"教育功能"与"娱乐功能"之间的冲突愈加明显。广告与新闻之间的冲突也预示着为谋求新闻事业发达而提倡的营业本位,有可能成为束缚、妨碍其良性发展的一个因素。

遗憾的是,当时的新闻学研究尚处于稚嫩时期,未能发展出一套系统的理论调和这种冲突,指导新闻事业的良性发展。除非报界能够对此问题达成共识,采取集体行动,扭转这种不良风气,否则迫于生存压力,追求营业本位的私营报纸很难不遵从同业竞争的游戏规则。

四 20世纪20—30年代小型报的生存空间

为了更好地理解《实报》经营、编辑方针与两难困境的成因,有必要对此时期北方小型报生存空间的特征进行一番梳理。现实主义的认识论

---

① 顾红叶:《新闻纸与平民教育》,载黄天鹏《新闻学刊全集》,光新书局1930年版,第263—269页。

② 胡政之:《中国新闻事业》,载黄天鹏《新闻学刊全集》,光新书局1930年版,第243页。

认为，理论上的实践和经验性/解释性的实践彼此影响，并受到它们所处的社会实践大环境的制约。① 这一观点对探讨《实报》"小报大办"的策略与小型报生存空间的动态关系颇具借镜价值。

1928年6月国民党和平接收北京后，即宣告全国统一基本完成，国家进入"训政时期"。但同年10月3日，国民党中央常务会议才通过胡汉民提案的《训政纲领》，作为在"训政时期训练国民使用政权"的指导性文件；直到翌年3月国民党第三次全国代表大会正式宣布军政时期结束，训政时期开始。② 由此1928—1929年可视为国民政府由"军政时期"转入"训政时期"的准备阶段。

国民政府明确意识到在"训政时期"既要召唤民众又要控制民众的计划中，新闻界的作用十分重要，因此提出"以党治报"的口号，希望整个新闻界都"党化"起来，寻求言论一律。但这时新闻统制政策未能形成系统，尚处在完备过程之中。在1930年12月《出版法》出台前，国民政府主要依靠一些单行条例进行舆论"指导"，这些条例包括：《指导普通刊物条例》（1928年）、《审查刊物条例》（1928年）、《宣传品审查条例》（1929年）、《取缔销售共产书籍办法》（1929年）、《出版条例原则》（1929年）。③

中国当时多元化的报业结构也在一定程度上影响着新闻政策的制定与实施。由于占报业主体的私营报刊数量繁多、分布广泛、有重要的舆论影响力，在政权尚不稳定的时期，国民政府不得不对这些报纸采取"恩威并施"的政策。④ 对私营报刊而言，在拥护"三民主义"和国民党领导的前提下，此时期言论报道的环境相对宽松。

这时期的报人大多目睹且体验过北洋军阀对新闻事业的各种收买和钳制手段，纷纷对政治和报纸的关系及报业改革的方向进行了反思。尽管民国以来报业渐呈繁盛，且不乏批评政府的报道和言论，但戈公振指出北洋政府时期的报纸虽"前仆后继，时有增益，然或仰给于军阀之津贴，或

① ［加］文森特·莫斯可：《传播政治经济学》，胡正荣等译，华夏出版社2000年版，第2—3页。

② 张宪文等：《中华民国史》第二卷，南京大学出版社2006年版，第35、75、79页。

③ 有关此时期国民政府颁布一系列旨在管理出版印刷品的条例，参见吴廷俊《中国新闻史新修》，复旦大学出版社2008年版，第246—247页；江沛《南京政府时期舆论管理评析》，《近代史研究》1995年3月。

④ 蔡铭泽：《三十年代国民党新闻政策的演变》，《新闻与传播研究》1996年第2期。

为戒严法所劫持，其言论非偏于一端，即模棱两可，毫无生气。"①

基于这种报界环境，管翼贤也曾发出如下感慨："试思在此等政府之下能有真正之舆论乎、报纸虽为潮流之前去、谁敢撄虎鬚（须）自蹈危险耶、以故报纸虽多、各有作用"，其中不少民营报纸"但求津贴丰厚、不问其他、甚者、用他报之文字、换自己之报名、仅印一二百张、送给关系人阅看而已"。② 李诚毅也指出，一些报纸和通讯社用上述改头换面的方法，同时可与若干机构发生关系。③

1928 年 10 月 19 至 24 日，也就是《实报》创刊后不久，天津《庸报》的一篇连载文章将这些报纸定位为"投机的报纸"，并将上述现象称为"国内新闻界的病态"，坦言北平新闻界的这种病态虽然不敢说和北洋政府时期一样，但进入国民政府时期后还是不曾消减。④ 该文著者还对今后新闻业的发展趋势作出了如下预测：

> 我们不能够专就报贩手上所拿的报纸凭牠的种类的多寡、来断定新闻事业是否发达、因为现代所需要的、是健全的报纸、处处都能够适合新闻学原则的报纸、只求其精、不求其多、只要是营业的报纸多似一天、那投机的报纸自然就归天然淘汰、新闻界畸形的发达，自然会因大家的公同的努力、得到相当的纠正、那时新闻界的发达才配得上说是真正的发达⑤

无独有偶，蒋国珍在评价北洋政府时期的报业时，指责袁世凯窥窃帝位后"使报纸个性堕落"，随后由各派军阀组建的政府没有一个不是"妨碍着报纸正当的发达的"。究其原因，蒋氏认为在报纸"未成营业化"，并作出"凡报纸如仍为政治上的机关报，而少营业上的倾向，则其报纸仍必在幼稚时代"的论断。⑥

痛心于政治对报业的过度介入，痛感于报业对政治的过分依赖，并且

---

① 戈公振：《中国报学史》，生活·读书·新知三联书店 1955 年版，第 180 页。
② 管翼贤：《新闻学集成》，北京：（伪）中华新闻学院，1943 年第六辑，第 289 页。
③ 李诚毅：《三十年来家国》（再版），香港：振华出版社 1962 年版，第 134 页。
④ 参见忆山《国内新闻界的病态（一）》，《庸报》1928 年 10 月 19 日；忆山《国内新闻界的病态（二）》，《庸报》1928 年 10 月 20 日。
⑤ 忆山：《国内新闻界的病态（二）》，《庸报》1928 年 10 月 20 日。
⑥ 蒋国珍：《中国新闻发达史》，世界书局 1927 年版，第 46、61、71 页。

受到英美各国大众化报纸经营模式的启发，以及《世界日报》、新记《大公报》成功经验的鼓舞，此时期的民国报人多倾向于将报纸的"营业化"或"营业本位"视为今后报业改革之方向。这个观点从《庸报》的文章和蒋国珍的论断中即可获知。此外，如王小隐号召："为报纸生命计，必以商业组织为基本，超越政治范围。"① 黄天鹏指出："新闻事业之将来，果何如乎？……以今日趋势而言，由政论本位而为新闻本位，由津贴本位而为营业本位，证以英美各国报社现状，以型（形）成商品说之理想。"② 胡政之强调新闻事业"要谋发达，首在经济独立……报社营业若能独立，始有发展之机"。③ 上述观点均发表于 1928 年前后由北京新闻学会编辑出版的《新闻学刊》上，在当时报界颇具代表性，并渐为广大报业同人所拥护。④

《实报》社长管翼贤在该报创刊一周年之际，也表达了对营业志向的追求：

> 余则以为新闻虽不可离开政治而生存，然新闻万不可依附政治机关而生存，新闻营业化，新闻营业社会化，树立巩固的经济基础，各国新闻之发达，恃其直接经营之发达，其例固自不鲜。⑤

尽管"营业本位"成为当时私营报刊所追求的改革方向，但北平多数报刊所处的现实环境并不乐观，导致支撑报纸营业化的两个因素，即广告和销量都难以达到理想水平。

从广告方面来看，其时北平"各报广告收入少者数百，多者亦不过数千"。⑥ 北平非商埠，广告事业不及天津发达，更不用说与上海相比；加之 20 年代末期适逢市面凋敝，民生艰困，使得本来就不多的广告收入

---

① 王小隐：《新闻事业浅论》，载黄天鹏《新闻学刊全集》，光新书局 1930 年版，第 57 页。
② 黄天鹏：《苏俄新闻事业》，载黄天鹏《新闻学刊全集》，光新书局 1930 年版，第 129 页。
③ 胡政之：《中国新闻事业》，载黄天鹏《新闻学刊全集》，光新书局 1930 年版，第 246 页。
④ 20 世纪 20—30 年代报人对新闻事业朝"营业化"方向迈进之必要性的思考与论述，参见李秀云《中国现代新闻思想史》，中国社会科学出版社 2007 年版，第 99—112 页。
⑤ 管翼贤：《新闻与宣传》，《实报增刊》（再版）1929 年 11 月，"论著"部分第 72 页。
⑥ 黄天鹏：《中国新闻界之鸟瞰》，《新闻学刊》1927 年第 4 期。

更是雪上加霜。这种经济的脆弱性引发了北平私营报纸出现高死亡率与高出生率并存的状况。①

从销量方面来看，1928 年前后北平约有三十多家报社，其中"销路逾万者大报二三，小报二三，余则数千数百"。② 首都南迁后北平失去了原有的政治重要性，随着城市中产阶级读者的流失，原有报纸的数量和销量都有显著下降。日本驻华公使馆在其调查报告中指出，自 1928 年 6 月北平划归河北省后截止到当年年底，北平约有 25 份报纸，除《顺天时报》《益世报》《世界日报》《卐字日日新闻》《铁道时报》《世界晚报》等 8 份报纸外，其余 17 份均为当年新创之报纸。③

与上述情况相对应，广大中下层民众，或因教育程度不高未形成阅报习惯，或因消费能力低下无力购买报纸，导致报纸销量难以提高。根据 1927 年的社会调查，当时占北平住户最大比例的城市贫民阶层的收入仅能维持最低生活水平，有时要依靠救济才能过活。他们生活总支出的 97% 用于生活必需品的消费（其中 70% 用于食品消费一项），基本不会有余资购买报纸。④

另外，北平的私营报刊大多通过位于南柳巷永兴寺的派报社代为贩卖报纸，报社不直接受理读者订阅申请。⑤ 因此，零售份数多于订阅份数也是当时北平报业的一个特点，于是报纸内容是否有趣和天气好坏亦成为影响报纸日销量浮动的重要因素。⑥

20 世纪 20 年代末期至 30 年代初期，包括小型报在内的北方私营报刊所处的社会环境具有如下三个特征：第一，在政策管理方面，国民政府

---

① Dr. Rudolf Lowenthal. *The Peiping Press : A Technical Survey . Peking Chronicle* ，August 14th，1934。原文剪报收录于日本外务省外交史料馆档案，《北平新聞/專門的総覧》，"訳報ノ件公第五五五号"，昭和九年八月二十八日（1934 年 8 月 28 日）。

② 黄天鹏：《中国新闻界之鸟瞰》，《新闻学刊》1927 年第 1 期。

③ 日本外务省外交史料馆档案：《新聞調査報告ニ関スル件》，"外国新聞、雑誌ニ関スル調査雑件/新聞調査報告（定期調査関係）"，第三卷。

④ 谢文耀：《陶孟和与〈北平生活费之分析〉》，《中国社会工作》1998 年第 1 期。

⑤ 例如《实报》创刊后不久即在头版登出"紧要启示"，声明"要订阅本报请直接向各卖报人订购，凡卖报人皆代派本报且能按时送到决无耽误"（引文内标点系笔者所加）。《实报》1928 年 12 月 1 日。

⑥ ［日］十時柾秀：《北京の新聞総本山：北京における新聞販売と永興寺のギルト組織に就て》，［日］北根豊主編：《新聞総覧》（昭和十八年版），东京：大空社，1995，第 48、54、58 页。

重视报刊的社会动员功能，计划逐步将其纳入国家控制的范畴，尽管"训政"初期对私营报刊的新闻统制相对宽松，但拥护"三民主义"和国民党领导是不容挑战的前提；第二，在新闻思想方面，由"津贴本位"转向"营业本位"、由"政论本位"转向"新闻本位"成为私营报刊改革的主流方向；第三，在报业经营方面，广告来源有限和销量增长困难对私营报刊"营业化"的实现提出了挑战。

《实报》的编辑方针及其呈现出的营业志向，与上述三个特征均有所呼应。政策管理方面的特征提供了解读《实报》"发扬党义提倡民生"之办报宗旨的历史语境；新闻思想方面的特征提示了管翼贤表述该报营业志向时借用的修辞资源；报业经营方面的特征有助于理解《实报》"小报大办"的策略与营业性基础薄弱的社会环境之间的动态关系。

《实报》的困境也是当时北平报界乃至全中国私营商业报纸面临的困境。虽然当时的报人将"营业本位"的改革方向视为中国新闻事业发展的出路，希望以此摆脱政治对报界的干扰，克服北洋政府时期新闻界的种种"病态"，但实现"营业化"与新闻事业走上质量提高的正轨未必能划上等号。应此种潮流诞生、标榜"小报大办"的小型报《实报》在追求"营业化"目标时，依靠贩卖"使人快意的新闻"和满足"人类兴趣"的材料扩大销路，甚至为存广告而舍新闻的做法，便充分暴露了这个矛盾。

第三章

"递嬗期"的政治立场与
报纸的"指导性"

　　它（按：《实报》）的内容和大报一样，政治性很强，选择和编排稿件方面，也采用大报的办法。每天都以大量篇幅刊登国内外新闻，并且每天都有社论。在四开的篇幅里，容纳许多的内容，实报是很有办法的。它的办法，我看可以叫"精编主义"。任何重要消息，实报都有，但编得短小精悍，消息重要而所占篇幅不大。我国和外国通讯社报道的重要消息，它都采用，但经过重新编写，保留各通讯社消息各自的特点，集中编成一条，使读者对重要新闻的全貌和不同的报道能够一目了然。消息既多而不重复，细心人还能从中看到消息之外的消息。①

　　1937 年 3 月 16 日出版的《实报半月刊》登载了一篇题为《对于实报的评价》的文章，对《实报》创刊八年来的变化和特长进行了总结，并围绕其新闻、言论、副刊、广告的优点与不足作出了评价。②

　　该文认为可将《实报》的发展划为三个时期："第一个时期，从民国十七年十月四日创刊起，到民国十九年上半年止"；"第二时期，从民国十九年到民国二十一年这个阶段里"；"第三时期，从民国二十二年直到现在"。③ 并将上述三个时期分别命名为"草创期"（1928—1930 年上半年）、"递嬗期"（1930—1932 年）、"发扬期"（1933—1937 年），认为《实报》在第一时期，"已经显着有些特殊的地方，到处充满了尝试的态度……不仅

---

　　① 张友渔：《我和实报》，《新闻研究资料》1981 年第 4 期。
　　② 李进之：《对于实报的评价》，《实报半月刊》1937 年 3 月 16 日。
　　③ 同上书，第 4—5 页。

内容格局时常变迁，即分类之名目也极光怪陆离"；进入第二时期，"一切从不安的尝试，渐趋于安定的表现，社会也认识实报了"。①

一　《实报》在 1930 年的发展状况

从现存《实报》版面风格的变化考察，能够发现 1928 年至 1929 年与 1930 年有明显不同：前一时期《实报》每版可供登载内容的空间为八栏，一版至四版的报眉未出现广告；1930 年时每版可供登载内容的空间缩为七栏，报眉占位扩至一栏，一版至四版的报眉均有广告登载。此外，综览 1930 年的《实报》，可发现该报上半年与下半年在报道手法、排版风格、栏目设置、副刊内容、广告登载等方面均未呈现显著差异。因此上文将 1930 年上半年划入"草创期"的观点尚待商议。

但该文对《实报》在"草创期"与"递嬗期"特点的概括，不乏恰切之处。《实报》最初的社址为宣武门嘎哩胡同十四号管翼贤家。创刊时仅发行八百份，"嗣后报纸销路，逐渐开展，社址不敷办公"，② 遂于 1928 年 12 月 16 日移至和平门内路西新帘子胡同三十六号。报纸印刷起初"由三星印刷局代印，未三月（按：推测为 1928 年底至 1929 年初），移至撷华印书局，代印一年。"③ 此外，据编辑苏雨田的回忆，随着报纸销量增长，编辑部于 1929 年下半年进行了扩充改组。④ 上述事实均能反映出《实报》在草创期的摸索与尝试。

1930 年春，为扩充营业起见，《实报》迁至宣武门外大街路西五十六号，在此地发行报纸直到 1944 年 4 月 30 日毕刊。与此同时，报社筹款购买了一架十六页平板印刷机，实现了自行印刷，据称每小时印一千二三百份。⑤ 将报社经营的巩固与日益呈现的扩张趋势，与此时期报纸版面安排和内容编辑相对

---

① 李进之：《对于实报的评价》，《实报半月刊》1937 年 3 月 16 日。
② 张醉丐：《协力同心》，《实报半月刊》1936 年 10 月 16 日。
③ 同上书，第 70 页。参见马家声《印刷与发行》，《实报半月刊》1936 年 10 月 16 日。
④ 苏雨田、夏铁汉：《实报之一年》，《实报增刊》（再版）1929 年 11 月，"纪录"部分第 2 页。
⑤ 马家声：《印刷与发行》，《实报半月刊》1936 年 10 月 16 日。有关《实报》添置机器实现自行印刷一事，可参考管翼贤《新闻学集成》，北京：（伪）中华新闻学院，1943 年第六辑，第 324—325 页；［日］北根丰主编《新闻总览》（昭和十八年版），东京：大空社，1995 年；张醉丐《协力同心》，《实报半月刊》1936 年 10 月 16 日。

稳定的表现相结合，可见《实报》自1930年确有"渐趋于安稳的表现"。

广告业务的增加、企业规模的扩大、机器设备的更新，既离不开报纸销路打开的实际成绩，也反映了销量上涨的潜在需求。有关《实报》1930年的销量，《实报半月刊》给出的数据是11360份，[1] 日本外务省情报部调查资料的记载则是"发行部数九千"。[2] 两方的记录虽均不精确，但可互为参照对该报的销量作出推断。此外，参考《实报》登在要闻版（头版）的下述消息，亦能够对该报销量在当时北平报界所处的位置进行大致判断：

> 本报特讯 北平年来小报。甚为畅销。已出版者。有群强实事白话平报北平白话小小日报生活日报及本报共七家。每日总销数。共约五万左右。较之各大报之销数。超过一万份左右。[3]（按：标点为原文所注，以标明句读。标点符号尚未统一，是当时报刊的一个特征）

若同时对照表3-1中日本外务省情报部的资料，会发现上述消息或存在相当水分。但同北平主要大报的销量相比，小型报纸确实更为畅销并呈现出赶超的趋势。此时期《实报》的销量不仅超过了多数大报，和其他小型报纸相比亦属名列前茅。

表3-1　　　　　　　1930年北平主要大报与小报的销量统计[4]

大报		小报	
报纸名称	销量	报纸名称	销量
新晨报	九千	群强报	一万
益世报	七千	实事白话报	九千
全民报	六千	实报	九千
世界日报	五千	小小日报	六千
民言日报	五千	平报	三千
京报	三千	北平白话报	二千
总销量	三万五千	总销量	三万九千

[1]　《实报半月刊》1936年10月16日。
[2]　日本外务省外交史料馆档案：《外国に於ける新聞》（昭和五年版），1930年，上卷，"支那各地並大连及香港の部"，第39页。
[3]　《新闻界的新闻/春花怒放之小报》，《实报》1930年4月20日。
[4]　本表系参考以下资料整理而成：日本外务省外交史料馆档案《外国に於ける新聞》（昭和五年版），1930年，上卷，"支那各地並大连及香港の部"，第36—40页。

　　《实报》创办不到三年，其销量便与两份拥有十余年历史的小报（《群强报》与《实事白话报》）比肩，更领先于多数先于其成立的小报，① 可见其经营有方、编辑得当。前一章已提及，密切关注中国言论界动向的日本外务省情报部在 1930 年曾对《实报》作出如下评价："由于深谙政治新闻和社会新闻两个领域的报道要领，为各阶级人士所爱读，发行部数也因此急速增加。"② 可见对政治新闻和社会新闻报道的擅长是《实报》"小报大办"方针的一个重要体现。

　　基于如上背景，本章将主要考察《实报》由"草创期"进入"递嬗期"后，报道政治新闻的要领和倾向；下一章将着重考察《实报》在此时期，报道社会新闻的动机与策略，同时对该报"小报大办"方针得以成功的前提与保障进行综合的分析。对政治新闻和社会新闻报道要领的分析，既是了解《实报》"小报大办"具体实践的重要切口，又是揭示《实报》营业本位性格特征和管翼贤新闻理念（即与营业报纸的编辑、经营方针相匹配的新闻观）的途径，同时还是管窥同时代北平私营商业报刊发展模式之特征的线索。

二　对"中原大战"报道的分期与特征

　　1930 年爆发的"中原大战"是当年牵涉范围最大、影响最为深远的政治事件之一，也是《实报》在"递嬗期"政治新闻报道的一个焦点。

　　1928 年 6 月，南京国民政府和平接收北平、天津，宣告了北洋政府的结束，同年 12 月 29 日张学良在东北改旗易帜，标志着南京国民政府名义上成为全国性政权。然而，"北伐"实际上依靠军事联合完成，名义统一的背后是各军事实力派首领仍拥兵自重，各地仍处于分裂割据状态的现实：各集团军不仅控制着所驻地区的军事，当地财政、政治亦为其把持。③ 也有日本学者指出，1928 年"北伐"完成时，南京国民政府的实际支配范围仅限于以南京和上海为中心的长江下游地区。

---

① 《群强报》创刊于 1912 年，《实事白话报》创刊于 1918 年，《北平白话报》创刊于 1919 年，《平报》创刊于 1921 年，《小小日报》创刊于 1925 年。

② 日本外务省外交史料馆档案：《外国に於ける新闻》（昭和五年版），1930 年，上卷，"支那各地並大连及香港の部"，第 39 页。

③ 张宪文等：《中华民国史》第二卷，南京大学出版社 2006 年版，第 52—53 页。

在"北伐"成功后，以蒋介石为首领的南京国民政府继续摸索和寻求完成国家实质统一的道路。[①] 国民政府希望通过裁军完成军事统一，最终达成政治统一。为此，1928 年 7 月 11 日，蒋介石、冯玉祥、阎锡山、李宗仁经商讨后，决定成立编遣会议解决裁军问题。[②] 编遣并非单纯的裁军问题，它既与各军事实力派的利益直接相关，还对自 1895 年便已经在地方上形成的"军—绅政权"结构有所撼动。[③] 1929 年接连不断的新一轮大规模内战，[④] 便可视为国家与地方、蒋介石与各军事实力派之矛盾和冲突的爆发，1930 年"中原大战"的爆发也应放在此延长线上加以认识。

还需注意的是，与以往的反蒋行动不同，"中原大战"期间国民党内的反蒋政治派别与军事实力派进行联合，还试图在政治上有所作为。[⑤] 因此，《实报》对此事件的报道也就不仅限于军事部署和战事进程，还涉及召开扩大会议和组织新政府的动向。

（一）"中原大战"报道重点的阶段性变化

《实报》围绕"中原大战"的报道可分为三个阶段：

第一阶段：4 月至 5 月 11 日，此时期的报道重点是：（一）北方军事

---

① ［日］光田剛：《中国国民政府期の華北政治——1928—1937 年》，东京：御茶の水書房，2007，第 4 页。

② 张宪文等：《中华民国史》第二卷，南京大学出版社 2006 年版，第 53 页。

③ 学者陈志让认为，中国在迈向现代化发展的过程中存在诸多荆棘，在前半期的荆棘是于 1860—1895 年间存在的"绅—军政权"，在后半期的经济是于 1895—1949 年存在的"军—绅政权"。"军"即军队，"绅"即"缙绅、士绅"。"绅—军政权"和"军—绅政权"的差别之一在于政权结构中主导者不同（前者为"绅"，后者为"军"），共同点在于派阀的存在及由派阀引发的斗争。国民党虽号称反对"军—绅政权"并计划将之打倒，但其反对存在局限性和不彻底性。以北伐为例，其目标仅限于推翻"北洋军阀"，并未包含东北地方的军阀；北伐后，中国大部分地区仍和以前一样处于军阀割据的分裂状态；在省以上单位，形成的是军人—士绅—资产阶级的联合政权，在省及省以下的单位，旧有的"军—绅政权"仍旧存续。参见陈志让《军绅政权——近代中国的军阀时期》，广西师范大学出版社 2008 年版，序言及第 174—180 页。

④ 1929 年 3 月，第一次蒋（介石）桂（系）战争爆发。1929 年 5 月，第一次蒋（介石）冯（玉祥）战争爆发。1929 年 11 月，第二次蒋（介石）桂（系）战争爆发。1930 年 2 月 28 日，阎锡山、冯玉祥及反蒋各派代表 30 余人在太原开军事会议，决定结成反蒋联盟，共同讨蒋；4 月 1 日，各派决定所有部队编为"中华民国军"，阎锡山任总司令，冯玉祥、李宗仁、张学良分别任副总司令（按：张学良实际并未就任）；5 月 11 日，蒋介石下达总攻击令，中原大战爆发，直至当年 11 月中旬才宣告结束。参见张宪文等《中华民国史》第二卷，南京大学出版社 2006 年版，第 62—74 页。

⑤ 同上书，第 73 页。

实力派（阎锡山和冯玉祥）的军事部署；（二）国民党改组派等反蒋政治派别（陈公博、汪精卫等）的主张；间或报道蒋介石中央军的动向和桂系反蒋势力（李宗仁）的动态。

第二阶段：5月12日至8月中旬，即蒋介石下达总攻击令，"中原大战"全面爆发后，此时期的报道重点在（一）各路战事的状况；（二）北方反蒋联盟（即以阎锡山和冯玉祥为首的军事实力派和以陈公博、邹鲁等人为主的各政治派别）对召开中央扩大会议和组织新政府的筹备工作；此外间或报道桂军的战况以及其他趁势举起"反蒋"旗帜之"旧军阀"（如吴佩孚）的动向。

第三阶段：8月中旬至9月，此时期报道的关注点逐渐转移至东北方面（张学良）的态度和立场，虽然依旧报道各路战事和新政府的组织情况，但力度已明显弱于第二时期，特别是在于学忠所部东北军接替阎锡山之部队进驻平、津后，报道重点完全转至东北军和南京国民政府派往北平之中央专员的动向上。

《实报》报道的三个阶段与"中原大战"期间军事进展和政治工作的三个阶段基本吻合。值得注意的是，9月初，战场优势逐渐由冯玉祥领导的西北军转向蒋介石领导的中央军；9月18日张学良通电全国表示支持蒋介石，战局由此急转直下。此事实是引发《实报》第三阶段报道变化的一个主要原因。由上述变化可窥见《实报》主办者对时局变化的敏感性。

（二）"中原大战"报道的总体特征

《实报》对"中原大战"的报道，有以下三个突出特点：第一，新闻时效性强；第二，由报社和时闻社自行采访的稿件数量众多，转载稿件中以日本通讯社的消息为多；第三，前两个时期的报道明显偏向北方军事实力派。

1. 新闻时效性强

追求新闻的时效性，既是《实报》的自我标榜，也是该报区别于北平其他小型报纸而呈现"大报"风格的一个显著特征，即"小报大办"方针的一个体现。此时期《实报》对新闻时效性的追求，可从该报的如下编辑方式得以窥见，如将重要新闻冠以"上版后""后上版""临刊补誌（志）"等标题，赶在报纸出版前填补进要闻版。① 此外，也可从该报

---

① 《实报》1930年4月4日、4月9日、4月16日、5月14日、8月19日、9月19日。

重要消息发布的时间获得直观认识，如 1930 年 7 月 5 日，在关于扩大会议筹备工作的新闻中，[1] 有一条注明"本报今晨三时特讯"的消息；[2] 同年 9 月 18 日，在关于张学良通电全国的新闻中，有一条注明"本报今晨一时沈阳急电"的消息；[3] 9 月 21 日，在关于东北军进驻天津的新闻中，有一条注明"本报今晨三时天津电话"的消息和一条注明"本报今晨一时天津电话"的消息。[4] 此外，"军事新闻灵通"也是该报此时期自我推销的一个卖点。[5]

2. 自采稿件众多，转载消息依赖日方

《实报》与时闻通信社的孪生关系，是该报保障报道时效性的一个有力支撑。根据《实报》所载消息的主要来源，可将此时期与"中原大战"相关的军事消息和政治消息分为四类：第一类，由《实报》和时闻通信社自行采编的消息；第二类，转载日本通讯社（日本电报通信社、新闻联合社）的消息；第三类，转载地方通讯社（亚洲社、燕京社等）的消息；第四类，转载国内知名通讯社（复旦社、国闻社）的消息。据统计，第一类消息在数量上约为第二类消息的 3 倍，为第三类消息的 7 倍，为第四类消息的 10.5 倍。

根据如上统计，可发现在各类转载消息中，《实报》对日本通讯社最为依赖。这和我国当时缺乏发展全国性通讯社的社会和经济现实不无关系。据日本外务省情报部的观察，即便是较为知名的国闻社和复旦社，其势力也只连亘中国若干地域，因此各私营报纸依赖日本通讯社获取外埠消息是当时的常见现象。[6]

然而，任白涛在 1930 年便觉察到中国报界依赖日本通讯社之弊端，他指出，这是"一种饮鸩止渴的危险的取材方法"。[7] 因为这会导致各报

----

① 由于采取"精编"的方法，《实报》的一条新闻往往由数条相关的消息组成，并冠以多行标题概括新闻的核心内容。本文对《实报》报道进行分析时，"新闻"与"消息"非同义语。

② 《党务解决在即/双方□步归结在扩大会议/准备推举代表赴沈阳接洽》，《实报》1930 年 7 月 5 日。

③ 《东北将呼和平/韩复榘马鸿逵可首先响应/值得注意的袁金铠之演说》，《实报》1930 年 9 月 18 日。

④ 《东北代表抵津/奉军迄今晨只到唐山/于学忠始终回避战争》，《实报》1930 年 9 月 21 日。

⑤ 报痴二郎：《增加报价谈》，《实报》1930 年 8 月 1 日。

⑥ 日本外务省外交史料馆档案：《支那に於ける内外通信社の組織及び活動》，1929 年。

⑦ 任白涛：《日本对华的宣传政策》，商务印书馆 1930 年版，第 1 页。

在报道时有意无意地成为日方的传声筒，这个问题在《实报》转载的消息中也有所表现。如《实报》一条转载自新联社的消息称："冯玉祥归潼关以来。高唱东亚人之东亚"；① 再如该报一条转载自电通社的消息称："新政府当以采取财政自给策为第一重要政策。并须在外交方面。使中国与邻邦之亲善关系。益臻密切。"②

3. 报道偏向北方军事实力派

还应注意的是，《实报》转载自地方通讯社的消息，在数量上超过转自国闻社和复旦社（这两家通讯社被报界认为更具业务能力和公信力）的消息；而这些地方通讯社大多是接受军阀津贴、为之进行宣传的"言论机关"。例如亚洲社接受阎锡山的资金支持，燕京社是冯玉祥的宣传机关；③ 阎、冯失势后，华联社、燕京社等纷纷闭社的事实，④ 也有力揭示了上述通讯社与军阀间的"共生关系"。自清末便开始有意识地搜集中国新闻界信息的日本外务省情报部对此现象的解读颇有启发性：由于中国各地仍处割据状态，地方上的军事、政治、财政多为当地势力把持，地方实力派为维护各自存在之合理性，认为有设立宣传机关的必要，于是替军阀"代辩"的大小通讯社顺势产生。⑤

从《实报》大量转载与北方军阀有密切关系之地方通讯社消息的行为，可以料想该报新闻报道难以避免的倾向性。事实上，《实报》和时闻社自采的大量消息也并非自我标榜的那样"实在"，而或明或暗地偏向北方军事实力派。有关此点，通过下文对《实报》政治新闻之采编手法和社论的分析便可明了。

三　报纸的指导性及其表现形式

张友渔在 1931 年曾为《实报》供应多篇有关日本社会和新闻事业的

---

①　《鄂北大战发动/冯玉祥已下总攻击令/宁军亦□均县前进中》，《实报》1930 年 4 月 13 日。

②　《阎昨由津南下/沿途拟慰劳军队略有耽搁/在石庄宴请记者团之谈话》，《实报》1930 年 7 月 22 日。

③　日本外务省外交史料馆档案：《支那に於ける内外通信社の組織及活動》，1929 年。

④　日本外务省外交史料馆档案：《北平ニ於ケル新聞調査報告ノ件》，"外国新聞、雑誌ニ関スル調査雑件/新聞調査報告（定期調査関係）"，1931，第六卷。

⑤　日本外务省外交史料馆档案：《支那に於ける内外通信社の組織及活動》，1929 年。

特约通讯，与《实报》有过一段较为频繁的联系，对该报的特征也颇有观察。他认为《实报》和当时"不登或少登政治新闻，只搞低级趣味的一般小报"相比，"小报大办"是一个具有创造性的特点，并对该报不逊于大报的政治性和"精编主义"的编辑手法给予肯定。①

从新闻业务的角度看，《实报》的"精编主义"既是一种强调"新闻本位"的编辑方法，也是能克服报社可投入采访之人力和物力不足的精明策略。但大量转载日本通讯社和与军阀有密切关联之地方通讯社的消息所存在的弊端，也是《实报》"精编主义"的局限和隐患。虽然此时期《实报》的多数消息会注明出处，若细读其内容，便会发现某些消息源颇为暧昧，如"据军界要人谈"②"据熟悉时局者谈称"③"据某方消息"④等。这样的消息源，只具有形式意义，并不具备证明消息可靠的权威性。

尽管张友渔认为，细心的读者能从并置的消息中读出弦外之音，但当时的下层民众，大多文化水平不高，且普遍对报纸的报道机制、作用与影响尚未拥有足够的知识储备，他们是否具备这种能力，不能不让人怀疑。

《实报》社长管翼贤曾对报纸报道与读者认知之间的关系发表过如下观点：

> 因为报有定期性、所以常有一定观念的反复报道、这种反复性、不但能够刺激读者、还能强化暗示、报纸常对一种事实、一而再再而三、反复主张数次，便可变成读者的论证。⑤

管氏的上述观点明显带有早期传播学"皮下注射论"的印记。在以报纸为代表性媒体的大众传播发展的早期阶段，类似"魔弹论"或"皮下注射论"的诸多观点，作为当时学界和业界对报纸影响力的主流认知在世界范围内流传。虽然这类观点在当下已经过时，但不失为了解当时报人新闻理念与实践的一个参照。

---

① 张友渔：《我和实报》，《新闻研究资料》1981年第4期。
② 《全线大战开始/冯居郑指挥/杨耀芳部由郑转车东开/任应歧南展樊仍驻许昌》，《实报》1930年5月18日。
③ 《今后之蒋介石/退守粤桂闽是上策/若再作战恐难挽颓势》，《实报》1930年6月9日。
④ 《阎冯汪会晤期/约在下月十日左右/地点或在新乡邯郸》，《实报》1930年8月1日。
⑤ 管翼贤：《新闻学集成》，北京：（伪）中华新闻学院，1943年第六辑，第137页。

　　被喻为日本新闻学之父的小野秀雄（Hideo Ono）曾指出，应对报纸、杂志报道的内容价值和形式价值进行区别。所谓内容价值，是指对新闻报道是否以正确的消息源为基础的判断。消息源不明的新闻报道虽缺乏内容价值，仍存在形式价值——报纸的媒体性产生于记者之报道意图和读者之阅读欲望所构成的相互关系中，经报纸、杂志报道出来的"事实"因这种媒体性而具备了形式价值。①

　　管翼贤毕业于东京法政大学，深受日本新闻事业影响，更是屡次对《大阪朝日新闻》的表现给予高度评价。从管氏撰写的《新闻学集成》中，可发现他的诸多新闻观念也受到日本新闻学的"启发"。基于新闻报道的这种形式价值和深谙读者的阅读心理，管氏深信报纸具有的"指导"作用：

> 　　因为根据人人心中皆有一种迷信信赖新闻权威的心理。一般人在理性方面虽然知道新闻的报道、误传失真的记事、常占大部分、可是人们依然是很信赖、假令捏造一件虚伪的事、一经新闻登载、世人便都信以为真、……新闻是一种权威、权威是"指导"……虚伪的事实经报揭载后、会变成真正的事实、报纸就是利用这个媒介作用、使事实的性质发生化学的变化。……报纸是利用读者对报纸的这种无批评和盲目的信赖来维持的指导权威。（按：标点为原文所注）②

　　管氏认为，与"指导性"最有关系的是一般报纸，即不属于某一党派机关的报纸。他指出："报纸的指导性、须用它的批评的方法、样式、态度来表现。报纸的批评表现方法可分为两种、一是记事编辑整理的样式、一是社说直接评论。"后者是指导性的直接表现形式，前者是间接表现形式，又具体分为以下三种方法：（一）记事材料的搜集选择，即消息的选择标准；（二）表现的叙述法，即文章的表现方法与样式；（三）纸面的编辑整理法，即题目大小或标题重心的安置、记事安排的顺序。管氏分别将之称为选择记事的"主观的取舍"、记事写法的"主观的改变"和

　　①　［日］吉見俊哉：《メディアと語る言説——両大戦間期における新聞学の誕生》，见［日］栗原彬、［日］小森陽一、［日］佐藤学、［日］吉見俊哉《内破する知：身体・言葉・権力を編みなおす》，东京：东京大学出版会2000年版，第191页。
　　②　管翼贤：《新闻学集成》，（伪）中华新闻学院，1943年第六辑，第139—141页。

安排纸面的"主观的构成"。①

按照管氏提供的这个框架，下文分别从选择标准、版面安排和叙事方式三方面对此时期《实报》要闻版新闻报道的手法进行了考察，发现该报的报道具有明显的倾向性和隐蔽的"指导性"。

（一）指导性的间接表现形式

1. 选择记事的"主观的取舍"

《实报》对消息选择的"主观的取舍"，有以下四个显著特点：

第一，有关北方反蒋联盟的消息在数量上远多于有关蒋介石方面的消息。

第二，消息来源多与北方反蒋联盟有所牵连。如前文所述，《实报》所载与反蒋联盟相关之消息多转自充当军阀"代辩"机关的地方通讯社；即便是报社和时闻社自采的消息，受访者也大都是反蒋联盟成员，如阎锡山、冯玉祥本人及其所部将领或文职人员、改组派的政治人物等。

第三，与阎、冯两军相关的消息均属正面，与蒋军相关的消息以负面为多。此特点在"中原大战"报道的第二阶段尤为突出。凡涉及阎、冯两军的消息，或强调进展顺利，或强调作战英勇，或强调军备优良，或强调军纪严整；涉及蒋军的消息，或报道将领逃亡，或报道顾问辞职，或报道伤兵暴动，或报道使用违禁军品。在"中原大战"报道的第二阶段，仅在标题中强调蒋军"退却""撤退"的新闻就接近20条，可见此种负面消息出现频率之高。

第四，随着战事和时局的发展，各类消息所占比重有微妙变化。在"中原大战"报道的第一阶段和第二阶段前半期，《实报》积极跟进反蒋联盟中李宗仁领导之桂军的作战情况，报道多以正面消息构成。7月1日桂军与粤军决战失利，被迫南撤之后，自7月中旬起，《实报》再未出现有关桂军的报道，与此同时关于反蒋联盟在北平召开中央党部扩大会议的消息与前期相比数量增多。8月底9月初，随着战场优势逐渐转向蒋介石的中央军，有关阎、冯两军作战情况的报道在数量上开始呈现下滑趋势，与此同时有关反蒋联盟在北平组建新政府的报道大量增加。9月中旬，有

---

① 有关管翼贤对报纸指导性表现方式的论述，参见管翼贤《新闻学集成》，（伪）中华新闻学院，1943年第六辑，第134页。

关东北方面张学良对时局的态度以及"和平空气浓厚"的新闻突然增多，9月下旬东北军接管平、津后，有关反蒋联盟的消息只是偶尔出现，取而代之的是对东北军将领于学忠和接收平、津之中央专员的行踪与讲话的大量报道。

2. 安排纸面的"主观的构成"

《实报》对纸面安排的"主观的构成"，有以下三个显著特点：

第一，从版面位置看，与反蒋联盟相关的新闻多出现在头条。综观《实报》"中原大战"报道的三个阶段，作为头条刊登的反蒋联盟之新闻（包括军事动态和政治活动）在总量上是与蒋介石相关新闻的七倍多。

第二，从标题设计看，即使不出现头条位置，反蒋联盟的重要新闻常采用大字标题，以吸引读者的注意，其总量约为其他采用大字标题新闻（即与蒋介石、桂系反蒋军、其他各方反蒋势力及东北方面立场相关的新闻）的 1.7 倍，其中比采用大字标题之蒋介石方面的新闻多出 2.5 倍。

第三，从登载顺序看，各个时期的重点新闻会占据版面的优势位置，或安排在版面前四段的位置，或较其他新闻占据更大空间。同时需要注意的是，如前文分析一般，《实报》于不同阶段给予重点报道的新闻在数量上也有显著差异。

3. 记事写法的"主观的改变"

通过如上分析，可知《实报》在选择消息和安排版面时有明显的倾向性。若细读该报和时闻社自采消息的内容，便能发现在文本表现方式的差异中隐藏着的"指导性"。

首先，从报道样式看，这些冠以"本报特讯""时闻社""本报××专电"的消息可分为以下四类，即普通消息稿、电文原稿、讲话整理稿和对谈采访稿。

普通消息稿即由报社或通讯社依据采访或电报的内容，按照"5W"的要素编写而成的消息，从第三者的角度向读者陈述事实。但由于此时期消息和观点尚未完全分离，即使在貌似客观的普通消息稿中，也常出现对局势的解说或对趋势的预测。如下面节录的《实报》根据"交通方面"之情报撰写的消息：

> 反蒋军形势甚佳。据军事专家谈。冯玉祥之军事策划。若有四师以上兵力。彼决定可收最后之胜利。现在前方军事。必待最后之一

战。始可决定占绝。目前当有几次之拉锯式之战事发现。而战事最后
之优势。仍属北方云。① （按：着重号系笔者所加，以示意此处原文
为用大号字体强调之内容，下同）

此处所引的大部分内容并非对客观事实的陈述，而是提供给读者如何
解读时局的观点。虽然这种观点未必会影响所有读者的认知，但在一个对
现代新闻事业的认知与理解尚未普及的文化环境中，对文化程度不高的读
者群体的能动性很难给予过高的期待。

电文原稿即消息主体为某方拍发的电报原稿，编辑在导语中对其出处
进行简介。这种样式除省时省力节约采访成本外，还能保证引用内容的准
确度。这里隐藏的两个问题是：第一，报纸丧失了报道的主动权和主体
性，仅沦为"传声筒"。第二，《实报》转发的"原稿"多出自反蒋联盟
或其各类"响应者"，自然不会出现对反蒋联盟不利的内容。例如 4 月 3
日《实报》刊载了由时闻社采编的阎锡山发给各外国使团的通告，其部
分内容如下：

> 党国不幸。中枢为一人所窃据。营私溺职。政治失其中心。中国
> 之和平统一。为其破坏。民众之秩序生活。为其摧残。锡山迭受党员
> 之催促。军民之请求。迫不获已。已于四月一日就中华民国陆海空军
> 总司令之职。誓师声讨。②

《实报》当天还同时刊载了冯玉祥和李宗仁就职通电的原文，其开头
便强调"蒋中正篡党祸国。弄权逞兵。各方袒泽。同声共讨"。③ 由此可
知，所谓"蒋氏篡党祸国"是各方举兵声讨的关键原因，也是北方军阀
为实际上出于保护各自利益才暂时合作发起的"反蒋"行动所构建的
"大义名分"。不论其内容是真是假，观点是否禁得起推敲，此种情况下
新闻报道的形式价值将高于其内容价值。因为，在北方军阀控制的华北地

---

① 《陇海路主力战/归德自十九日其两军肉搏/阎锡山驻石傅作义赴津浦》，《实报》1930 年
5 月 22 日。

② 《阎锡山通告使团/声明保护外侨生命财产/并愿勿与破坏者以援助》，《实报》1930 年 4
月 3 日。

③ 《李已就副司令职/通电之原文》，《实报》1930 年 4 月 3 日。

区，不难推测这个"大义名分"将成为被众多报纸登载的主流论调；在这样一种传播环境中，这可能是大多数读者能够阅读到的唯一论调。

讲话整理稿和电文原稿有相似之处，即消息主体为要人讲话内容，报纸看似扮演的还是"传声筒"角色。但讲话整理稿是经过加工后的"再现品"，在此过程中采编者的"主观性"和"主动性"都较单纯转发电文原稿有所增加。但是这种"再现"讲话的样式一定程度上会淡化报纸作为传播媒体的中介角色，从而增强讲话者与读报者之间想象的关联。而且讲话整理稿能以更口语化的表述、更具体的例子将观点传达给读者。如下面这条 4 月 24 日刊登的由时闻社采访冯玉祥所率西北军某要人的消息：

> 阎总司令因前方各将领总数在六十万人以上。指挥系统。应归一致。特往返电商决定由冯副司令负统驭指挥全责。各将领一致服从。……前方军事之指挥。经此命令后。完全一致。前途有充分把握。冯常谓本人制军。略有心得。而百川（阎锡山）对于政治有卓绝见解。……若令本人与百川共同合作。则在军政两方面。为整个的人才。①

再如下面这条 4 月 26 日刊登的由时闻社采访阎锡山所率晋军某将领的消息：

> 太原自总司令就陆海空军总司令后。气象焕然一新。……至于军事。党务。均抱乐观。现已表明誓死倒蒋之军队确有一百万以上。未表示态度暗中运用者甚多。……至党务方面。则整个团结的工作。已经成功。……社会上一般人都以为倒蒋方面。财政困难。是其缺点。……惟到晋以后。见财政当局反甚乐观。②

上述两条消息，因受访者所属部队不同，其代表的主体亦有所差别，前者以冯玉祥为重点，后者以阎锡山为重点。但两者在强调"反蒋军"

---

① 《西北军某要人重要谈话/冯玉祥愿负军事全责/政治一唯阎意旨是从》，《实报》1930 年 4 月 24 日。

② 《警备司令李服膺昨日返平/党务问题将发表联合宣言/财政一经整理后决无问题》，《实报》1930 年 4 月 26 日。

对"前途有充分把握"方面有异曲同工之妙。在 5 月 11 日蒋介石下达总攻击令之前，通过这种报道样式，既可造"正义之师"的宏大声势，又可稳定当地民心，兼具游说潜在"盟友"之功，可谓一石多鸟。其实，在报道的后两个阶段，这种报道样式也频现于报端。由此或可窥见此种"指导性"的间接表现方式受到《实报》主办者的青睐程度。

对谈采访稿最强调记者的存在，可视为最能体现采编者"主观的改变"的一种报道样式。同讲话整理稿相对冗长松散、但要求内在逻辑性的叙述结构相较，"一问一答"的对谈结构通过将内容片断化，不仅使得采访话题可视化，还扩展了谈话可涵盖的范围。如 5 月 4 日刊登的由时闻社采编的消息中，记者与受访者通过此形式先后提及了九个问题，具体包括"阎总司令冯副总司令在彰德会见情形如何；总司令部组织内容如何；阎总司令是否驻节石家庄；政府组织情形如何；阎总司令对汪先生之观察如何；赵次榆在太原近况如何；阎总司令对于军费上筹措如何；先生来平任务如何；张阆村先生在并（按："并"为山西太原的别称）近况。"①

其次，从叙述手法看，此时期《实报》最经常使用的是直接说明、间接渲染和细节强调三种。运用直接说明的手法就是明确指出事物的性质或者时局发展的方向，将观点提供给读者。在报道的前两个阶段，常出现在《实报》上的一种论调是北方"反蒋军"必胜或蒋介石方面前途堪忧。前者如下述"本报特讯"所示："据军界要人谈。全线战事已至总开始时期。冯玉祥对于战略之运用。素有经验。注重在最后一战。必可操胜利之把握。"②后者可以下引"本报特讯"为例："东交民巷各国武官对蒋之战局前途。亦多抱悲观。"③

运用间接渲染的手法基本不直接透露观点，而是通过对场景或状态的说明，从侧面反映反蒋联盟之深得民心，骁勇善战，或蒋介石方面之"祸国殃民"，无力对抗。如以下两条"本报特讯"所示："十六日至十九

---

① 《孔庚昨日由并抵平谈话／阎锡山晤冯后返太原坐镇／政府组织各方有两种主张》，《实报》1930 年 5 月 4 日。

② 《全线大战开始／冯居郑指挥／杨耀芳部由郑转车东开／任应岐南展樊仍驻许昌》，《实报》1930 年 5 月 18 日。

③ 《宁军退守徐州／德国尖刃式阵型完全失败／外国武官对蒋战局抱悲观》，《实报》1930 年 7 月 5 日。

日归德城内落下炮弹飞机炸弹不下数万发。归德城垣。完全毁于炮火。民房亦毁去十之七八。死者不可胜计。皆暴骨未殓。"[1] "宁军负刀伤而死之士兵颇多。其状极惨云。"[2] （按：标点为原文所注，后文出现相同情况时，不再另作说明）

运用细节强调的手法则通过列举细节，或对隐蔽的观点进行暗示，或对给出的观点进行强化。前者如用"数日来郑汴已不见宁军飞机"[3] 这一细节，证明西北军架设的高射炮的威力，暗示"反蒋军"的优势。后者如下述"本报特讯"先提及"最近派黄埔生九百余人开赴归德。增加战线"的细节，然后作出"其后方再无军队增加"的判断，通过内在的逻辑关系，以细节对观点进行佐证。[4] 值得注意的是，《实报》还通过加大字体的版面处理方法，对"其后方再无军队增加"的判断进行强调，编者的主观倾向性由此暴露无遗。

最后，还需注意《实报》撰写消息时调用的修辞技巧。表3-2从言及对象的称呼、对象行为的定义、对象状态的描述三个方面，对《实报》在报道北方反蒋联盟和蒋介石方面时所用词汇的不完全归纳。据此可发现与反蒋联盟相关的词汇多为褒义词，与蒋介石方面相关的词汇多为贬义词。

采编者通过使用不同的命名方式以及感情色彩相异的词汇，使得其所言及的对象在性质上呈现出差异。这种主观构建的差异或是采编者自身立场的折射，或是采编者希望读者获得的印象，即管氏所认为的报纸"指导性"的表现方式。

表3-2 《实报》报道"中原大战"作战双方所用词汇的不完全归纳

	北方反蒋联盟方面	蒋介石方面
称呼	反蒋军、讨蒋军、中华民国陆海空军	宁军、蒋军、逆方
行为	同声共讨、完成统一、忠实谋国、革命精神	祸国、篡党、背叛、卖国、殃民
状态	充分把握、乐观、积极攻势、进展	完全失败、悲观、绝对守势、溃退

[1] 《二三方面军均加入前线作战/万选才部两团长阵亡/杨胜治全师溃不成军/第六路少将参军徐希贤谈话》，《实报》1930年5月24日。
[2] 《宁军反攻失败回顾/吉鸿昌之战捷声》，《实报》1930年7月18日。
[3] 《郑汴架设高射炮/宁飞不再投弹》，《实报》1930年5月14日。
[4] 《今后之蒋介石/退守粤桂闽是为上策/若再作战恐难挽颓势》，《实报》1930年6月9日。

反蒋联盟对蒋介石的控诉或许不乏事实依据,但其本身并非自诩的"正义之师"。这场持续半年的内战,不仅对社会基础设施建设造成了破坏,加重了国民经济负担,而且对此后日本利用军阀间矛盾将势力渗透华北埋下了隐患。《实报》在此时期的报道与上述史实的出入,为思考该报的性格与局限提供了空间。管翼贤曾提出,"不论什么时代的报纸,都具有报道和指导两种要素"。① 但不论是管氏的新闻理念,还是他以《实报》为平台的新闻实践,特别是《实报》对"中原大战"的报道,可以发现"报道"和"指导"往往没有泾渭分明的区别,甚至"报道"往往成为了"指导"的一种手段。②

(二)指导性的直接表现形式

此时期《实报》的论说主要由张闻村③执笔的"社论"(要闻版)和王柱宇主持的"谈话"(二版)两个栏目组成。读者投稿提及的爱读《实报》之原因,多集中于新闻的敏捷、张闻村的社论、王柱宇的谈话、小说文艺等几项。④ 结合前引张友渔对《实报》的评价,不难发现除要闻版的报道外,重视论说也是《实报》区别于其他小报,呈现大报特色的一点,即其"小报大办"方针的又一重要体现。

1930 年 4 月至 9 月间《实报》共刊登张闻村的署名社论 59 篇,其中讨论政治问题(对政党、政策、政见的评论或主张)的社论计 24 篇,涉及社会问题(对社会现象、社会事件、社会风气的评析)的社论计 14 篇,关心民生问题(与百姓生计、生活相关的呼吁)的社论计 11 篇,其他无法归入上述三类问题的社论计 10 篇。从各阶段社论的刊登频率看,第一阶段刊登

---

① 管翼贤:《新闻学集成》,北京:(伪)中华新闻学院,1943 年第六辑,第 136 页。

② 可见除"真实"与"客观"的标准外,考察报纸在特定时空"说了什么""没说什么""对谁说的""怎样说的"和"为什么",亦是发掘报纸性格及其与各方关系的一种途径与方法。

③ 张闻村,本名张荣楣,闻村是其字。湖北恩施人。早年留学日本。1904 年加入华兴会,受黄兴派遣,与会员周维桢同赴四川,联络当地会党,谋响应华兴会的反清起义。民初北京政府时期,先后任湖南政务厅长,湖北公产清理处长。参见张宪文等主编《中华民国史大辞典》,江苏古籍出版社 2002 年版,第 1050 页。另据贺孝贵在《寻访张闻村故居》一文所述,张氏曾担任冯玉祥国民革命军参议与秘书。参见贺孝贵《寻访张闻村故居》,http://blog.hbenshi.gov.cn/u/lqh0415/4715.html.2009 年 2 月 1 日。

④ 参见詹啸园《我对于柱宇君言论的钦佩》,《实报》1930 年 4 月 18 日;王会隆《我的报瘾》,《实报》1930 年 6 月 11 日;侯国彦《实报害我》,《实报》1930 年 7 月 2 日;报痴二郎《增加报价谈》,《实报》1930 年 8 月 1 日;卢其姚《欢迎》,《实报》1930 年 9 月 16 日。

署名社论计 23 篇，频率最高；第三阶段只有 2 篇，频率最低。此变化是否与时局变动有关，尚待考证。综观《实报》的 59 篇社论，该报的立场和倾向呈现出下述三个明显特征。

第一，反对蒋介石和南京政府的执政。

对蒋介石个人的抨击基本集中于"独裁"或"专权"的问题上。如在谈到中国当时的政治空气时，《实报》略带讽刺地写道："旷观全国号称各方面的材智人物。大都是屈于一尊之下。唯唯诺诺。奉命惟谨。"① 再如论及"北方联盟"出兵原因时，该报声明"此次用兵为的是党权被人盗窃"。② 与阎、冯等人通电的论调保持了高度一致。

此外，《实报》对蒋氏"独裁""专权"的抨击还带有浓厚的地域色彩。谈及"迁都"问题时，该报指出"自南北统一以来。人民对于建设都城的意见。就交通上说。财政上说。以及外交国防文化上说。大半都是赞成北京的。而一般地域主义者。偏要主持改建南京。"③

对南京政府的指责主要集中在其"无视民意"或"统制言论"的执政风格上。关于前者，《实报》认为"南京由成立国民政府以来。对于全国人民的公意。毫不采纳。一意孤行"。④ 关于后者，该报批评道："宪政中的选举创制复决罢免各权。宪政中的保障生命财产以及言论自由集会结社自由各权。全都牺牲殆尽。"⑤ 此外，该报还提醒读者注意南京政府"最近则有实力内溃、利权外溢"的倾向。⑥

对南京政府的批评无疑有其事实依据，同时也可对蒋介石抨击的延长线进行解读。一部分国民党党员认为，蒋介石实施的"训政制度"有违孙中山"革命程序论"的原本设计与构想，借"训政"名义对民众的各种权利加以限制，最终导致"个人独裁"情况的出现。⑦ 再者，国民党成立时以"反帝"为号召，显示出革命性和进步性。但蒋介石领导的南京

---

① 《政治必本民意》，《实报》1930 年 4 月 5 日，社论。
② 《祝扩大会议的成功》，《实报》1930 年 7 月 18 日，社论。
③ 《从民意到民议》，《实报》1930 年 5 月 6 日，社论。另外，部分国民党党员对北京保守氛围的批判及蒋介石对迁都南京的态度，可参见 David Stand, *Rickshaw Beijing: City People and Politics in the 1920s*, University of California Press, 1989, pp. 10 – 11.
④ 《政治必本民意》，《实报》1930 年 4 月 5 日，社论。
⑤ 《我再来谈一谈党务》，《实报》1930 年 4 月 21 日，社论。
⑥ 《中华民国存亡的问题》，《实报》1930 年 4 月 9 日，社论。
⑦ 张宪文等：《中华民国史》第二卷，南京大学出版社 2006 年版，第 82 页。

政府不明确的反帝政策和不坚决的反帝行动，引起了党内外人士的不满。仅基于上述两点，很多自诩为三民主义"忠实信徒"的"反蒋派"人士就足以将蒋氏视为总理"遗训"的背叛者。

第二，拥护三民主义和国民党的统治。

《实报》虽然"反蒋"，但并不反对国民党，通过该报社论转述汪精卫的如下论述便可清楚其态度。汪氏强调："肩着训政的招牌。背着共信的名义。钳制一切言论出版的自由。那是南京政府背叛孙先生主义政策所干出来的勾当。不应该把他写在孙先生账上。也是和宪法及约法问题一样。那是现政府的罪恶。不应该写在国民党账上。"① 同时该报对孙中山倡导的三民主义给予高度评价，称赞"孙总理三民主义。在我国革命史上。确有相当的价值"。②

针对有人提出"党国不灭民国不兴"的口号，《实报》以"倘根本上既不反对民国。则民国主持政权者的产生方法。除却运用政党外。更有何术以选出"为由，认为"党国"与"民国"并不对立，强调"然而并党而无。适违反民国成立的根本"。③在另一篇社论中，《实报》更加清楚地表达了不赞成无党制和多党制的立场，因为"欲救中国目前的危急。是除却了一党专治而外。我觉得是别无他法"。④ 足见该报对国民党领导地位的拥护态度。

第三，同情民众困苦，但不信任工农运动。

《实报》不少社论对百姓生计给予关注，对民众的困苦表示同情，认为"无论在上者实行何种政治。总以取得民意为依归。因为民意一服。民议自可于无形之中"。⑤此点与副刊所载小说与杂文的"平民立场"有所呼应，这种立场自然能博取以城市平民阶层为主体的读者的好感。这种编辑和言论上的"民众化"倾向，与该报投合读者阅读兴趣与心理的营业动机之间的关联不能被忽视。

虽然《实报》对中下层民众贫苦的境况持同情姿态，但该报倾向维护现有政治体制和阶级秩序，寄望执政者"尊重""顺应"民意。如论及"全民政治"时，该报指出"（全民政治）就是善于为政者。能够顺从全

---

① 《写在谁的账上》，《实报》1930 年 4 月 22 日，社论。
② 《谁是总理信徒》，《实报》1930 年 4 月 18 日，社论。
③ 《党国与民国》，《实报》1930 年 4 月 12 日，社论。
④ 《祝扩大会议的成功》，《实报》1930 年 7 月 18 日，社论。
⑤ 《从民意到民议》，《实报》1930 年 5 月 6 日，社论。

民的惯性。教他们能够各谋其生。各遂其欲。不必强迫着人人各弃其所业"。① 此处一方面暗示了该报不主张通过激烈的改革或革命方式进行社会变革的态度，另一方面也流露出该报对民众参与政治的不信任——很明显在该报的构想中，"为政者"与"民众"的权力和地位并不对等。

在一篇题为《革命前途的障碍》的社论中，《实报》较明确地表达了对无产阶级革命事业的否定态度，以及对工农民众参与社会变革之能力的质疑。对于第一点，该报认为所谓的资产阶级，大多数"靠着祖传的世业和自己的能力。得以衣食无虞。但是他手下所养活的无产阶级。确是不在少数"。基于这种逻辑，若资产阶级被打倒，被划为无产阶级的广大民众"就是没有活路的人了"。对于第二点，该报认为将全国工农的力量集中"来做革命事业。这也是一种错误的观察。因为全国农民。多半未受过相当的教育。愚笨实在到了极处"。②

《实报》社论论调的这三个特征（反对蒋介石及南京政府；拥护三民主义及国民党；否定无产阶级革命运动）在思想脉络上其实可互为参照、相互补充。上述立场与倾向在一定程度上投合了"北方联盟"及以陈公博为首的改组派人士的政治主张。而且，此时期与蒋介石相关的报道多为负面消息，无疑可与社论中的"反蒋"论调相互映射。

从论述方式来看，《实报》的社论多围绕某一热点话题或从某一社会现象出发，夹叙夹议，即便是着重探讨政治主张的论说，也常与社会、民生问题相结合，给读者以亲切感。关于这种将政治问题社会化的写作方法，管翼贤曾作出如下分析：

> 昔时高瞻远瞩那一类的论文、已失效力、但现时的论说、是抓着一种社会相、而妥善解说批评。昔时的论说都对读者判断或指导其直接活动的方向、现时的论说、已经不是这样，只将考察事件内容的资料、提供读者、使读者自行判断、同时并以敬尽忠告的意义、给读者可以形成其判断批评的种种暗示、现今的论说、在这点极有力……③
> （按：着重号系笔者所加）

---

① 《人的惯性》，《实报》1930 年 7 月 23 日，社论。
② 《革命前途的障碍》，《实报》1930 年 6 月 11 日，社论。
③ 管翼贤：《新闻学集成》，北京：（伪）中华新闻学院，1943 年第六辑，第 135 页。

　　管翼贤曾表示，论说的存在源于读者需要"难解的记事的启蒙""追溯记事的根源、而得到前后的运络""求得对于事件的性质与将来发展性的正确预测"。[①] 由昔日政论报纸直接喊话、高瞻远瞩的论说方式，改为向读者提供"形成其判断批评的种种暗示"，在管翼贤看来，正是报纸指导性的一种有力体现。对此，管氏还有所补充道："报纸由每天社论中所表示的思想、对于读者的意见、有一种不断的影响；这种影响、他们也许知道、也许不知道。"[②] 这种写作方式受到管氏的肯定与推崇，一定程度上反映了论说在他新闻理念与新闻实践中的地位。从高瞻远瞩转为着眼于现实当下，从指导读者的活动方向转为提供自行判断的材料，以求妥善，或许是在错综复杂的局势中自我保护的一种策略，其背后的逻辑却和最大限度地保障营业效果的志向紧密相连。有关这个问题将在下一章另作讨论。

四　反思营业化转型的二重性

　　《实报》新闻的时效性、数量众多的自采稿件、"精编主义"的运用、社论的"平民立场"和夹叙夹议的写作方式，这些吸引各界读者并为报界同人所乐道的闪光点，正是该报"小报大办"的具体表现。"小报大办"既是管翼贤办报方针的精华所在，也是《实报》"营业本位"性格的如实呈现。

　　如前几章所述，20世纪20年代末30年代初，许多报人为了摆脱政治对报业的干涉，寻求报道和言论之独立，纷纷倡导以"营业化"为报业改革之方向，黄天鹏将此转型趋势概括为"由政论本位而为新闻本位，由津贴本位而为营业本位"。小型报《实报》正是乘着这股思想风潮应运而生，在报道和编辑上呈现出优于其他白话小报、堪比大报的"新闻性"。

　　《实报》自创刊之日起就有视"营业本位"高于"新闻本位"的倾向，这种倾向在该报进入"递嬗期"后依旧存在。《实报》在1930年"中原大战"的前期与中期，利用报道的"形式价值"，透过管氏定义之

①　管翼贤：《新闻学集成》，北京：（伪）中华新闻学院，1943年第六辑，第75页。

②　同上书，第162页。

"报纸的指导性"，以期诱导读者的认知与判断，为冯玉祥、阎锡山等地方实力派的军事行动和政治行为建构合法性，不论政治新闻的报道还是社论表现出的立场，都明显偏向北方军事实力派。但是，在冯、阎失势，军事优势明显转移到蒋介石一方，尤其是平、津被东北军接管之后，该报又迅速将报道的焦点转移到东北军和中央专员的动向上，并在论说方面呈现出自我克制的倾向。这种实践与转变揭示了《实报》为保障报纸的经营，对政治权力采取妥协、迎合的姿态，甚至形成了"共谋"关系。

当然，上述姿态或关系也是对北平大多数私营报刊所持立场的反映与写照。1930 年 8 月 13 日《实报》要闻版刊登了《新闻界致扩大会议一封书》，该新闻写有"时闻社云"的电头，全文一千余字，面积占当日新闻版面的 1/3。这封联名书首先简单回顾了自 7 月中旬扩大会议成立以来新闻界所谓"努力宣传党务工作"的经过：

> 　　同人自扩大会议成立。迄今为本其天职。无时不思得尽宣传之义
> 务。以期完成整个的党。使真正民主精神完全实现。但自扩大会议成
> 立以来。同人采访一切新闻。无时不感受种种痛苦。且显有不平等待
> 遇。……①

随后用近千字对数项"探访新闻之痛苦"作了描述，期望扩大会议全体委员能够了解和体谅。最后详列了包括时闻通信社、《实报》《大公报》《益世报》《世界日报》等在内的三十家在北平或驻北平新闻机构记者的姓名。② 在记者姓名之前添加了所属报社、通讯社名称，并且采用"新闻界""同人"等集合名词自称，由此可知这并非记者的个人行为或群体行为，在一定程度上应视为私营报刊及通讯社的集体行为与行业行为。

8 月 14 日，《实报》在"普遍宣传"四个字为大标题的新闻中，登出了汪精卫、楚溪春（时任北平警察局宪兵司令）的表态和署名"中央

---

① 《新闻界致扩大会议一封书/沥述努力宣传党务工作经过/并陈述探访新闻之种种痛苦》，《实报》1930 年 8 月 13 日。

② 这三十家报社、通讯社分别是（按原文登载顺序）：时闻通信社、大公报、天津益世报、国闻通信社、世界日报、民言日报、社会晚报、亚洲社、实报、新天津报、北京晚报、燕京通信社、上海新闻社、上海时报、天津中华新闻、华报、天津庸报、经济新闻社、新晨报、开封民报、黑龙江民报、东三省民报、民生社、多闻通讯社、商学电闻社、北平商报、京报、每日通信社、世界晚报、铁道时报。

党部扩大会议常务委员会"的正式复函。这条新闻仍写有"时闻社云"的电头，全文四百余字，面积约占当日新闻版面的1/6。该函对新闻界所陈"探访新闻之痛苦"表示遗憾，委婉地将"招待设备难免不周，消息供给或至迟缓"的原因归为扩大会议尚处草创期，并对今后"招待新闻界"的举措与期待作如下表示：

> ……现在组织渐已就绪。嗣后发表消息定必公开。以期普遍。并派定专员竭诚招待。已订定招待新闻记者规则。不日发表。以求双方便利。尚望诸位同志。本平昔爱护党国之热忱。继续努力。共同奋斗。主持正义。发挥议论。以求铲除专制独裁之恶魔。实现民主集权之善政。……①

上述两则引文中一方所谓"本其天职""尽宣传之义务"，另一方期求"普遍宣传""双方便利"，这固然可以视为两者使用的话语策略或外交辞令，但其中的含义却不止于此，从中也可了解新闻界对自身的定位以及政治权力方面对新闻界的期望——在两者的互动与博弈中，妥协、合作与对立、冲突并存。这在"中原大战"后期，南京国民政府的北平宣传特派员董霖下述的一席话中表露无遗。

1930年9月下旬，冯玉祥、阎锡山败局已定，东北军于学忠的部队进驻北平取代阎锡山的部队。与此同时，南京国民政府派遣董霖前往北平整顿宣传工作。据9月24日《实报》报道，9月23日上午十点时闻通信社的记者对董氏进行了采访。值得注意的是，《实报》未用前述"宁方""逆方"之类的词语，而改用"中央"来称呼南京国民政府，并且用了"晋谒"这样一个有上下级之分、颇具尊敬意味的书面语来描述采访行为。《实报》此时态度和立场的改变在这一细节中暴露无遗。董氏强调了"以救民救国之三民主义为宣传原则"的基本前提，并对北平新闻界表达了如下期许：

> ……新闻界各同志，甚盼其完成其应负之使命，关于过去情形，同人亦深谅解其环境，今后愿执博大与合作两大精神，一致的为党国

---

① 《普遍宣传/汪精卫答复新闻界/常务委员会一封书》，《实报》1930年8月14日。

奋斗，以达到训政建设之伟业……①

　　这条冠以"盼新闻界一致合作"标题的新闻颇有几分"安民告示"的色彩。结合《实报》9 月 23 日（也就是采访董特派员的当日）的一条新闻《新晨民言北平/三报自明日起停刊》，以及 9 月 25 日的另外两条新闻，即《中央平津宣传机关/由周云先等负责接收》和《华北日报准备复刊/今日起先发特刊》，便可推断出整顿宣传工作的要旨为何。再参照日本外务省情报部分别于 1930 年和 1931 年对北平报业概况的调查报告，也可对此有所了解和印证。

　　日方在 1930 年的报告中指出：北平近年来政局变动频繁，1928 年 6 月张作霖的势力退出后，曾暂时为南京国民政府领导；但 1930 年 2 月因北平实际统治者阎锡山的乖离，又脱离了南京国民政府的支配。② 这份报告的调查完成于 1930 年 8 月，对于此后的政局发展未有提及。在 1931 年的报告中日方对此进行了补充，指出：阎锡山等人于 1930 年 9 月成立了所谓的"北京政府"，由于张学良支持南京国民政府，"北京政府"遂告破产，张氏成为北平的实际统治者。③ 这两份报告同时强调"北平新闻界的情势也常随着政情的推移发生改变"。如 1930 年，国民党机关报《华北日报》等与南京国民党有关的报纸纷纷停刊，由地方实力派或"反蒋"政治派系支持的报纸，如汪精卫系的《民主日报》、冯玉祥系的《华报》等报创刊；1930 年 9 月之后，这种情况发生了大逆转，阎锡山系的《新晨报》和《民言日报》以及前述的《华报》《民主日报》等报停刊，《华北日报》等报复刊。④

　　可见，"中原大战"前后，北平报业的格局随着地方实力派的此消彼长发生着变化，这和北洋政府时期的情况有着惊人的相似。当然在这一次次的"洗牌"中，也有不少私营报刊屹立未倒，《实报》就是其中之一。这也为董特派员对北平新闻界发出的"安民告示"中提到的"今后愿执

　　① 《董霖昨日谈话/盼新闻界一致合作》，《实报》1930 年 9 月 24 日。
　　② 日本外务省外交史料馆档案：《外国に於ける新聞》（昭和五年版），1930 年，上卷，"支那各地亚大连及香港の部"，第 36 页。
　　③ 同上书，第 41 页。
　　④ 日本外务省外交史料馆档案：《外国に於ける新聞》（昭和五年版），1930 年，上卷，"支那各地亚大连及香港の部"，第 36—40 页。日本外务省外交史料馆档案：《外国に於ける新聞》（昭和六年版），1931 年，上卷，"支那各地亚大连及香港の部"，第 41 页。

博大与合作两大精神"的对象与寓意作出了间接的注解。尽管董氏谅解"环境"对北平新闻界的限制，但从"中原大战"的性质、它对国家建设的破坏和为日后埋下的诸多隐患来看，北平的报界不能算是一个政治斗争的牺牲品或者说纯粹的受害者，因为不论被迫还是主动，当时的私营报刊都或多或少地充当了军阀发动内战的协力者。结合戈公振在《中国报学史》中对北洋政府时期报业精神衰落的批评（参见绪论），可以发现北平报界在"中原大战"期间呈现出的妥协性，甚至依附性，在某种程度上是北洋政府时期报界弊端的延长。

以"中原大战"期间的政治新闻报道为例，从中可以管窥《实报》对政治权力采取的妥协、迎合姿态，和某种程度的共谋关系，这显然同"由政论本位而为新闻本位，由津贴本位而为营业本位"的转型初衷相悖，进一步显示出该报自我标榜与经营实践之间的差距。这一差距也提醒人们在对北方私营报刊所处困境给予理解与同情的同时，需要对内在于营业化转型过程中的二重性给予注意与反思。这种内在的二重性说明，高举"新闻本位"和"营业本位"两面大旗的"营业化转型"与新闻事业步入正轨之间未必能画上等号。有关此点，本书以下各章还会从不同方面给予剖析。

第四章

"营业本位"的报纸性格与
"新闻纸的"新闻论

　　一个有价值的报纸必须要有读者、并且要永远的有读者。愿
取得读者和保持这些读者于不失、则报纸必须有引人入胜的要素
和值得购阅、继续订阅的价值。（中略）报纸必须是一种可以卖出
的商品。若愿报纸为一种可以卖出的产品、则其中必须有民众、
或者说一些民众所愿意购买的东西。（中略）此外、报纸应当登载
一些民众所不希望、而需要并应当有的东西、但是惟（唯）有藉
（借）他们所希望有的东西、才能够请允他们订阅。[①]

　　在本章将视线转移至《实报》社会新闻报道的动机与策略之前，有
必要对管翼贤与《实报》的关系进行一番更为细致的梳理，以便了解管
氏的新闻理念与新闻实践对《实报》的指导和影响。

一　创办人管翼贤的角色与能力

　　1928 年 12 月 25 日，《实报》第三版（即副刊"特别区"）右下方登
载了一篇署名"无赖子"的短篇小说《管彤古》。全文连同标点在内不过
500 字，却透露出不少报社内部的情况。
　　小说开篇通过对动态场景的描写，勾勒出编辑室内的日常工作状态：

　　　　编辑室里。接连横排著两面大餐棹（桌）。一些办事的职员。都
　　伏在桌上手不停挥的忙乱著（着）（按：应从此处断句。）从屋子外

---

① 管翼贤：《新闻学集成》，北京：（伪）中华新闻学院，1943 年第一辑，第 111 页。

边听去好像是一间打字房。此时。社长管翼贤。尤其是忙得耳不闻雷霆之声。目不见泰山之形。他那夫人邵挹芬经理。抱出他们那爱的结晶管彤古。搁在他的脖项上抓头发。他也不理会咧。[①]

随后的冲突围绕管社长与邵经理夫妇二人的"矛盾"展开：前者正为编稿忙得不可开交，后者抱着儿子管彤古希望闲话家常。这种冲突通过两者的对话表现出来并得到推进：

> （管）：我编稿的时间。什么也不管。新闻便是我的宝贝。便是我的性命。什么也不顾。
> （邵）：我抱着小彤。什么也不管。小彤便是我的宝贝。便是我的性命。什么也不顾。
> "明年二月一日关税实行自主。（下略）"管社长继续编稿。
> "今天耶稣降生。明天我的儿子降生。（中略）小彤。打他。打他。（中略）哈哈哈（下略）"
> 管社长急了。[②]

就在争吵即将喷发之时，故事因为管彤古的一个行为发生了戏剧性的转折：

> 只见管彤古一只手抓了一份时闻通信社的稿。一只手抓了一张实报。恰恰把他们三人的脑袋蒙着。他们三人在这稠人广众之中。紧紧吻在一起。[③]

透过这篇为管彤古生日献礼的小说，除了可窥见立志成为"社会公器"的《实报》呈现出的私人色彩外，还能推断出以下两点重要信息：

第一，《实报》既是管翼贤的事业，也是他的家业。介绍《实报》草创期的基本情况时曾提及，在报社的组织架构中，管翼贤任社长，负报社

---

① 无赖子：《管彤古》，《实报》1928 年 12 月 25 日。
② 同上。
③ 同上。

全责；其妻邵挹芬任经理，综理全社事务。有意思的是，小说借助"社长—丈夫—男性—事业"和"经理—妻子—女性—家庭"两组相互对应的社会性别关系，巧妙地揭示出"社"与"家"之间的重叠关系，以及"公"与"私"之间的模糊界线。管彤古既是故事发展的关键存在（制造冲突—推动情节—解决矛盾），也是对《实报》和时闻通信社与管、邵二人关系的暗喻——同样是他们心血的结晶，同样处于幼年时期。这种关系在小说结尾精心设计的意象中表露得十分清楚：管彤古一手抓着时闻通信社的稿，一手抓着《实报》，一家人吻在一起。

　　第二，管翼贤不只主管报社的经营，也参与新闻稿件的编辑工作。实际上管氏的工作范围并不仅限于此。负责为"谈话"栏目撰稿的王柱宇曾在文章中指出，管社长每天天亮就起床，"忙里边，忙外边，忙实报，忙时闻通讯社，忙打探新闻，忙编稿，忙营业的发展，忙印刷的改良"。[①]另据李诚毅回忆，《实报》草创时期北平的新闻从业者可分为两派：一派是"坐治派"，顾名思义就是社长不与外界接触，坐镇治理社务，一切新闻全靠外勤记者供给；一派是"苦干派"，连社长都要亲自出来跑新闻，回来自写自编。《实报》自然属于后者。李氏认为也正因如此，《实报》每天都有独家新闻和读者见面。[②]

　　上述各点既暗示出管翼贤对新闻事业的热情，也清楚地展示了他（以及他的家庭）与《实报》和时闻通信社的紧密关系。关于管氏对报社的影响，有人曾作出如下描述："实报，是他独力经营的报纸，所以一切都靠他一人独裁。"[③]此话当然不免有夸张之嫌，但不能不承认，管翼贤确实是支撑《实报》和时闻通信社各项业务的灵魂人物。

　　管翼贤（1899—1950），湖北省蕲春人，毕业于东京法政大学政治经济科。20世纪20年代步入新闻界，曾任北京神州通讯社外勤记者、天津《益世报》记者、天津《京津泰晤士报》主笔。由于他常能获得北洋政府尚未公布的国会议事等消息，供稿给各报作头条新闻发表，很快便以善"抓消息"闻名于平、津新闻界。

　　据知情者回忆，管氏主要通过两种手段获取北洋政府不对外发布的新

---

①　王柱宇：《新五号字（一）》，《实报》1931年10月25日。
②　李诚毅：《三十年来家国》（再版），香港：振华出版社1962年版，第142页。
③　洪流：《实报值得纪念的几点：成功因素的分析》，《实报半月刊》1936年10月16日。

闻，其一是利用政府内部的派系斗争，通过与各派人物周旋，从他们的转述中获得中央政潮起伏与地方人事更迭的情况，据此写成消息。其二是依靠私人关系，买通国会负责守卫的警员，进入戒备森严的会场，发表透露国会议事实况的报道。①

长期参与《实报》编辑工作的张醉丐曾形容管翼贤"擅长交际，做事八面玲珑"，将他喻为"新闻界的尚小云"。② 管翼贤的老搭档李诚毅则将他与当时两位知名的报人邵飘萍、林白水进行比较，认为"他的学识能力，不下于邵飘萍、林白水，而品德胜于林，交际与组织能力又胜于邵。仪表风度，谈吐应付，具有一种摄人的力量"。③

关于管翼贤与神州通讯社的渊源，李诚毅还提供了一段颇为有趣的叙述。据他回忆，管氏的同乡陈定远（班侯）想以新闻事业作为政治的敲门砖，因此创办了神州通讯社，聘请管氏当记者和编辑。由于管氏"办法多，交际广，肯用脑筋，擅钻门路，加上文笔敏捷，别具新闻眼光"，逐渐将神州通讯社的重心转移到了自己身上。④ 据说管氏与北京城内的机关和社团都建立了联系，耳目很长，李诚毅因此形容他为"兜得转的地头鬼"。⑤

由此可对管翼贤出色的人际交往能力和全面的新闻业务能力略有了解。综观民国时期民营报刊或者民间报刊的发展状况，可以发现报人的个人能力与魅力对报纸的发展有着不可忽视的影响。有如邵飘萍之于《京报》、成舍我之于"世界报系"、《民生报》和《立报》，管翼贤是推动《实报》发展的一个灵魂人物。作为《实报》的经营者和主要编辑者之一，管氏"办法多，交际广，肯用脑筋，擅钻门路"的个人魅力，加上"文笔敏捷，别具新闻眼光"的专业能力，无疑为该报"小报大办"方针的成功提供了十分重要的渠道与保障。

二 《实报》与北平各方面之关系

其实，号称在管翼贤"独力经营"下的《实报》和时闻通信社同北

---

① 窦以锐：《管翼贤与〈实报〉》，载中国人民政治协商会议全国委员会文史资料研究委员会《文化史料》（丛刊）第四辑，文史资料出版社1983年版，第124页。
② 张醉丐：《打油诗/新闻界之尚小云》，《实报》1938年3月23日。
③ 李诚毅：《三十年来家国》（再版），香港：振华出版社1962年版，第139页。
④ 同上。
⑤ 同上。

平各机构之间的关系如何，从该报登载的部分内容和相关人员的回忆文章中，也可觅得蛛丝马迹。

1930 年"中原大战"期间，为配合军事"倒蒋"，反蒋各派在北平组织了"中国国民党中央党部扩大会议"（又称"北平扩大会议"，在《实报》的报道中多数时候直接称"扩大会议"或使用简称"扩会"），并产生与南京国民政府相对垒的北平国民政府。会议于 7 月 13 日举行预备会，8 月 7 日在中南海正式召开。① 其间，扩会委员覃振曾作为"中央党部慰劳将士代表"赴前线慰劳各军将士。值得一提的是，与覃振同行的还有由十五位中外记者组成的"中外新闻记者战地视察团"。《实报》对这个"中外记者团"的组成情况和大致行程有如下介绍：

> 中外新闻记者十五人。记英美记者三人。日本记者为电通社。横田。新联社龟谷。大阪朝日新闻千原。大阪每日新闻田之花。松本六人。中国记者为天津庸报金达志。天津益世报。赵漠埜。北平时闻社苏雨田。北平民言日报赵效沂。北平日报温利时。黑龙江民报虞复光等七人随车往太原。郑州。开封。许昌。②

这篇报道的结尾还特别提到上述"中外新闻记者战地视察团"的记者们，"各人亦佩带中外新闻记者战地视察团之徽章。并由中央党部电告战地各统兵长官。请妥为接待。"③ 从行程安排和接待办法来看，扩大会议之所以安排记者团随行很大程度是出自为"北方反蒋军事联盟"做正面宣传的考量。由此也可略为掌握《实报》在"中原大战"期间为何能够突显新闻时效性强和自采新闻多两项优势，以及报道偏向北方军事实力派的线索。

同时值得注意的是，这个记者团中北平的新闻机构只有时闻社、《民言日报》和《北平日报》三家，没有为人们所熟悉的大报，其中的《民

---

① 张宪文等主编：《中华民国史大辞典》，江苏古籍出版社 2002 年版，第 533 页。
② 《覃振昨晚离平/代表扩会慰劳各将士/中外记者十五人同行》，《实报》1930 年 7 月 19 日。
③ 同上。

言日报》和《北平日报》则被认为是和阎锡山系有较深瓜葛的报纸。① 通过这两个细节，很难不令人产生如下质疑：为何管翼贤的时闻通信社能够成为记者团中的一员？《实报》和时闻社与华北地区的大小军阀、各个派系之间有怎样的关系？

李诚毅在回忆录中记述的几处细节为解答这个问题提供了重要线索。李氏颇有自信地坦诚，《实报》和时闻通信社同北方的军政方面都能建立起关系。有关这一点，他是这样叙述的：

> 北方的军政方面，不用谈是近水楼台，我们一定能建立起来报纸和他们的关系，就是十七年首先进入北京的国民革命军以及二十一年北上抗日的国军，没有哪一个部队，不和实报、时闻通信社发生关系的。而我们私人间与部队长都交流着至诚的友谊，因之，随军采访，就没人能和我们争一日之短长了。②

最后一句"随军采访，就没人能和我们争一日之短长了"无疑暗示了时闻通信社能够成为少数加入"中外新闻记者战地视察团"的新闻机构的原因。在下面一段引文中，李诚毅更清楚地点破了 1928 年阎锡山接管平、津后，《实报》与晋军方面建立起来的关系：

> 中央除正式明令宣布将北京改为北平外，并发表阎锡山为平津卫戍总司令，我因新闻采访及工作与阎氏有关新兴之民言日报，社会晚报之关系，渐与晋军将领王靖国、李服膺、赵承绶、李生达、杨耀芳、周玳、荣鸿儒、傅作义、冯鹏翥等酬酢往来，更以北方人人情敦厚，我对人对事又忠勇负责，因此大家处得十分融洽。（中略）当时，我和亡友管翼贤创办北平实报，是凭两只赤手，把握了机会，短短的时间，便将那张报纸做得有声有色，仅晋绥两省地区就畅销六七

---

① 日本外务省外交史料馆档案：《外国に於ける新闻》（昭和五年版），1930 年，上卷，"支那各地亚大连及香港の部"，第 38—39 页。另，有关《民言日报》与阎锡山方面的关系，《实报》外勤记者李诚毅在其回忆录中也略有提及，参见李诚毅《三十年来家国》（再版），香港：振华出版社 1962 年版，第 47 页。

② 李诚毅：《三十年来家国》（再版），香港：振华出版社 1962 年版，第 144 页。

万份之多，这就是上述诸先生能不遗余力的协助，获得之结果。①

管翼贤和李诚毅当时到底把握了怎样的机会才在这个时期创立起时闻通信社和《实报》，根据现有的资料尚不足以给出定论。但据上述引文已可在很大程度上作出如下推断：《实报》和时闻通信社同阎锡山方面保持着不寻常的关系。时闻通信社能够与北平另外两家阎锡山系的报纸，作为北平仅有的三家新闻机构参加"中外新闻记者战地视察团"，赴前线采访新闻，并非偶然和侥幸。

根据以上两段引文，还可知同军政各界进行社交应酬，也是《实报》和时闻通信社获得一手消息、拓展新闻业务的重要渠道、手段和保障。根据对此时期现存《实报》原件的统计可知，1930 年 4 月至 9 月，该报刊登的含有"招待新闻界"关键词的消息共有 14 条；从分布频率看，每月少则 1 条，多达 4 条。

按照消息刊登的先后顺序，涉及招待新闻界的各军政当局以及军政要员分别如下：平汉铁路局局长、哈东铁督办公署、谢持、汪精卫、扩大会议、北平印刷局局长赵甲荣、比利时前外长、北平警备司令楚溪春、北平公安局长王靖国、陕灾急赈会、北平邮务工会。

可见"招待新闻界"这一行为，在当时的北平政府机关即便没有成为一项常规的和正式的制度，也已经是各个机关、各方要人与整个报界共同参与的一种旨在联络感情、沟通信息、帮助宣传的常用方式。在这样的环境中，能从报界同人那里获得"擅长交际"的交口称赞，也可料想管氏当时在北平报界的风光。李诚毅曾说："无论政府机关招待记者，或新闻界发生任何事件，都得先问管翼贤，他在古城中，可以说红得发了紫了。"②

其实拥有超群的交际能力并非管氏一人独有的特长，早在管氏之前便活跃于京城新闻界的黄远生、邵飘萍等人，无一不是善于交际，通过周旋于政要之间，获得第一手的新闻。若回到当时的历史语境中，便会发现"善于交际"之类赞誉的光环，遮蔽着报界与政治权力之间暧昧不清的关系。

---

① 李诚毅：《三十年来家国》（再版），香港：振华出版社 1962 年版，第 47 页。
② 同上书，第 145 页。

尽管《实报》在很多场合都号称独力经营，从未收受津贴，但从该报创刊时的资金情况来看，这种自我标榜难免具有水分。参照日本外务省情报部在 20 世纪 30 年代进行的各种调查报告，也可发现《实报》收受津贴的蛛丝马迹。[①] 事实上，民国时期的绝大多数私营报纸都有一定的政治背景，或接受军阀政客的馈赠、津贴，或领取各个机关团体以谘议员、职员名义发放给记者的车马费。[②] 除去纯经济的因素，接受馈赠、津贴或车马费这种行为，在某种情况下也是政治权力与新闻机构相互之间在"招待"与"应酬"的名目下，发展和维护关系的一种方式与表现。结合此前的梳理与分析，可知管翼贤、李诚毅等人对这套与军政当局打交道的"游戏规则"十分熟悉并且运用得很熟练。

李氏曾对他和社长管翼贤在各处奔波应酬的情境作过如下描述：

> 那时我们在北平，不要说业务忙，社交应酬更是忙得不可开交，平均来说，每天总有三处五处的宴会，每到一处，只吃一两道菜敷衍一下，就得告辞去赶往另一处约会。[③]

正是通过这种忙得不可开交的社交应酬，《实报》与时闻通信社的主要负责人才得以同北方军政当局相处融洽，以至同各部队长们"交流着至诚的友谊"。更重要的是，这种融洽的关系和至诚的友谊不仅是《实报》和时闻通信社实现报道及时，常有独家新闻的重要保障之一，也有助于该报在华北地区拓展销量。有关前者，李诚毅曾举过如下的例子，来说明与北平原警备司令李服膺的私交如何帮助《实报》获得让同业为之眼红的社会新闻的。他这样描述道：

---

① 日本外务省情报部自清朝末年以来，每年都会对中国各地的报纸和新闻社作例行调查。根据目前掌握的八年间的资料（1929—1934 年、1936—1937 年），自 1930 年起，每一年对《实报》的调查中都会出现"若说该报存在从冯玉祥等其他诸方面接收小额补助之事也无不可"之类的描述。参见日本外务省外交史料馆档案《外国に於ける新聞》（昭和五年版），1930，上卷，"支那各地並大連及香港の部"，第 39 页。此外，由日本驻华公使馆参事官于 1931 年作为机密文件呈送给时任外务大臣币原喜重郎的报告中，称时闻通信社"以前从山西派张荫梧处领津贴，现在据说从何成及于学忠处领津贴"。参见日本外务省外交史料馆档案《北平ニ於ケル新聞调查报告ノ件》，1931。

② 窦以锐：《管翼贤与〈实报〉》，载中国人民政治协商会议全国委员会文史资料研究委员会《文化史料》（丛刊）第四辑，文史资料出版社 1983 年版，第 127 页。

③ 李诚毅：《三十年来家国》（再版），香港：振华出版社 1962 年版，第 145 页。

　　当时城防是由晋军担任，警备司令李服膺，和我的私交至厚，所以，这些惩办匪类的消息，我可以优先获得。每逢枪毙匪犯，我们头一天就有匪犯的照片与全部案情准备着，第二天执行时，我们的报上就有详细消息及各匪照片刊出，这使同业中都为之眼红的。①

　　有关后者，李氏也曾有如下记述，说明他和管翼贤如何利用与各方面之关系推广《实报》的：

　　　　我们和山西、陕西、东北、西北、南洋，以及中央各方面都建立了关系，这关系并不是普通的敷衍，乃是密切深厚的友谊，因此，我们就运用这一有利形势，把实报做辐射性的推广。②

　　可见报界与政治权力之间这种暧昧不清的关系（或复杂的张力），是此时期一定程度上支撑新闻界存活与变革的结构性因素，同时也是中国新闻事业在演变发展过程中的一个阶段性特征。因此，与其回避或简单否认这种关系，不如正视它的存在并加以讨论和分析，以便获得更为丰富的认知与理解。

　　除了与北方军政当局保持融洽的关系之外，《实报》和时闻通信社同其他有助于获取第一手新闻、扩展报纸销路的各方也保持了良好关系。例如李诚毅曾明示《实报》和时闻通信社能够做到消息灵通，部分原因在于和电话局、电报局打通了关系。因为这层关系，甚至能及时获得尚在封锁中的新闻。对于此事，李氏曾这样叙述道：

　　　　电报局和电话局，我们一年四季买了人情，上上下下都是通的，什么消息都会及时通知我们，有些社会新闻，公安局还在封锁中，我们都已经老早得到很详尽正确的消息了。
　　　　因为我们有了电话局作耳报神，可是，公安局却莫名其妙，不知道我们的消息从何处得来，反转求我们报社和通信社帮忙，因为我们

_____

① 李诚毅：《三十年来家国》（再版），香港：振华出版社1962年版，第144页。
② 同上。

的消息灵通,使他们不得不买账。①

再如,根据《实报》员工回忆,管翼贤每天都会去永兴寺的派报处了解《实报》的发行情况,并且善于以平易近人的态度和报贩们拉近关系。

> 他每晨起床很早,在六七点钟那时候,必须循例到永兴寺庙里（中略）为了要明了本报的发行情况,以及和其他报纸不同之点,以及发行上改进的参考（中略）他在这时,竭力造成平民化,预备和每个报贩接近,所以穿上一件蓝布大褂,免得那些报贩,自惭形秽,不敢和他直接交谈。②

管社长这种既可与达官贵人交往应酬,又可与平民百姓打成一片的处事风格,无疑也是《实报》短时间内得以在北平报界崭露头角、销量大涨的一个原因。这也或多或少对《实报》的办报风格产生了影响,无怪乎当时有人评价该报是一份充满祥和精神、秉持虚怀态度以及不曾得罪过人的报纸。③

然而事实上,"不得罪人"的《实报》在1930年曾先后两次因王柱宇主持的"谈话"栏目"失言",分别得罪了梨园界和邮政界。有关得罪梨园界一事的前因后果可从7月22日在《实报》第二版副刊同时刊登的三则启事中了解一二。

本报紧要启事
本月十五日本报所登谈话栏打扮一则其中措词失检深为抱歉特此声明

梨园公会敬告同人启事
本会前见十五日实报所登打扮一则、言辞颇与梨园界名誉有碍、当由本会派代表前往质问、兹该报业已更正、极表歉意、本会同人以该报既已更正、无再事苛求之必要、应请同人一致恢复好感是为至要

---

① 李诚毅:《三十年来家国》（再版）,香港:振华出版社1962年版,第143页。
② 洪流:《实报值得纪念的几点:成功因素的分析》,《实报半月刊》1936年10月16日。
③ 李进之:《对于实报的评价》,《实报半月刊》1937年3月16日。

（按：文中标点系笔者所加）

　　王柱宇紧要申明

　　本月十五日鄙人在实报打扮一则、措词未能审慎、出之致招梨园界诸君之不满、当有梨园公会代表至实报社质问、鄙人闻之实深抱歉、今特郑重声明、务乞梨园诸君格外鉴谅为感（按：文中标点系笔者所加）

　　据此可知，7月15日王柱宇在《实报》副刊"谈话"栏目发表的文章《打扮》因"措词失检"，被梨园界认为于其名誉有损。在梨园公会代表的登门质问下，7月22日《实报》和王柱宇分别发表启事致歉。与这两则启事同时刊登的《梨园公会敬告同人启事》颇为引人注意，尤其是最后一句，即"应请同人一致恢复好感是为至要"，由此反推，此次"失言"可能或已经对《实报》的经营产生了不良的影响。不论是为了挽回已经发生的损失，还是保障未来营业的顺利，《实报》在副刊内容上和贩卖销售上都需要与中下层百姓娱乐生活息息相关的梨园界的大力支持。由此亦可理解为何在刊登报社和撰稿人致歉之启事的同时，还要刊登梨园公会的启事了。

　　此事发生后不久的7月25日，《实报》的"谈话"栏目发表了王柱宇撰写的《邮务工人怠工》一文，对北平邮务公会为要求增加工资议决于7月22日起一致怠工一事发表了议论。虽然王柱宇辩称，文章的核心思想是对劳苦百姓表示同情和支持，但行文中列举了邮务怠工可能对整个社会带来的不良影响还是引起了北平邮务公会的不满和抗议。为平息风波，7月30日的"谈话"栏目刊登了7月25日由"北平邮务公会怠工委员会"寄来的《致王柱宇先生一封公开的信》，对王柱宇文章中几处被认为"不实"之处进行了反驳，以此形式澄清邮务公会此次有名无实的怠工行动并未对社会造成任何不良影响。在此文之后，编者加了一条"柱宇谨按"，这条按语由王柱宇写于7月27日晚，全文不到三百字，以这种形式表达了歉意，但同时也对误会何以发生之原因进行了辩解。因王氏文章涉及当时报纸副刊排版的一些流程与细节，故将全文照录如下：

　　　　鄙人从来做稿的目的。完全在与劳动界表示同情。希望对于劳动同人。加以援助。当为一般阅者所公谅。此次拙作《邮务工人怠工》

一稿。与怠工实况。颇有出入。其原因。系该稿作成于二十三日。当
日报章所载。仅有"怠工"一语。至于怠工办法。则尚未披露。故鄙
人有误会之处。及阅二十四日报纸。始知拙稿多所误会。然该稿已经
本报制成铅板（版）。无法改正。该稿于二十五日见报后。贵工会多所
诘难。鄙人惟（唯）有引咎自责。向贵工会道歉。好在拙稿云云。其
用意全在援助贵工会。贵工会当能加以原谅。至于二十五日报纸。须
二十三排版一节。此为各小报通例。贵工会曾向任何小报一询便知。
绝非鄙人巧言文过。谅之为荷。七月二十七日晚。王柱宇签字。①

　　按照上文的信息，这篇刊登于 30 日的文章应该是在 28 日排版的，王
柱宇撰写按语的日期是 27 日，从时间上来看倒也符合逻辑。此外，这篇
按语写于邮务工会致函的第三天，若将邮寄时间考虑在内，反应也还算迅
速。但行文的风格和与人的印象则同此前给梨园公会的紧急申明存在明显
差异。这种差异，或许与两件事情对《实报》营业影响的程度不同有关，
或许与两方同《实报》的关系深浅有关，由于缺乏有力的史料作为论据，
不便进行推断。但从《实报》处理对该报可能造成不良影响的关系时采
取的谨慎态度与迅速行动，足见该报对营业之重视。

三　报纸生产原理与新闻价值

　　除尽量同各方机构保持融洽关系，以有利于新闻报道与报纸推广之
外，《实报》对"营业本位"的关注，还表现在社长管翼贤所推崇的新闻
理论上。管氏推崇的新闻理论以及他在新闻实践中获得的经验与心得，对
《实报》和时闻通信社的新闻实践具有不容忽视的指导力与影响力。

　　管翼贤在谈及报纸的生产原理时，用不同的词句和描述来强调发行量
对报纸的重要性。比如他在《新闻学集成》中专门围绕此点进行了多次
解释。管氏认为："报纸的第一个要件是可以卖出。报业的第一个要件是
出产一个可以卖出的报纸。"②"无销路、无读者、无势力。无论报纸的动

---

① 《实报》1930 年 7 月 30 日。
② 管翼贤：《新闻学集成》，北京：（伪）中华新闻学院，1943 年第一辑，第 111 页。

机如何的高尚、若无销路、无读者、定归于失败。"①"一个报纸在社会上的力量和对社会的价值，每与其商业的管理能力有直接的关系。（中略）往往最有势力的报纸是最兴盛的报纸、就是在合法的限度以内、发行最获利的报纸。"②

究竟如何才能使报纸可以卖出并保持销路呢？管氏认为报纸必须登载民众所希望的东西，才能成为一种"可以卖出的产品"。③ 他这样主张："欲其报纸成为可卖品、则在某种限度以内、必须是应合民众的希望"。④ 在《实报》三周年创刊纪念日的社论中，管翼贤大呼"现在，是民众的时代了；真需要着民众的报纸"。⑤明里暗里将《实报》标榜为"民众的报纸"。

"民众"这个词所指示的群体实际上存在诸多暧昧与混乱之处，并非一个清晰可辨的社会阶层。从这个角度来看，"民众"与"大众"有着相似或者重合的属性。对于以城市中下层平民阶层为主要受众，同时希望吸引中上层阶级阅购者的《实报》而言，这样一个含混的词语不仅能满足不同场合的修辞需要，如追随时代的潮流，唤起读者的共鸣，赋予报纸作为代言者的合法性等；还可以通过将"民众"作为"读者"（或者"潜在读者"）的同义语进行概念置换，以"民众"之名构建符合私营报刊新闻实践特征的新闻理论。

例如，管翼贤在论及什么是"民众的报纸"以及报纸该如何"应合民众的希望"时指出："报纸除了为少数知识分子阅读之外、并要以广大的民众为对象。充分的注意于人类兴趣。"⑥ 管氏认为读者对新闻的需要起源于人类与生俱来的好奇心，因此新闻的价值，主要是由读者的兴趣而决定的，任何能使读者发生兴趣的事，都是有新闻价值的。⑦

---

① 管翼贤：《新闻学集成》，北京：（伪）中华新闻学院，1943 年第一辑，第 111 页。
② 同上书，第 114 页。
③ 同上书，第 111 页。
④ 同上书，第 112 页。
⑤ 《献给同情本报的读者》，《实报》1931 年 10 月 4 日。
⑥ 管翼贤：《新闻学集成》，北京：（伪）中华新闻学院，1943 年第一辑，第 121 页。
⑦ 如管氏曾主张："任何事情能给读者快乐和满意就能使他们发生兴趣。凡是以使读者发生兴趣的材料都有新闻价值，所以新闻价值的基础、完全在于什么以物能给一般读者快乐与满意。"（同上书，第 43 页）他还曾强调："新闻底价值、主要是由于读者底兴趣而决定的。"（同上书，第 55 页）

管氏曾对这种新闻成立的心理学解释作过不同的描述，例如，"人类的本能、就是爱好新奇"，① "人类对于奇怪的本能的欲求"，② "原来人们是极富于爱好新奇、想要知道新事物的本能的"，③ 读者之所以买报读报是 "被那人类所不能缺少的本能的好奇心的驱使"，④ "新闻的起源、是出于人类新奇性的要求"。⑤

在这种心理学的 "本能论" 的基础上，结合报纸作为企业商品的生产原理，管氏对挑选新闻的原则，即新闻价值之所在作出了如下解释：

> 新闻挑选之第一个原则是公共兴趣的程度。（中略）因为兴趣、惟有兴趣本身，才能使报纸有引诱力、才可以卖出。（中略）报纸除非卖了出去、则没有人看、若没有人看、则无论发行这个报纸的目的如何高超、是没有用处的。（中略）每段新闻的价值、将以其所能激起兴趣的程度来衡量。⑥

通过将 "公共兴趣"（public interest）与 "人类兴趣"（human interest）进行同义互换，在 "趣味性" 与 "民众化" ／ "平民化" 两者间发展出一种看似合理的相关性，从而巧妙利用社会各领域内日渐明显的 "民众化" ／ "平民化" 倾向，为《实报》刊载煽情耸动的社会新闻（即管氏所谓的 "快意的新闻"）找到落脚点。如此前所指出的，《实报》的社会新闻自该报创刊以来就屡屡为人诟病，专门负责社会新闻的编辑蒋天竞对于此点也有所承认。此外，同时代的报人李进之对这个问题进行了更为详尽的论述。李氏认为：

> "黄色新闻" 是现代报纸所切忌的，不幸实报有时还犯这种毛病，如遇有一件较为人注目的事项，并且多半是罪恶新闻，实报总是尽量渲染，占满第四版的全面篇幅，有时且侵入第一版的范围。这种

---

① 管翼贤：《新闻学集成》，北京：（伪）中华新闻学院，1943 年第一辑，第 62 页。
② 同上书，第 65 页。
③ 同上书，第 70 页。
④ 同上书，第 41 页。
⑤ 同上书，第 25 页。
⑥ 同上书，第 133 页。

富于冲动性的新闻，固然能够迎合一部分的人心，尤其中国社会太沉闷了，大部分人的习性又有些散漫，喜欢读一些带"味"的刺激品（下略）①

若结合前述管氏推崇的报纸生产之原理和新闻价值之基础，不难发现，与其说这种煽情耸动的社会新闻是《实报》在某一阶段的美中不足，或者说是该报"小报色彩"或"小报性"的体现，不如说这是该报自创刊起就具有的一个性格特征，即该报"小报大办"营业方针和编辑方针中的重要一环。正是这种被认为能够"激起读者兴趣"的新闻使该报成为畅销的报纸，并且有效地留住了读者。

1930 年 8 月 5 日至 9 月 23 日《实报》针对当时被称为"轰动平津"的某外资医院"剖尸案"进行了为时两个半月的追踪报道，便是一个能够说明该报社会新闻报道手法与特征的佳例。

1930 年 8 月 5 日，《实报》四版刊登了一则题为《骇人听闻／宋明惠尸脑被剖／协和医院医士涉重大嫌疑／死者家属在法院提起诉讼》的新闻。平日该报四版自上至下共有 7 段，每段横向用五号字可排下 58—60 字，纵向可排下 11 字。其中 4 段刊载新闻，3 段登载广告。这条新闻标有"本报特讯"的电头，所占面积近 2.5 段，全文约 1500 字，使用通栏大标题，其中"骇人听闻"为横题，"宋明惠尸脑被剖"为主题，另外两个标题为副题。标题本身已用大字排版，其中主题的字号比横题与副题还要大，并加黑突出以吸引读者眼球。电头、版面和标题处理清楚显示出《实报》对此条新闻的重视程度。

据《实报》报道，事情经过大略如下：宋明惠患有寒腿症，屡经医治未见效。贾万林有一偏方，称包可治愈，未料致宋氏双腿俱被烤烂。宋氏 7 月 31 日入住协和医院诊治。8 月 2 日医院派人至宋家告知宋氏病逝，令家属前往领尸。3 日下午地方法院和内一区署人员随宋氏家属验尸，确定死因。但下午 6 时，在装殓时，宋家发现宋氏后脑有劈开又缝合的痕迹。院方解释此系为参考病症。家属不依，由宋月山诉至法院，一告贾万林擅自行医，二告协和医院假借参考病症为名，将宋氏脑部劈开。法院传当事人宋月山于 5 日早 8 时候讯。

---

① 李进之：《对于实报的评价》，《实报半月刊》1937 年 3 月 16 日。

按照上述报道里提及的时间，宋家诉至法院的时间应为 8 月 4 日，《实报》于 8 月 5 日（即法院传讯宋月山的当日）以"协和医院医士涉重大嫌疑"为关注点，对此事作了大篇幅报道，不仅派记者对宋月山和宋明惠遗孀崔氏进行了采访，对事发经过进行了细致的整理，还将宋月山等呈控协和医院的诉状原文附录于报道之后。暂且不按当代新闻伦理的标准，讨论此种行为是否干预和影响司法公正，由此细节足见该报消息之灵通，反应之迅速，采访之详尽，新闻感觉之敏锐。

按照此后的审判程序和《实报》对此事的关注程度，可将自 8 月 5 日至 9 月 23 日间的报道分为三个阶段。

第一阶段为 8 月 5 日至 8 月 10 日，此期间为法院传讯环节，《实报》的报道也基本围绕传讯内容和验尸报告展开。8 月 5 日首次披露此事后，8 月 7 日至 8 月 10 日，《实报》连续四天对此事进行了追踪报道。该报在标题中或使用"剖脑案"，或使用"协和医院私剖尸脑案"，或使用"协和医院剖尸案"，以此为噱头来吸引读者的持续注意。这四天的新闻都标有"本报特讯"的电头，且均出现在四版的醒目位置，除 8 月 10 日的报道篇幅略长，全文约 900 余字外，另外三天的报道篇幅不大，约在 400 字上下，平均字数在 500 左右。

第二阶段为 8 月 12 日至 8 月 26 日，此期间为法院复审和判决环节，《实报》的报道基本围绕庭审纪实和原告被告所争执的疑点展开。除四版的新闻报道外，还在副刊出现了针对此事的评论与读者来信。另外，8 月 11 日《实报》又曝出了协和医院院长驾车撞人一事，因该院的外资背景，类似"'洋势力'欺负中国人"的论调在平津报纸上纷纷冒头，协和医院一时间成为众矢之的。这一阶段围绕"剖尸案"，《实报》所刊的新闻与言论总计 16 篇，其中新闻计 5 篇，平均字数在 700—800 之间，仍占据四版的醒目位置；评论（由王柱宇主持的"谈话"栏目以及未署名论说）计 6 篇，读者来稿（署名文章）计 5 篇，篇幅短小的约有 200 余字，较长的也只有 600 余字。这些新闻与言论有时同时登载，相互呼应；有时则单独出现，相互补充；总体上形成了一种集中报道的态势，把对协和医院的负面评价推至高潮。

第三阶段为 9 月 3 日至 9 月 23 日，此期间为地方法院作出不予起诉的判决后，宋氏家属不服判决，提出了再议的要求，《实报》的报道主要围绕宋氏家属追加的理由、法院对复议的态度以及复议的进展进行。与

"剖尸案"直接相关的新闻共计 5 条，最短一条不足百字，最长一条为千余字，平均字数约在 500 余字。除报道出现的频率降低外，有部分新闻不再刊登在四版 1—2 段的醒目位置。9 月 6 日与 9 月 9 日，《实报》在"剖尸案"的延长线上，对协和医院突发爆炸声，疑似被人报复一事进行了报道。这两条新闻均占据四版的醒目位置。这一阶段除王柱宇在"谈话"栏目发表一篇针对"剖尸案声请再议"的评论外，未见其他评论或读者来稿出现。可见在这一阶段，《实报》对此案的关注热度已逐渐降温。

根据《实报》在上述三个阶段对"剖尸案"的报道，可以发现以下三个鲜明的特征：

第一，报道时间长。《实报》对此案的报道前后持续了约两个半月，绝大部分报道占据了四版 1—2 段的醒目位置，且不吝啬篇幅。可见《实报》对这一符合人类"本能之好奇心"、能够激发人类兴趣的案件的重视与热衷。

第二，报道不平衡。《实报》的报道中较多刊载宋氏家属的描述，或者照原文附上宋家的诉状，但很少刊载医院方面的解释。在第一阶段，法院尚未开审，就先给医院定下了"私自剖尸"的罪名。在第二阶段，更是新闻与言论相结合，不时使用"屠人坊""惨无人道"等词汇烘托恐怖气氛，着力构建医院依仗"洋势力"欺负国人的印象。在第三阶段，仍旧以宋家追加的复议理由为关注点进行大篇幅报道。此外还有以下两处细节值得注意。

第一个细节是 8 月 16 日《实报》刊载了协和医院对此案作出回应的致函。但是在这封信函的末尾，编辑特意加上了如下声明："本社对于协和医院解剖宋明惠尸体新闻迭有报告纯持客观态度记载事实兹接协和医院送来声明一件函请披露爰为誌（志）之如上稿。"[①] 似乎刻意同院方划清界限，暗示登载此函并非对院方持同情或支持的态度。从结果而言，这种做法保持并延续了《实报》在报道此事件（包括类似事件）时一贯呈现出的"民众的倾向"。

第二个细节是在地方法院对此案予以不起诉处理后，虽然《实报》没有对此进行报道，但是王柱宇在"谈话"栏目发表了《舆论的制裁》

---

① 《宋明惠尸体被剖之惨状／第二次复验时始得真相／尸格为死后经医院解剖／协和医院之声明一封书》，《实报》1930 年 8 月 16 日。

一文，间接地代该报发出了声音。王氏首先提出，法律虽然是主张公道的，"然而法律有时因为环境的关系"不能达到主张公道的目的。他进而强调此案作出不予起诉的处理，仅因为证据存在问题。王氏在文末暗示此事的内幕"不得以检察官之一纸裁决书为准衡"，并表示此案"尚待舆论之公证制裁耳"。① 整篇文字暗示法院判决之不公正。可见《实报》的"民众倾向"不仅在报道中贯彻始终，并渗透在言论当中。

第三，报道逐渐显露出政治色彩。《实报》通过报纸言论和读者来稿形成的合力，颇为有效地制造了"'洋势力'欺负中国人"的印象。在半殖民主义语境中，不难想见这样的一种舆论氛围将有力地诱导读者形成类似"院方是帝国主义之帮凶"的印象。结合这一背景，宋家呈请"陆海空军总司令部外交处"，要求其向美国公使抗议的行为，就在一定程度上具备了成为"反帝反封建"象征的可能。时值"中原大战"进行正酣之际，《实报》在新闻与言论中，示意一个地方性组织或机构，而非中央政权，为受帝国主义势力欺压的国人做主，这一做法无疑富有深意。从潜在的效果来看，《实报》通过暗示或期待反蒋联盟采取不同于南京国民政府软弱妥协的外交态度，可以达到进一步建构反蒋联盟政治合法性的效果，与这一时期该报的政治新闻报道及社论相呼应。与此同时，暗中抬高了地方性组织或机构的行政级别，为筹划中的"北京政府"的诞生造势。

可见《实报》在报道社会新闻时并非一味追求煽情和新奇，而是能与城市中下层民众的情绪、政治权力的立场（或者仅是对新闻媒体的某种期待）形成共鸣、进行呼应。这种对新闻处理拿捏得当的分寸感，既是《实报》"营业本位"性格特征的体现，同时在很大程度上也是社长管翼贤新闻实践的心得与巧妙经营的"成果"。管翼贤曾主张：

> 报纸若全为营利的希望所左右、必定受一些损害。报业的生产不仅是一个商业的企业而已、通常一个报纸的创设、主要的是在宣扬某种理论、赞助某种立场、为社会服务或者供给社会需要。②

由此可见，管翼贤提倡的是一种自我克制、可持续发展的营业方式，

---

① 王柱宇：《舆论的制裁》，《实报》1930 年 8 月 26 日。
② 管翼贤：《新闻学集成》，北京：（伪）中华新闻学院，1943 年第一辑，第 114 页。

不赞成只盯着眼前利益，致使报纸的长期利益蒙受损失的非再生性的营业方式。他认为，假如报纸因其主办者与管理之性质，使读者怀疑其终极的动机，那么那份报纸便不能生存，遑论兴盛了。①

根据现有掌握的资料，能够发现有日本留学经历的管翼贤在新闻理论、报纸经营等方面均受到了日本新闻学和新闻事业的影响。最明显的一个证据就是他撰写《新闻学集成》时的主要参考资料都是日文著作。② 那么，管氏创办《实报》时，提出"小报大办"这一营业与编辑方针，是否也在一定程度上参考或借鉴了日本新闻事业的某些经验或模式？有关这个问题，从李诚毅和徐剑胆的忆述中可寻得蛛丝马迹。

1929 年，在纪念《实报》创刊一周年的文章中，李诚毅曾回忆了与管翼贤筹商创办报纸时的情景。他说道：

> 还记得那一天他（按：管翼贤）手上捧着一本大阪朝日新闻的合订本，口里嚷嚷的说"呵呵！我们一定照这样办，你看多么美呵，一定能有人欢迎的，没过几天，我们这个小小的实报便生产出来了。（按：原文缺失后引号）③

1936 年，在纪念《实报》创刊八周年的文章中，徐剑胆先后两次提及《朝日新闻》。第一次是引用管社长不久前对报社员工的讲话。管氏曾对大家表示："我们希望日后实报，也像日本之朝日新闻，有几架飞机，传递新闻稿件。"④ 第二次是说到鉴于读者的文化程度，认为"对于低级趣味的文字，仍有一部分之必要"。徐氏接着以《朝日新闻》为例，指出"即如日本之朝日新闻，亦有低级趣味之文字，足可借镜"。⑤

由上述两例，或可管窥《实报》与《朝日新闻》之间若隐若现的联系。《实报》的版式和排版风格，与《朝日新闻》十分接近，除去印刷机

① 管翼贤：《新闻学集成》，北京：（伪）中华新闻学院，1943 年第一辑，第 116 页。
② 《新闻学集成》参考书中，中文资料、日文资料、英文资料的比例为 6：14：7。可见日文资料所占比重之大。其中列于日文参考资料之首的，是小山荣三的《新闻学》。此外有关新闻理论和日本新闻史的比较重要的日文参考资料还有小野秀雄的《现代新闻论》《日本新闻发达史》和《新闻发生史论》以及栋尾松治的《新闻学概论》。
③ 李诚毅：《周年的话》，《实报增刊》（再版）1929 年 11 月，"纪录"部分第 2 页。
④ 徐剑胆：《将来的实报》，《实报半月刊》1936 年 10 月 16 日。
⑤ 同上。

器的限制，这是否是管翼贤刻意为之的结果？有关这个问题，根据现有资料虽不能作出判断，但根据管氏在《新闻学集成》中对日本新闻事业史的介绍，可从他对日本报业的关注点及认同点中找到些许线索。

比如，管氏在介绍德富苏峰的《国民新闻》时，强调该报是"一种融合以营利为目的之小报，及以指导为原则之大报，二者为特征而成之报纸"。[①] 在介绍《大阪朝日新闻》时，管氏进行了如下描述：

> 《大阪朝日新闻》为以报道为本位而著名之报纸、该报系认清报纸重要任务之报道、专注此点而发展者，故亦可谓之为另辟一途。[②]

同时管氏十分肯定村山龙平在《大阪朝日新闻》所推行的营业主义，并且将村山聘用名人做主笔，提升了该报在民众心目中的地位及社会知名度的做法，定位为"营业主义的包容力"。[③]

根据以上资料，不难推断《实报》以小报形式兼顾大报内容的编辑方针和营业方针，以及对新闻报道的重视、聘请名家撰写社论和文章的做法，极有可能是在效仿《国民新闻》《朝日新闻》等日本报纸的成功经验。如果略微考察《朝日新闻》的发展史以及该报的报道风格和营业策略，便可更加确信日本新闻事业对《实报》"小报大办"方针的影响，甚至是某种程度的"示范"作用。

四　日本新闻事业的示范作用

土屋礼子（Reiko Tsuchiya）在《大众报纸的源流——明治时期小报研究》一书中，曾借用欧美国家存在高级报纸（quality paper）与大众报纸（popular paper/mass paper）的区分，说明日本报业发展史上也曾出现过与此相似的"大新闻"（大报）与"小新闻"（小报）的二元报业结构。[④]

小野秀雄（Hideo Ono）在《日本新闻发达史》一书中将明治初期

①　管翼贤：《新闻学集成》，北京：（伪）中华新闻学院，1943 年第七辑，第 87 页。
②　同上。
③　同上书，第 97—98 页。
④　［日］土屋礼子：《大衆紙の源流——明治期小新聞の研究》，京都：世界思想社 2002 年版，第 5 页。

（19 世纪 60—70 年代）的这种二元报业结构定义为"政论本位的大新闻与娱乐本位的小新闻的对立"，并且指出二者在报纸大小、报道内容、记者组成、读者构成、使用片假名和插图等方面皆存在区别。① 土屋认为这种"大新闻"与"小新闻"的对立，到明治中期（19 世纪 90 年代前后）就消失了，取而代之的是汲取两者精华于一身的"中新闻"化的国民大众报纸。及至 20 世纪 20 年代，《大阪每日新闻》和《大阪朝日新闻》宣布发行量突破百万时，则是这种"中新闻"化的报纸定型的时刻。②

土屋对日本报纸系谱演变的考察，很大程度上借鉴了山本武利（Taketoshi Yamamoto）在《报纸与民众——日本型报纸的形成过程》中的研究成果。山本在该书最终章"日本型报纸的历史背景"中指出，在英国既有以《泰晤士报》（*The Times*）为代表的高级报纸，同时也有以《每日快报》（*Daily Express*）、《每日镜报》（*Daily Mirror*）为代表的大众报纸，这种两极分化的报业结构自 19 世纪末的工业革命以来，存在至今。但是现代的日本报纸，特别是全国性报纸，在以报道活动为中心的同时，也进行言论和娱乐等新闻活动。因此，在报纸内容方面，就好像是英国的高级报纸与大众报纸的"杂居"一般。③ 山本认为，"大新闻"与"小新闻"的区别在现代日本新闻界已不存在，新闻活动与报纸内容的杂居性和多样性并存被认为是日本报纸的一个重要特征。此特征在读者层方面也有所体现。一般而言，高级报纸的读者多为精英阶层和知识分子阶层，而大众报纸的读者多为平民阶层。但是日本的报纸在社会各阶层都保有广泛的读者群。④ 最后，山本将不持有明确的政治立场，以"不偏不党"为标榜，通过内容的杂居与多样，吸引各阶层读者阅读，以求获得巨大的发行数量等数点归纳为"日本型报纸"的典型特征。⑤

山本进而分析道，若回顾明治时期报纸的"不偏不党"性，可以此将日本的报纸分为御用报纸、政党机关报、独立报纸和"小新闻"（即小

---

① ［日］小野秀雄：《日本新聞発達史》，转引自［日］土屋礼子《大衆紙の源流——明治期小新聞の研究》，京都：世界思想社 2002 年版，第 6 页。

② 同上。

③ ［日］山本武利：《新聞と民衆——日本型新聞の形成過程》（再版），東京：紀伊国屋書店 2005 年版，第 183—184 页。

④ 同上书，第 185 页。

⑤ 同上书，第 185—187 页。参见［日］土屋礼子《大衆紙の源流——明治期小新聞の研究》，京都：世界思想社 2002 年版，第 4 页。

报）四种类型。这四种报纸当中最能体现"日本型报纸"特征的，当数以《朝日新闻》为代表的"小新闻"。① 之所以这样说，是因为在报界，特别是在贩卖领域的角逐中，《朝日新闻》这样的"小新闻"通过报道活动，抑制了其他的御用报纸、政党机关报和独立报纸，逐渐占据了支配性地位。《东京朝日新闻》《大阪朝日新闻》和《大阪每日新闻》等报纸对报界的支配从大正中期（按：约指 20 世纪 10 年代末期）以降就已确立。与此同时的一个动向是，明治末期（20 世纪 10 年代初期）的以"不偏不党"为标榜、注重报道活动的报纸进入大正期以后，逐渐确立了更具支配性的地位。② 山本对日本报纸的演变历程作出了如下概括，即以"朝日"型报纸为核心，其他类型的报纸向其逐渐靠拢，朝此类型实现了同化和一元化。也就是说，自明治后期开始，可以清楚地观察到报界向"朝日"型报纸（"日本型报纸"）逐渐收敛的过程。③

由此可见，前述土屋礼子所描述的"大新闻"和"小新闻"向"中新闻"的转型，与山本武利所描述的其他类型的报纸向"朝日"型报纸的收敛，无疑是对同一演变过程作出的不同表述。"日本型报纸"的确立时期约在 20 世纪 20 年代前后，恰好是平、津报人针对"大报"营业程度不够、"小报"过度营业化以及新闻界在北洋政府时期遗留的种种"病态"，纷纷呼吁"由津贴本位而营业本位"和"由政论本位而新闻本位"，提出"营业化转型"的时期。可以料想，平、津两地大多数有留日经历的新闻记者，面对相似的二元报业结构，多少会从日本报业的经验中汲取灵感与寻求借鉴。

作为《实报》之重要模仿对象的《大阪朝日新闻》，究竟是怎样的一份报纸？有山辉雄（Teruo Ariyama）在《从"民众"时代到"大众"时代》一文中指出，明治末期到大正初期（按：20 世纪 10 年代初期），作为新时代象征的都市民众开始登上历史舞台；与此同时，随着报纸从"知识分子阶级的伴侣"变为民众"生活上的必要品"，大多数报纸的内容从不易理解的政论向富有戏剧性的"三面记事"（按：即社会新闻，因为当时社会新闻排在报纸的第三版，所以又被称为"三面记事"）转移，

① ［日］山本武利：《新聞と民衆——日本型新聞の形成過程》（再版），東京：紀伊国屋書店 2005 年版，第 187 页。
② 同上书，第 188 页。
③ 同上。

呈现出"民众的倾向"。值得注意的是，报纸发行部数的增加与这种内容的变化是互为表里的。① 结合上述时代背景，有山认为，《大阪朝日新闻》是通过制作能吸引读者好奇心的版面、扩大报纸发行量、以资本主义企业形态发展起来的报社的典型代表。②

《大阪朝日新闻》是《朝日新闻》的前身，于 1879 年（明治十二年）1 月 25 日创刊，出资者是经营酱油制造业的木村平八，经营者是木村之子木村腾，名义上的所有者是村山龙平。该报创刊时是以劝善惩恶为旨趣的典型娱乐本位的"小新闻"。③ 1881 年，木村父子逐渐失去了经营报纸的热情，于是将所有权转让给村山龙平。以此为契机，朝日新闻社开始由村山龙平和山野理一共同所有、共同经营。④ 因经营出现困难，1882 年至1894 年《大阪朝日新闻》一直接受政府的秘密出资与补助。⑤ 有山辉雄注意到，也正是在此期间，《大阪朝日新闻》逐渐退却了娱乐本位的通俗"小新闻"的色彩，变为在一定程度上刊载政治、经济报道的报纸（即此前土屋提及的"中新闻"化报纸）。有山推测，这种转变可能是作为向报社出资的条件，在政府与村山龙平之间达成的合意。⑥

有山指出，基于旨在培育和扶植"中立"报纸的政策考虑，1882 年至 1894 年间政府曾对《大阪朝日新闻》给予秘密补助和秘密出资。《大阪朝日新闻》与政府的这层关系如实反映了此时期"不偏不党"报纸的政治机能。在党派报纸的言论冲突中出现的"不偏不党"报纸，发挥了冷却过热的政治关注，将"多事争论"的混乱状况秩序化的作用。特别是与自由民权派批判政府的言论相对照，这类"不偏不党"报纸采取"假装的中立"立场，扮演"小骂大帮忙"的角色，最终促使可能对政府产生威胁的自由民权派报纸的言论归于平静。⑦

---

① ［日］有山辉雄：《"民众"の时代から"大众"の时代へ》，载［日］有山辉雄、竹山昭子编《メディア史を学ぶ人のために》，京都：世界思想社 2004 年版，第 104、107 页。

② 同上书，第 110 页。

③ ［日］有山辉雄：《"中立"新闻の形成》，京都：世界思想社 2008 年版，第 70—71 页。有山辉雄：《"民众"の时代から"大众"の时代へ》，载［日］有山辉雄、竹山昭子编《メディア史を学ぶ人のために》，京都：世界思想社 2004 年版，第 110 页。

④ ［日］有山辉雄：《"中立"新闻の形成》，京都：世界思想社 2008 年版，第 71 页。

⑤ ［日］有山辉雄：《近代日本ジャーナリズムの构造：大阪朝日新闻白虹事件前后》，东京：东京出版株式会社 1995 年版，第 135—136 页。

⑥ ［日］有山辉雄：《"中立"新闻の形成》，京都：世界思想社 2008 年版，第 75 页。

⑦ 同上书，第 102 页。

1918 年《大阪朝日新闻》的一则报道引发一起对日本报界影响深远的事件，这就是日本近代新闻事业发展史上著名的《大阪朝日新闻》"白虹事件"。① 在"白虹事件"中，当面临报纸可能遭受永久禁止发行之处罚时，原本以维护新闻自由、批评监督政府为标榜的《朝日新闻》迅速改变了编辑方针，采取妥协姿态向政府求情，表示并无"紊乱朝宪"之意图。经过经营者与政府的"讨价还价"，政府对《大阪朝日新闻》的最终处罚由"发行禁止"改为"发卖禁止"，将报纸从存废的生死边缘拉了回来。"白虹事件"发生后，"不偏不党"遂成为新闻界自我约束的一种规范。有山辉雄认为，"不偏不党"实际上是一种丧失了对权力进行正面批判之精神，只图在保障企业安全的范围内进行言论报道的媒介意识形态。②

有山指出，《大阪朝日新闻》从"白虹事件"汲取的经验是：企业化的报纸不得不对平日不经常发生的事、能够引起兴趣的事，和与其他报纸不同的有意思的事进行报道。对于具有攻击性、可能引发争议的政治报道，即便能够引起读者关注，也要进行自我克制。③ 这种以"不偏不党"为标榜的自我克制，无疑是企业化的报社为追求自身安全和效益最大化在整个行业内制定的游戏规则。

对《大阪朝日新闻》而言，"白虹事件"成为报社增强企业自觉、贯彻企业伦理的一个契机。1919 年，即"白虹事件"发生后的第二年，《大

---

① 1918 年 8 月 3 日，在日本富山县中新川郡水桥町发生的米骚动迅速波及全国。8 月 14 日，当时的寺内正毅内阁发布了禁止刊载与米骚动相关报道的命令。此后引发了全国新闻记者追求"新闻自由"的规模运动。8 月 25 日召开的"拥护言论、弹劾内阁关系新闻社通信社大会"便是此次运动中的一个高潮。《大阪朝日新闻》的社长村山龙平担任大会主席，并且发表了《拥护言论、弹劾内阁》的决议。8 月 26 日《大阪朝日新闻》的夕刊上，刊登了对此次大会的报道。由于使用了"白虹贯日"一词，司法当局以此为据认为《大阪朝日新闻》违反了新闻纸法。若按照新闻法第四十一条（紊乱安宁秩序）和第四十二条（紊乱朝宪）裁判，《大阪朝日新闻》将面临永久禁止发行的处罚。这对报社来说，无疑是被判处了"死刑"。这一事件便被称为"大阪朝日新闻白虹事件"。参照［日］有山辉雄《近代日本ジャーナリズムの構造：大阪朝日新聞白虹事件前後》，東京：東京出版株式会社，1995，第 7—8 页；（日本）历史学研究会《日本史年表》（第 4 版），東京：岩波书店，2010，第 269 页。

② ［日］有山辉雄：《"中立"新闻の形成》，京都：世界思想社 2008 年版，第 70—71 页。［日］有山辉雄：《"民衆"の時代から"大衆"の時代へ》，载［日］有山辉雄、［日］竹山昭子编《メディア史を学ぶ人のために》，京都：世界思想社 2004 年版，第 116 页。

③ ［日］有山辉雄：《"民衆"の時代から"大衆"の時代へ》，载［日］有山辉雄、［日］竹山昭子编《メディア史を学ぶ人のために》，京都：世界思想社 2004 年版，第 116—118 页。

阪朝日新闻》改组为株式会社，由"营业报纸"转为"企业报纸"，进入了有计划追求营利的"企业报纸"时代。

于 1915 年出版《最近新闻纸学》一书的杉村楚人冠（Sojinkan Sugimura）早在 1913 年就敏锐地捕捉到日本报业的这一新动向。1913 年 9 月，杉村在《中央公论》杂志上发表了一篇题为《报界的错误陈旧思想》（日文原题为《新聞紙界の謬れる旧き思想》）的文章。在这篇文章中，杉村认为，若以欧美报纸发展阶段为参照，日本报界进入"营利事业时代"已成为一个既成事实。同时，他将那些不承认这一既成事实的新闻论称为"错误陈旧的思想"，并有意提出一种适合当下"营利事业时代"特征的新闻论。[1]

杉村认为，报纸作为一项"营利事业"，只有依靠单纯的速报主义才能在与其他报纸的竞争中胜出，因此他强调对"新事实"与"纯事实"的报道。[2] 这种速报主义的倾向有两点：第一，以"新事实"为本位，实行"通过对此新事实进行夸张、裁剪甚至某些牵强附会的处理，以形成报社独特报道风格"的计划；第二，主张在"新事实"以外增加能够刺激读者好奇心的报道。杉村将与上述新倾向互为表里的报道观点称作"新闻纸的"（journalistic）观点，并提倡今后报纸的出路，就是对社会事项进行"新闻纸的"报道。[3] 他同时认为，今后，所谓的社说，并非报社的主张，而仅是主笔一人的主张。

有山辉雄认为杉村的这种观点，说明报纸进入"营利事业时代"后，社说不再是报社意见的集约表现，失去了往昔统括所有版面的机能。[4] 他还指出，杉村新闻论中的诸多观点，可能是杉村对自己所任职的《东京朝日新闻》的动向进行的理念化论述。

由杉村输入并理论化的所谓"新闻纸的"新闻论何以在此时期诞生，针对这个问题，有山作了进一步的分析。有山的观点是，报纸在投机的、小资本的"营业报纸"时代，无力从正面否认"独立新闻"的理念并塑造能够取而代之的报纸的"理想型"。但是进入了有组织和有计划地追求

---

① ［日］有山辉雄：《近代日本ジャーナリズムの構造：大阪朝日新聞白虹事件前後》，東京：東京出版株式会社 1995 年版，第 154 页。
② 同上。
③ 同上书，第 154—155 页。
④ 同上书，第 155 页。

营利的"企业报纸"的阶段，也就是进入了杉村楚人冠所说的"营利事业时代"，就需要有与作为"营利事业"的报纸相衬的新闻论。杉村提出的青睐"速报主义""新闻纸的"新闻论，正是迎合了这种需要。①

有关这种在"白虹事件"爆发之后，迎合"企业报纸"需要、"新闻纸的"新闻论指导下的新闻实践在 20 世纪 20—30 年代的发展情况，学者山中恒（Hisashi Yamanaka）在他研究日本战时国家情报机构史的专著中有过如下描述：

> 报纸的购读者对报纸版面的改善提出了要求，即比起社说、论说等评论和主张，购读者们更追求报纸的消息量、速报性和登载有趣味的话题。与此同时，为了争夺购读者，在报社间开始了激烈的商业竞争，因此，制造作为商品的"畅销报纸"（按：日文原文为"売れる新聞"）成为迫切需要。②

根据以上对日本明治大正时期新闻事业阶段性特征的梳理，不难发现20 世纪 20—30 年代管翼贤以《实报》和时闻通信社为平台所进行的新闻实践，以及他所推崇的新闻观点（很明显这些观点并未能有效地成为一个可以自圆其说的理论体系，其间不乏相互矛盾之处），同 19 世纪末 20世纪初日本的新闻实践与新闻论有着微妙的相似性。《实报》以小报形态兼撰大报材料的"小报大办"，和上述日本"大新闻"与"小新闻"的"中新闻"化，即将政治新闻、社会新闻、娱乐小说等多样内容杂居于各版之内的做法，如出一辙。此外，《实报》对新闻时效性的追求，报道社会新闻的煽情手法和"民众的倾向"，很大程度上体现了上述杉村所提倡的新闻"速报主义"的特征；这些特征正是《大阪朝日新闻》在营业上获得成功，在处于社会中下层的读者群中打下稳固基础，在报业市场中获得支配地位，由"营业报纸"转型为"企业报纸"的不二法门。

还需注意的是，《实报》创刊时，《大阪朝日新闻》业已转型成为有组织、有计划地追求营利的"企业报纸"，在政治报道和言论方面奉行

---

① ［日］有山辉雄：《近代日本ジャーナリズムの構造：大阪朝日新聞白虹事件前後》，東京：東京出版株式会社 1995 年版，第 156 页。

② ［日］山中恒：《新聞は戦争を美化せよ！戦時国家情報機構史》，東京：小学館，2001年版，第 50 页。

"不偏不党"的自我克制原则，以求保证企业利润的最大化。这种"不偏不党"的媒介意识形态在多大程度上影响了《实报》政治报道和言论发表的倾向，虽尚未有确定的史料给出证明，但还是能根据此前的分析找出一些蛛丝马迹。事实上，受到不少读者喜爱的张阆村的社论和王柱宇的谈话，与其说代表了《实报》的观点，不如说很大程度上是张、王二人在专栏中发表的个人观点。① 这在很大程度上契合了杉村提倡的"新闻纸的"新闻论中对社说之定位与功能的界定。

此外，同情社会中下层民众，经常为其悲苦的生活状况发出不平之声，是张阆村主持的社论和王柱宇负责的"谈话"的共同点。但细读论说的内容，便会发现大多数议论基本上停留在迎合民众情绪的层面，未能提供具备建设性观点或意见。如第三章所归纳的一般，"中原大战"时期《实报》的社论对中下层民众贫苦的境况持同情姿态，但并不信任工农运动。这些看似与"民众为伍"的社论并未指出造成农村民生凋敝、盗匪横行的罪魁祸首正是盘踞各地扩充私人军事力量，为了维护一己私利不惜频频挑起内战的大小军阀。② 事实上，如前所述，此时期《实报》不论对政治新闻的报道还是社论表现出的立场，都明显偏向以阎锡山、冯玉祥为首的北方军事实力派，与之存在共谋关系。再者，通过采用将政治问题社会化的写作方法，这一时期由张阆村主笔的社论在有意无意间回避了问题的症结或模糊了争议的焦点，空有社论之形，而无社论之实。从结果而言，这种将政治问题社会化的写作方式，为《实报》在错综复杂的局势

---

① 此前曾经提及，王柱宇7月15日刊登在《实报》的《打扮》一文，因措辞不当遭到梨园公会质问。7月22日《实报》刊登了《王柱宇紧要申明》，以"乞梨园诸君格外鉴谅"。时过不久，7月28日《实报》刊登了王氏所撰的《阅者的希望》。王柱宇在文中特别强调了他与《实报》的合作关系仅限于为"谈话"栏目撰稿。他指出："我今天向阅者郑重声明。我在北京新闻界。虽也算是一个新闻记者。然而在本报所负的责任。却只以这一篇谈话为限。我既不是本报的编辑。尤其不是投稿人。因为本报社一再向我表示。委托我的名义。是特约撰述。"此事平息不久，7月30日《实报》刊登了北平邮务工会急工委员会发来的《致王柱宇先生一封公开的信》，对7月25日"谈话"栏目《邮务工人急工》一文中的不实之处进行了指正。王柱宇以"编者按"的形式对此进行了回应。8月2日《实报》刊登了《谈话》一文，王氏在该文中再次强调："我在本报的任务。只是这篇谈话。"王柱宇强调的他本人与《实报》的合作关系，可以从两个方面进行解读：第一，"谈话"是他个人负责的专栏，是《实报》委托他的名义，进行特约撰述。第二，强调他在《实报》既非编辑，也非投稿人，因此文责自负，这无疑为报社提供了一种保护机制。

② 有关此点，参见陈志让《军绅政权——近代中国的军阀时期》，广西师范大学出版社2008年版，第82—96页。

中提供了自我保护的一种策略，避免"因言获罪"对报社的营业造成不良影响。这与《大阪朝日新闻》在"白虹事件"后汲取了"教训"，放弃对权力进行正面批判，只图在保障企业安全的范围内进行言论报道的方针也有相似之处。

第二章和第三章分别从不同的角度对北方私营报刊的困境，以及在其营业化转型过程中的二重性进行了分析。借助长谷川如是闲（Nyozekan Hasegawa）（长谷川在"白虹事件"前曾参与负责《大阪朝日新闻》的言论）针对日本报界向"企业报纸"转型的趋势，对新闻的资本主义商品化进行的批判，或许能够对上述问题获得更深刻的理解。

长谷川对新闻的资本主义商品化过程内含的矛盾给予了关注。他指出，为了构成一定的群体意识，社会对民众具备基本的新闻意识及判断提出了要求。报纸的产生适应了这种社会需要。根据这种社会需要所产生的（群体）效用，报纸获得了转化为商品的可能性，并将之作为获得利润的手段。但吊诡的是，原本的新闻机能却仅为维持这种商品价值而发挥作用。① 长谷川在下面这段更为简洁的表达中，描述了内在于新闻商品化过程的矛盾关系：社会对新闻的需要是报纸得以商品化的必要条件；然而商品化的报纸即使再不具备新闻性，也不会失去满足这种社会需要的效用。②

尽管中日报业发展的历史背景有所差异，但在路径上存在不少相似之处。这种相似性，在一定程度上源于半殖民主义语境下中国文化领域的特征。如史书美所观察到的一般，在这种语境下，多数中国知识分子通过文化启蒙话语来遮蔽殖民现实，将"西方"的概念分化为"都市西方"和"殖民西方"的策略，将日本作为中国学习西方知识的中介和捷径的同时，将日本对中国的侵略和占领分离开来。③

同这些知识分子的做法一样，中国的报人也将日本新闻事业视为学习的榜样，将日本的新闻学研究当作通向西方新闻学理论的中介与捷径。这一现象暴露了中国早期新闻学研究的"后进国"色彩。

---

① ［日］吉見俊哉：《メディアと語る言説——両大戦間期における新聞学の誕生》，载［日］栗原彬、［日］小森陽一、［日］佐藤学、［日］吉見俊哉《内破する知：身体・言葉・権力を編みなおす》，東京：東京大学出版会，2000 年版，213 頁。

② 同上。

③ ［美］史书美：《现代的诱惑——书写半殖民地中国的现代主义（1917—1937）》，何恬译，江苏人民出版社 2007 年版，第 42 页。

从中国早期新闻学研究的这一特征出发，前引日本学者对明治大正时期日本新闻事业作出的分析，特别是长谷川如是闲对新闻的资本主义商品化进行的批判，能够为理解坚持"营业本位"的《实报》在自我标榜和经营实践之间的矛盾提供理论参考，并且为追溯北方民营报刊在"营业化转型"过程中二重性的产生原因提供线索。同时，这一批判角度对反思中国新闻学研究的局限，特别是对思考某一新闻理论（理念或思潮）与特定新闻实践以及历史背景三者间相互影响、多元因果论般的复杂关系亦有启发。

第五章

"国难"时期"报格"的彰显
与微妙转变

通过解读20世纪30年代发表的无数报刊文章，以及后来写成的回忆录，我深信中国人在这个10年里所面临的关键问题之一就是日本帝国主义。甚至在1937年7月全面战争爆发以前，日本问题也似乎主宰了中国的新闻报道。（中略）对于生活在20世纪30年代的中国人而言，日本帝国主义实际上不是一个外交问题——它是一个国内问题。日本侵略中国，占领了她的大量领土；日本（以及其他帝国主义列强）的战舰在中国的内河航行；像上海和天津这些城市的中国居民则生活在日本军队的影子之中。①

自鸦片战争爆发至新中国成立的一百余年时间里，中国近代新闻事业的发展同中国人民寻求民族独立、建设统一国家、反帝反殖民的斗争紧密联系在一起。在上述历史语境中，在"华人出资、华人操权"理念下创办的各种近代中文报刊的独立精神与品格，即"报格"，一定程度上便体现于报纸是否敢于为国家、民族的根本利益发出声音并进行抗争。20世纪20年代末30年代初，"由政论本位而为新闻本位，由津贴本位而为营业本位"的"营业化转型"作为平、津报界实现"报格"独立和言论自由的一种尝试，成为北方报业改革思潮的主流，小型报在此风潮中应运而生。

如前几章所述，1928年在北平创刊的《实报》是平、津小型报的先驱。该报的诞生及畅销，反映了创办者管翼贤提出的兼顾经营与编辑之

---

① ［美］柯博文：《走向"最后关头"——中国民族国家构建中的日本因素（1931—1937）》，马俊亚译，社会科学文献出版社2004年版，第1—2页。

"小报大办"方针的成功。"小报大办"既是管翼贤办报方针的精华所在，也是《实报》"营业本位"性格的如实呈现。事实上，《实报》自创刊起就存在视"营业本位"高于"新闻本位"的倾向。

本章作为前述各章的延展，将以 1931 年 10 月至 1935 年 12 月为研究时段，着重考察《实报》在此时期言论活动的特征与局限。与此同时，关注《实报》与报界、民意、时局变动之间的动态关系，继续剖析当时平、津报界，乃至整个华北新闻界"营业化转型"的二重性。下一章将在本章分析的延长线上，以 1935 年至 1937 年间出版的《实报半月刊》为主要研究对象，考察这份小型杂志与小型报《实报》在编辑、经营、观点等方面的共生关系，并从侧面了解《实报》在此时期的营业发展。

从《实报》自身的发展脉络来看，综观该报自创刊到停刊近 16 年的发展历史，自 1931 年"九一八事变"至 1935 年关东军策动"华北自治运动"，是该报在报道和言论两个方面最辉煌精彩，即彰显"报格"的一个时期。

在报道方面，《实报》秉承了一直以来注重消息的时效性与客观性、利用有限的版面尽量刊登在量与质两方面都不逊于大报的时政要闻等优点。根据张友渔回忆，1931 年"九一八事变"当天晚上，管翼贤得到来自东北的电话消息，第二天便将事变的消息登了出去。[①] 可见该报对新闻时效性的重视。在言论方面，《实报》一改此前将政治问题社会化的写作风格，因明确主张抗日、反对军阀、呼吁停止内战的进步倾向，获得了知识界的赞赏。张友渔、李达和陈豹隐等知名人士都曾在此时期应邀给《实报》写社论，宣传抗日，宣传民主。[②]

《实报》此时期在报道和言论两方面的表现，特别是该报在对日本、国联、南京国民政府、民间抗日力量等四方所呈现出的不同态度，在一定程度上代表了平、津报刊此时期的共性。这与平、津报刊所处的特殊地理位置，以及当时风起云涌的抗日救亡运动所营造的舆论氛围，有着千丝万缕的联系。因此在进入具体的文本分析前，有必要对 1931 年至 1935 年《实报》所处的历史语境与时代特征略作交代，以有助于理解该报论说所针对的问题及其立场。

---

① 张友渔：《我和实报》，《新闻研究资料》1981 年第 4 期。
② 同上。

一　半殖民地半封建社会结构下
中国的外交与内政

柯博文（Parks M. Coble）在查阅大量史料的基础上，以蒋介石宣布的"攘外必先安内"政策为基轴，围绕自 1931 年日本入侵中国东北至 1937 年"卢沟桥事变"爆发这段时期内中、日两国间一系列事件和冲突，对中国政治同日本帝国主义的关系进行了细致考察。

柯氏认为南京国民党政府在许多方面可被视为新民主主义运动在中国的一个产物。在与 1926 年"五卅运动"有关的反帝情绪的浪潮中，蒋介石攻击北洋军阀政权是帝国主义的工具，并宣布了革命性的外交政策：废除不平等条约，建设一个主权完整和独立的国家。此后蒋介石于 1928 年组织了旨在将中国统一在国民党统治之下的北伐战争。以此为基础，柯氏认为，南京国民政府是在反帝运动的遗产上建立起来的政权。[①]

"九一八事变"爆发后，东北迅速沦为日本的殖民地，虽有各种所谓原因（如日军事前的周密计划，事变中的不宣而战，以及东北军中腐朽势力所起的恶劣作用等），但史学界普遍认为，蒋介石主导的南京国民政府在日本进攻面前，采取妥协退让政策，才是导致这种严重后果的根本原因。[②]

柯氏认为，20 世纪 30 年代，当南京国民政府的外交政策转向保守和

---

① ［美］柯博文：《走向"最后关头"——中国民族国家构建中的日本因素（1931—1937）》，马俊亚译，社会科学文献出版社 2004 年版，第 3 页。

② 张宪文等：《中华民国史》第二卷，南京大学出版社 2012 年版，第 293 页。日本驻北平特务机关长松室孝良在给关东军的秘密报告中曾这样写道："须知'九一八'迄今之帝国对华及历次对中国军作战，中国军因依赖国联，而行无抵抗主义，故皇军得以顺利胜利。"有关蒋介石提出不抵抗政策的原因，日本学者光田刚认为，那时蒋介石的判断是，"九一八事变"只是关东军的孤立行为，而当时的民政党内阁执行币原外交，信奉国际协调主义，因此蒋介石期待日本内阁能够接受国际联盟的调停，使关东军撤兵。［日］光田刚：《中国国民政府期の華北政治——1928—37 年》，東京：御茶の水書房 2007 年版，第 56 页。柯博文强调，1931 年"九一八事变"前，蒋介石正处于一个微妙的政治和军事境地：一方面阎锡山、冯玉祥等军事实力派与广州领袖的结盟可能会令人信服地颠覆蒋；另一方面，日本人对中国政治的插手威胁着蒋。这种环境导致了蒋采取不抵抗政策。柯氏这样分析道："由于被政治和军事的挑战所削弱，被日本人的阴谋所威胁，并且要依赖华北的张学良，蒋无疑认识到在东北坚决的抵抗极有可能毁灭他的政权。"［美］柯博文：《走向"最后关头"——中国民族国家构建中的日本因素（1931—1937）》，马俊亚译，社会科学文献出版社 2004 年版，第 21—23 页。

妥协，尤其是面对日本帝国主义节节进逼、步步为营的侵略行径，采取绥靖政策时，舆论界普遍认为政府不仅没有实现"反帝国主义"的承诺，而且违背了孙中山倡导的"三民主义"中的"民族主义"。① 有关此点，光田刚（Tsuyoshi Mitsuda）也有所论及。②

柯博文的研究主要强调了南京政府的对日外交政策对中国内政的影响，李君山则通过对 1935 年日本策动的"华北自治运动"与中国地方派系之争的研究，着重从"内政"的角度，来诠释"外交"的复杂性。③

透过以上两个研究，可发现不少学者在论及 20 世纪 30 年代的中日关系时，都注意到其中的复杂性与特殊性——既是外交的，又是内政的；既是军事的，又是经济的；同时存在多方的冲突、角力与妥协。不少学者倾向于用"弱国外交"对此现象进行解释，认为近代以来历届中国政府，因为没有强大军事力量的支撑，虽然外交有局部进展，但往往处于被动地位；其外交方针的制定，更多受到国内政治的影响。④

若将上述"弱国外交"的解释，同中国近代通史研究框架下对中国半殖民地半封建社会历史发展规律的分析进行比较的话，会发现两者在逻辑上的微妙差异。依照后一种研究框架与思路来看，当时中国与日、美、英等国的不对等关系，与其说是缺乏强大军事力量支撑和受到国内政治影响的结果，不如说是中国半殖民半封建社会结构下的特殊产物，其原因在于外国帝国主义势力的侵入使中国国内的矛盾复杂化。为了维护其在华利益，帝国主义势力扶植了各式各样的代理人（如买办官僚、地方军阀等），有选择性地保持了对其有利的前资本主义社会关系，使中国在成为

---

① ［美］柯博文：《走向"最后关头"——中国民族国家构建中的日本因素（1931—1937）》，马俊亚译，社会科学文献出版社 2004 年版，第 3 页。

② 光田刚指出，"攘外必先安内"政策对于蒋介石—汪精卫的政权的政治风险在于："反帝"的理论根源来源于"三民主义"中的"民族主义"，对南京国民政府而言，"反帝"是政权存在的根本任务，即南京国民政府是推行"反帝国主义"的政权，因此对日妥协被认为是对"反帝"的背叛。［日］光田刚：《中国国民政府期の华北政治——1928—37 年》，东京：御茶の水書房 2007 年版，第 59 页。

③ 李君山：《一九三五年"华北自治运动"与中国派系之争——由〈蒋中正总统档案〉探讨战前中日关系之复杂性》，《台大历史学报》2004 年第 34 期。

④ 张宪文等：《中华民国史》第二卷，南京大学出版社 2012 年版，第 299 页。

半殖民地的同时，又处于半封建的境地。①

借助这一分析框架，便可理解为何在当时的中国"反封建"与"反帝"是一枚硬币的两面："反封建"必然"反帝"，而"反帝"必须"反封建"。与此同时也可理解北洋政府与南京政府的异同：两者都是在外国势力的支持下维持统治，前者更富有封建性，后者更具有买办性。②

其实，"半殖民地半封建社会"的理论框架在厘清中国近代史上诸多复杂问题的根源时仍旧具备解释力，比如针对海外学者所发现的"复杂性"现象。有关这个问题，并非本书所关注，故不赘言。在此需要强调的是，"半殖民地半封建"（或者说本书借以描述中国社会与文化特征的"半殖民主义"）仍旧是把握此时期中国社会特点和南京国民政府对内对外政策特征的一个关键词。

以 1933 年 5 月 31 日《塘沽协定》的签订为界，可将 1931 年至 1937 年日本对中国的侵略划分为两个阶段：前一个阶段为侵占东北，建立伪"满洲国"；后一个阶段为分离华北，使之成为缓冲地带。面对大面积的国土沦丧，并继续遭到蚕食的现实和日趋成为"亡国奴"的危机，中国的新闻报道关注"日本问题"是理所当然的。《实报》地处北平，东北的安危与之有唇齿相依的紧密关系，华北的告急更是与其安身立命之所直接相关，该报自然而然会密切关注事态的发展。也正是这种地域上的特殊性，要求该报的言论应具备更多的现实针对性。

与此同时，随着抗日民主运动在中国各地的风起云涌，许多人口密集

---

① 《纪念鸦片战争一百五十周年》（1990 年 6 月 3 日）一文对自鸦片战争后近百年的中国历史作出了这样的描述："在鸦片战争以前，中国和中国以外的世界几乎完全隔绝。这一次战争打破了这种隔绝，中国和世界发生了越来越密切的联系。因为有了这种联系，中国人打开了眼界，中国人民的斗争得到了世界各国进步人民的同情和支持。近代中国社会发生了新的社会经济形态、新的阶级力量、新的思想，也是和中国不再是对外界完全封闭的社会有关。但是，在那一百年间，中国是作为一个半殖民地国家，即半独立的国家和世界联系的。从根本上说，这种联系的内容是帝国主义对中国的侵略和掠夺。"再如《关于近代中国与世界的几个问题》（1990 年 8 月 31 日）一文对帝国主义与其在中国扶植的各种势力之间的关系有着这样的描述："帝国主义使清皇朝变成它们所利用的驯服工具；在清皇朝覆灭以后，又支持一个个代表地主阶级和买办官僚资本利益的军阀官僚势力。封建的土地关系、商业高利贷资本和一切前资本主义的剥削制度及其上层建筑，由于受到帝国主义的维护而得以继续存在。帝国主义利用它们作为统治和剥削中国人民的工具。这样，帝国主义的侵略阻断了中国的工业化、民主化的独立发展的道路，使中国在成为半殖民地的同时，又处于半封建的境地。"胡绳：《从鸦片战争到五四运动》上册，人民出版社 1997 年第 2 版，第 11—17 页。

② 有关此点参见杨公素《中华民国外交简史》，商务印书馆 1997 年版，第 3—9 页。

的大中城市，纷纷召开各界抗日救国大会，成立抗日救国组织，"抗日救亡"成为民意所向、民意所指和民意所归。作为一份推崇"平民主义"，呈现"民众倾向"的"营业本位"大众报纸，《实报》对全国抗日救亡之热潮作出呼应，也在情理之中。需要注意的是，随着南京国民政府对日政策的转变，该报论说的关注点与立场也在发生微妙的变化。

二　"不抵抗政策"时期的言论（1931.10—1932.4）

南京国民政府对待"九一八事变"所采取的对策，是寄希望于国际联盟的干涉，企图通过外交途径解决中日争端。[①] 1931 年 9 月 23 日，南京国民政府发表《告全国国民书》称：日军入侵东北，关系我国存亡，现在诉之于国联行政院，"以待公理之解决"，因此下令全国军队同日军避免冲突，并告诫国民，"务必维持严肃镇静之态度"，团结一致，信任政府。[②] 用八个字概括当时最高当局的态度便是：暂不抵抗，诉诸国联。[③]

《实报》并不认同南京国民政府的上述态度和政策，而且明确表达出"抗日救亡"的立场。现将此时期《实报》论说的主要观点与内容归纳如下：

（一）揭露日本侵略真相，唤起国人与当局注意

"九一八事变"爆发后，《实报》及时地对日本入侵东北的事实和旨在掩人耳目的宣传伎俩进行了揭露。

1931 年 10 月 10 日，该报在社论中写道：

> 日人以毫无根据的理由，派了无数军队，生吞活剥的把东三省的辽宁和吉林两省都会，公然占据了，占领以后，一方向国际宣传，说是不教范围扩大，一方复肆行无忌的用飞机炸弹，向各处扰乱，简直把中华民国的民命，当做儿戏，把中华民国的疆土，视同旷野，为所

---

① 张宪文等：《中华民国史》第二卷，南京大学出版社 2012 年版，第 297 页。
② 袁旭等：《第二次中日战争纪事（1931.9—1945.9）》，档案出版社 1988 年版，第 24—25 页。
③ 吴廷俊：《新记〈大公报〉史稿》，武汉出版社 2002 年版，第 145 页。

欲为，如入无人之境（下略）①

与此同时，该报还明确指出，日本之所以能够轻易占领辽、吉两省，在于当局"用不抵抗主义，整个的送给了外人"。②

11 月上旬，奉天特务机关长土肥原贤二和天津日军为了实现建立伪"满洲国"的"谋略"，于 8 日晚 10 时在天津制造暴乱，以掩护清朝末代皇帝爱新觉罗·溥仪转移到东北。11 月 14 日，《实报》明确指出："天津暴动，为日人一手造成，毫无疑义。"③ 并认为日方之目的"乃在利用其走狗，破坏天津之秩序，作其不肯撤退辽吉驻军之理由，以打破国联限期撤兵之主张"。④ 在此基础上，该报提醒当局注意，究明事变责任，不要贸然与日方合作，以免落入圈套。

"天津暴乱"发生约一个月后，《实报》总结了"九一八事变"以来"暴日"的侵略过程，向国人发出了与日本"不共二天"的呼吁：

> 九一八沈阳事件发生以来，吉黑继陷，暴日军事行动，日亟一日，炸锦州，扰天津，至一至再，凡属中华国民，孰不切齿，誓与不共二天乎。（下略）⑤

与此同时，《实报》还揭露了少数官僚和军人与日本方面勾结、协力建立伪政权、出卖祖国利益以谋取个人私利的行径。如 1932 年 1 月 21 日，该报社论指出：

> 东北事变发生后，一般无耻官僚与军人，不惜奴颜婢膝，以事日人，求沾日人侵略之余润，（中略）最近遂有勾结日人，建立伪满蒙独立政府，以断送祖国之谬举，中央政府拟即下令惩治，实为再不容缓之事。⑥

---

① 《双十节志哀》，《实报》1931 年 10 月 10 日，社论。
② 《亡了国怎么样》，《实报》1931 年 10 月 14 日，社论。
③ 《天津事变责任者》，《实报》1931 年 11 月 14 日，社论。
④ 同上。
⑤ 《团结精神》，《实报》1931 年 12 月 5 日，社论。
⑥ 《应速诛卖国贼》，《实报》1932 年 1 月 21 日，社论。

在文章末尾，《实报》要求当局严惩"卖国贼"：

> 吾人敢敬告政府曰：国贼等罪无可逭，若不置诸法，则人将疑政府之奖励卖国行为矣。维国纪，正人心，在此一举，不可不速图也！①

及至伪"满洲国"成立，《实报》回顾了傀儡政权建立的经过，号召国人"除内奸御外侮"：

> 九一八后，日人逞其淫威，白山黑水，尽易敌旗，恰如豺虎食人，肉不尽不止，若夫引盗入室，为虎作伥之汉奸，则真天壤间戾气所钟之秽物，罪该万死者矣。
>
> 半年以来，汉奸事实，一为敌人做傀儡，以换取一时之权位，（中略）一为贪利小人，供给敌人原料，（中略）此类之事，各埠均有，平津两地，尤数见不鲜，（中略）对此等败类，若不予以制裁，不必待敌人亡我，我已自趋于亡之一途，（中略）内奸不除，外侮必盛，望国人三注意焉。②

由此可见《实报》此时期的言论体现出较鲜明的爱国立场。

（二）揭露依赖国联之无望，主张国民自决

《实报》很早就流露出不能依赖国联为中国主持正义，指望其能够对日本实行经济制裁，以迫日方退出东北的看法。1931 年 11 月 9 日，即临近国联要求日本于 11 月 16 日撤兵的期限，该报便推测"国联最后所取之途径，恐仍为对日委曲求全之调停办法"。③针对国联提出组织中立调查团的决定，该报认为国联"所腐心焦虑者，乃在如何使中日交涉不至破裂，即以维持其国联自身之体面"。④《实报》在提醒当局"应恍然悟国联之不能谓我助而急谋自救，勿更坐待调查之结果"的同时，疾呼："今

---

① 《应速诛卖国贼》，《实报》1932 年 1 月 21 日，社论。
② 《除内奸御外侮》，《实报》1932 年 3 月 30 日，社论。
③ 《国联与日本断交耶》，《实报》1931 年 11 月 9 日，社论。
④ 《国联又组中立国调查团》，《实报》1931 年 11 月 23 日，社论。

日而犹欲依赖国联，不取断然自然之手段，则惟有亡国而已！"① 1932 年
2 月 17 日，《实报》明确指出"国联固非可以信赖者"。② 究其原因，在
于"支配国联的各大国，为了维持他们的在华利益，只希望中日间能够
停战，保持和平的局面"。③

　　与南京国民政府"暂不抵抗、诉诸国联"的政策不同，《实报》在
1931 年 10 月间就表达了"宁作刀下鬼，勿为俎上肉"的抗日意愿。在
1931 年 11 月 1 日的社论中，该报提出"吾人认我对日，非集中全国力
量，与之宣战，不足以救危亡"的观点，并且呼吁南京国民政府应"毅
然断绝中日国交"。④ 11 月 4 日，《实报》在社论中转载了上海某杂志对
时局的看法，认为该杂志的论述，极为透辟。这篇引文的一个核心观点
是：全国人民应该一致团结对外，除准备自己抵抗、准备自救外，没有第
二条路可走。⑤

　　11 月 16 日，在得知"天津暴乱"实为日人转移溥仪到东北的烟幕弹
后，《实报》哀叹"我关外版图，将与朝鲜染同色矣"；并提醒国人注意，
"九一八事变"仅为日本蓄谋侵略中国的开始，日人"非达其目的，决不
肯放手"。⑥ 在此基础上，呼吁当局"总我师干，以与日人周旋于疆场"。
《实报》这样写道：

　　　　盖世界被压迫民族，已大觉醒，帝国主义之殁落，近在目前，
　　（中略）故我当局苟不自馁，总我师干，以与日人周旋于疆场，虽未
　　敢云操必胜之券，亦未必万无胜理。要视决心毅力何如耳！⑦

　　1932 年"一·二八"事变的第三天，即 1 月 31 日，《实报》再次强
烈表达了奋起抗争、不怕牺牲、国民自决的观点：

　　　　吾国处此国亡灭种绝大危机之今日，只有出于正当防卫之一途，

---

① 《国联又组中立国调查团》，《实报》1931 年 11 月 23 日，社论。
② 《国联尚有推诿余地乎》，《实报》1932 年 2 月 17 日，社论。
③ 《国联警告日本了》，《实报》1932 年 2 月 19 日，社论。
④ 《断绝中日国交》，《实报》1931 年 11 月 1 日，社论。
⑤ 《没有第二条路》，《实报》1931 年 11 月 4 日，社论。
⑥ 《溥仪复辟》，《实报》1931 年 11 月 16 日，社论。
⑦ 同上。

全国国民，均应起而自决，为民族延将断之生命，为国家保垂危之疆土，任何牺牲，皆所不惜，（下略）①

与此同时，《实报》还不断向读者分析"皮之不存，毛将焉附""覆巢之下，安有完卵""国若破，家必亡"的道理。如该报在2月29日的社论中指出：

中华民国，乃四万万人所托命，非少数人之民国，国为家所积，有国而后有家，国苟不存家于何有，（中略）惟是日人既挟亡我之决心而来，（中略）"覆巢之下，宁有完卵，"此本报所以屡次大声疾呼，冀国人猛醒，全体动员。（下略）②

随着上海战事的发展，《实报》还屡屡号召国人对日本进行"长期抵抗"和"彻底抵抗"。如3月5日，该报呼吁"吾人丁此时机，只有长期抵抗，抱定愚公移山之决心，父死子继，千秋万世"。③ 翌日，该报再次强调"我国对暴日之侵略，惟有澈（彻）底抵抗，乃克图存，绝无妥协之余地"。④ 及至4月23日，即淞沪战役已宣告结束，《淞沪停战协定》签订前夕，《实报》仍在疾呼："国人如有不甘心受人欺负而有为民族求光荣者，除以颈血相溅，尚有第二法门乎？"⑤

吴廷俊曾指出，当时平、津、沪有不少报纸积极支持广大群众抗日救国的行动，有的报纸甚至主张立即对日宣战。⑥ 柯博文也强调，"九一八事变"爆发后，中国的新闻记者和知识分子营造了一种抗日民意的氛围。大多数报纸和杂志使用了一种强烈的"反日"语气。⑦ 结合上述研究，可以推断《实报》的观点不仅与多数报纸的论调保持了高度一致，甚至或可被列入观点激进、超前的少数派行列。

---

① 《国民自决》，《实报》1932年1月31日，社论。
② 《筹金救国》，《实报》1932年2月29日，社论。
③ 《国事至此》，《实报》1932年3月5日，社论。
④ 《何以对将士》，《实报》1932年3月6日，社论。
⑤ 《颈血相溅》，《实报》1932年4月23日，社论。
⑥ 吴廷俊：《新记〈大公报〉史稿》，武汉出版社2002年版，第148页。
⑦ ［美］柯博文：《走向"最后关头"——中国民族国家构建中的日本因素（1931—1937）》，马俊亚译，社会科学文献出版社2004年版，第28页。

（三）不满当局的软弱外交，要求速定对日方针

柯博文在研究中指出，如果留意的话，9 月 18 日之后，在抵抗日本侵略问题上，对张学良和南京软弱的批评充斥于当时的媒体之上。① 综观此时期《实报》的言论，虽未见对张学良的批评，不过该报对南京国民政府依赖国联的处理方针和继续同日本保持国交的做法表达了强烈的不满，屡屡建议和呼吁当局应"断绝中日国交"，迅速确定对日方针，维护"国格"。

此前已提及，1931 年 11 月 1 日，《实报》在社论中建议当局应"毅然宣布断绝中日国交"，对日宣战以救危亡。随着国联要求日本撤兵之最后期限 11 月 16 日的临近，11 月 7 日，《实报》以昔日"宋人清谈，而虏骑渡河"的历史典故讽喻南京国民政府只坐待国联判决，批评当局空发议论，未能制定有效的御敌方略：

> 昔者，宋人当强寇鸱张之日，当国者，不讲求抵御方略，徒为议论，而敌早渡河，今日情形，何以异是，（按：原文标点如此）
> 夫十一月十六日，为期已迫，而日军铁蹄所至，风云变色，其最近军事行动，初不因国联撤兵议决案而稍止，我虽欲从容坐论，而彼已不许，试问一届十一月十六日，我将何策以御之乎，其血肉与之相搏乎，（下略）②

12 月 15 日，蒋介石从政府职位上退下来，以林森为主席、孙科为行政院院长的新政府成立。12 月 18 日，《实报》针对"外交失败，已成定局，内状阢陧，莫可讳言"的状况，就今后的外交与内政问题，向当局做了两点谏言：第一，外交方面，坚持对日态度及确定外交方针，保住锦州，设法收复已失各地；第二，内政方面，统一各派，军政分离，剿匪抚民，避免空言，厉行实践。③

1932 年 1 月 3 日，锦州失陷。1 月 5 日，《实报》在社论中谴责中央

---

① ［美］柯博文：《走向"最后关头"——中国民族国家构建中的日本因素（1931—1937）》，马俊亚译，社会科学文献出版社 2004 年版，第 28 页。
② 《和会诸公听者》，《实报》1931 年 11 月 7 日，社论。
③ 《对新政局最低要求》，《实报》1931 年 12 月 18 日，社论。

政府"不依靠民众的力量，而痴望国联的援助之结果，是丧权失地"。① 1月13日，该报号召国人"督促政府宣示战守大计，以遏日人之暴行"。② 南京国民政府的不抵抗姿态和外交政策的软弱怯懦，致使短短四个月间东北全境沦陷，对此，《实报》在1月18日的社论中，除表达强烈不满外，还要求当局为保障"国格"，应"决心和日本断交宣战"：

> 自九一八事变发生以来，我国中央的外交政策的（按：原文如此，应为"始"）终是隐忍自重，一任帝国主义者践踏蹂躏，不敢哼一声还一掌，懦怯无耻，实至可惊
>
> 现在东北完全沦亡了，"满蒙新政府"，着手组织了，各帝国主义者，都袖手旁观起来了，除却中国下最后决心和日本断交宣战，拼个你死我活，再无出路，最近中央主张对日绝交，我们十二分赞同，诚如覃振氏所云，"对日绝交后，不论危险如何，我国终能保障国格，"做人要有人格，立国要有"国格"，没有国格，国即不国，名存实亡，要他作甚。（下略）③

紧接着，1月23日，该报再次发出"请中央速定对日方针"的呼吁，并且对当局对日政策"举棋莫定"的危害作出如下分析：

> 我国现在处于国联不管，日本侵略紧迫之际，中央对日方针，时忽兴奋，主张绝交，时现瘫痪，仍靠国联，如此进退维谷，举棋莫定，以致全国人心惶惶，舆论纷歧，（中略）故进一步望政府迅定对日办法，以便社会言论，有所准则，国民行动，得资遵守。（下略）④

1月26日，即"一·二八"事变发生前两日，该报断言"现在依赖国联，已到山穷水尽"，并再次对主政者提出强烈质问："不知我当局，又作何打算！"⑤

---

① 《今后作何打算》，《实报》1932年1月5日，社论。
② 《国人听者》，《实报》1932年1月13日，社论。
③ 《放大一点胆子》，《实报》1932年1月18日，社论。
④ 《请中央速定对日方针》，《实报》1932年1月23日，社论。
⑤ 《不知当局作何打算呢》，《实报》1932年1月26日，社论。

淞沪战役宣告结束，中日双方进入了所谓的"谈判斡旋"阶段。柯博文在研究中指出，在中国方面，民众普遍反对拟议中的停战协定。各界抗日救国公会也公开反对停战协定。① 在这样一片反对的声浪中，亦有《实报》的声音。该报自3月22日至3月27日连续发表社论，揭露停战协定"其内容之不利于我尽人而知"，日方"其得寸进尺，贪得无厌，可谓尽露帝国主义之狰狞面目"；② 指出所谓停战会议，其实是"在日军胁迫之下，我政府委曲求全"的结果；③ 认为"我国若签订停战协定，实在无异城下之盟"；④ 劝告当局"宁为玉碎，毋为瓦全"，并大声疾呼"外交政策软化不得！"⑤ 4月19日，《实报》在社论中将南京政府自"九一八事变"以来的表现描绘为"始终不敢拿出独立自主的外交策略，一切都服从列强的命令"，并判断"当局并没有拒绝签订丧权辱国协定的决心！"⑥

综上所述，此时期《实报》的言论对南京国民政府的不抵抗政策和软弱外交姿态进行了强烈抨击，屡屡敦促当局制定出强硬的对日方针和独立自主的外交策略，其基本立场和观点与抗日救亡的民意相一致，并且与广大学生、群众的请愿、抗议活动相呼应，为增强抗日救亡的氛围贡献了力量。然而，作为一份坚持"营业本位"的私营报刊，《实报》除了发出"外交政策软化不得""盼政府勿去签字"之类的口号外，不可能提出更具革命性的主张与观点。

（四）支持民众的"抵货"运动，同情抗日武装力量

在"万宝山事件"发生后，上海商人就组织了反对日本侵略的经济"抵货"运动，这一运动在"九一八事变"爆发后迅速普及开来，并于1931年10月至1932年5月间达到高峰，获得了广泛成功，给日本商人造成了沉重的打击。⑦

---

① ［美］柯博文：《走向"最后关头"——中国民族国家构建中的日本因素（1931—1937）》，马俊亚译，社会科学文献出版社2004年版，第42—43页。

② 《强硬与屈服》，《实报》1932年3月22日，社论。

③ 《还是抵抗》，《实报》1932年3月24日，社论。

④ 《和与战》，《实报》1932年3月26日，社论。

⑤ 《外交勿软化》，《实报》1932年3月27日，社论。

⑥ 《和会将续开》，《实报》1932年4月19日，社论。

⑦ 张宪文等：《中华民国史》第二卷，南京大学出版社2012年版，第306页。参见［美］柯博文《走向"最后关头"——中国民族国家构建中的日本因素（1931—1937）》，马俊亚译，社会科学文献出版社2004年版，第27、69—70页。

全国大多数的报纸都对这项运动表示了支持，如《实报》在 1931 年 10 月 14 日的社论中所指出的一般："自从九一八惨祸发生以来，所有全国的报纸，那（哪）一个不是反对日本，情愿拼死一战及拼命也不购买日本的货物。"①

10 月 28 日，《实报》又在社论中为读者细算了一笔账：

> 大家想想，只就民国十七年算起，日本人每年到中国做生意所赚的钱，有六万万元左右，我们如果澈（彻）底抵制他，使他们的资产阶级没有法子来吸我们中国人的血，他还能活吗！②

因此，该报认为，"抵制日货"是一个比"绿气炮还凶，又不破坏和平，不犯法"的武器，支持并号召国人"团结一致，永久抵制日货"以及"澈（彻）底抵制日货"。③

1932 年 1 月 28 日，《实报》在支持以"抵制日货"的方式实行对日"经济绝交"的同时，发出了"俭朴救国"的倡议。该报在社论中首先指出，"九一八事变"发生以来，"我国人民激于义愤，以为欲反日，非经济绝交不可，记者之意，亦以为非此不足以制彼，是固然矣"。然而，该报认为仅"经济绝交"还不够，强调"国人不欲救国则已，如欲救国，非痛矫侈习不可，痛矫侈习，又非提倡俭朴不可"。只有如此，国货始有发展之可能，经济绝交始有贯彻之可能。④

1932 年 4 月 12 日，即国联调查团抵达中国前，《实报》围绕"商界如何欢迎国联调查团"的问题，给出了如下三点建议：

> 应该就商界的立场，第一说明因暴日所受的损失；第二陈述我们抵制日货是暴日逼迫我们出此；第三婉达此后我们若得不到公平的解决，商界为国家生存起见，对日经济绝交必有更甚的办法。⑤

---

①　《亡了国怎么样》，《实报》1931 年 10 月 14 日，社论。
②　《中国必可战胜日本》，《实报》1931 年 10 月 28 日，社论。
③　同上。
④　《俭朴救国》，《实报》1932 年 1 月 28 日，社论。
⑤　《商界如何欢迎国联调查团》，《实报》1932 年 4 月 12 日，社论。

1932 年 4 月 27 日，即《淞沪停战协定》签订的前一周，《实报》明确以"排日抵货"为题，抗议日本对东北三省和上海的侵略行径，提出"日本若欲我停止抵货之潮，放弃排日之心，唯在其本身能制止侵略之行"，并表示"若我国此次所遭之损失，不得补偿，誓将继续'排日抵货'以为消极之抵制"。①

除支持商人、学生和普通民众的"抵货"运动外，《实报》还赞扬了十九路军的爱国抗日行为，将之誉为"民族的英雄"（2 月 10 日）"爱国的军人"（2 月 21 日）"忠勇的健儿"（2 月 27 日）。"一·二八事变"发生后，《实报》将十九路军的军事行为定位为"正当自卫"，并以十九路军为榜样，指出"吾军人自今以后，对待日人，为中华争人格，为国家求生存，除抵抗外，实别无生路"。② 该报认为，十九路军"在疆场上痛击强寇，惩伐国贼，和消除匪盗，为民族争光荣，为社会谋安全，他们的血是流得有价值的"。③ 及至淞沪战役宣告结束，《实报》仍强调十九路军"忠勇义烈之气，直可唤起已委顿之民族精神，而予日人以精神上之打击"；号召以"不战而亡，不如一战"的决心，"持之以恒，抵抗到底"；鼓励国人在强敌面前"勿气馁，勿自怯"。④《实报》对"民族精神"之强调，由此可见一斑。

除上述对十九路军的舆论支持和对读者的精神动员外，《实报》在 1932 年 2 月初就提出"人人少跑两趟大街，少上两次店铺""将这个金钱省下来寄往前线的战儿"的建议，呼吁读者以实际行动支持"沪上的勇军"。⑤ 此后又数次发出"不要在醉生梦死中讨生活"（2 月 15 日）"或出金钱，或出劳力""停止一切娱乐"（2 月 27 日）和"酬金救国"（2 月 29 日）的呼吁。参考柯博文的研究，可知当时群众对十九路军领袖的热情非常强烈。商人团体、青帮首领、学生组织捐献了衣物、鞋子、药品、食物及装备；还有学生通过演戏、唱歌以鼓舞部队的士气。⑥ 由此可发现《实报》的上述呼吁再次同各界的援助活动形成了呼应。

---

① 《排日抵货》，《实报》1932 年 4 月 27 日，社论。
② 《一致动员》，《实报》1932 年 2 月 4 日，社论。
③ 《大家应在苦中挣扎》，《实报》1932 年 2 月 27 日，社论。
④ 《变更战略》，《实报》1932 年 3 月 3 日，社论。
⑤ 《痴人的梦呓》，《实报》1932 年 2 月 2 日，社论。
⑥ ［美］柯博文：《走向"最后关头"——中国民族国家构建中的日本因素（1931—1937）》，马俊亚译，社会科学文献出版社 2004 年版，第 39 页。

　　当伪"满洲国"宣布成立，国联李顿调查团到达上海时，《实报》将视线集中在了东北义勇军身上，于 1932 年 3 月 17 日以"不怕亡国"为题，在社论中向读者介绍了义勇军在东北的爱国抗日活动。

　　其后，4 月 1 日，《实报》强调东北人民自发组织的自卫军，"为人民爱国心之表现，其志可嘉，其功可颂"，号召民众应对其加以援助。在这篇社论的首段，《实报》通过对比手法，使当局的"不抵抗"与民众的"奋起抗日"形成鲜明对照。该报指出：

　　　　暴日侵占东北，造成伪国，我国当局，始终未能出一兵一卒，发一枪一弹，驱逐强敌，而收复失地，奋起抗日，为国家争主权者，乃为人民自动组织之自卫军！①

　　4 月 8 日，《实报》针对 4 月 7 日行政院发出的"禁止义勇军"的训令，用强烈的语气谴责了当局的"不抵抗"及对抗日武装力量的不支持：

　　　　我国此次遭空前之奇耻大辱，政府领袖非大言激敌人之怒，即空谈以惑国民之心，国是因日以败坏！国民本身实忍无可忍，乃有义勇军之组织，藉以吐胸中之积愤而谋保我民族之人格，如现时东北三省使敌军东奔西驰者，我义勇军也！使叛徒朝夕惊惶者，亦我义勇军也！②

　　与此同时，在同篇社论中，该报还质问当局："夫暴日扰我已七阅月矣，孰曾见政府之'国防武力'？"③

　　上述《实报》对"抵制日货"运动的支持和对十九路军、东北义勇军抗日行为的颂扬，在一定程度上挑战了南京国民政府的"不抵抗政策"，有助于民族、国家等现代概念和抗日救亡理念的普及。但需要注意的是，如果没有学生请愿、商人"抵货"、各界慰问抗日军人等抗日救亡运动在全国范围内的实际开展，《实报》的上述言论活动也就失去了舆论

---

① 《速援自卫军》，《实报》1932 年 4 月 1 日，社论。
② 《禁止义勇军》，《实报》1932 年 4 月 8 日，社论。
③ 同上。

氛围。

南京国民政府在这一时期对"抵货"运动是采取支持态度的：不仅并未阻止或取缔民众的"抵货"运动，而且还批准地方党的机构直接支持"抵货"运动的组织。①但是，1932年5月，"一·二八事变"得到"解决"后，日本便照会南京国民政府必须对"抵货"运动进行镇压。1932年5月6日，政府命令停止抵货运动，新闻报道也随之变得缓和起来。1932年7月间美国驻中国领事馆的官员注意到，抵货运动在上海、天津和北平基本上停息了，而在汉口和广州则已衰落下去。研究者指出，南京方面对"抵货"运动的镇压是其衰微的唯一原因。②细读《实报》在1932年5月至7月间的社论，便会发现与"抵货"运动相关的词汇已退出了读者的视线。

由此可见，《实报》发表的抗日救亡言论在很大程度上是对国内各界倡导并组织的抗日民主运动的积极呼应。尽管该报对当局的政策有所不满，甚至有过猛烈抨击，但归根结底，并未逾越南京国民政府设定的框架。有关此点，从该报对学生请愿运动的态度上也可窥见。

早在1931年9月20日，来自上海30所大中院校的代表便组成了全国学生抗日救亡联合会。在一周之内，学生蜂拥至南京，开始游行示威，冲击国民党和政府机构，递交请愿书。南京国民政府通过与吸引学生精力的措施相结合的镇压方式（其中就包括鼓励"抵货"运动），在10月和11月初暂时平息了学生运动。但是，齐齐哈尔的沦陷和天津骚乱，使得这一暂时的平静在11月中旬结束了。学生的示威活动越来越针对南京，学生领袖痛斥政府对马占山缺乏支持，并要求对日宣战。北平、天津和上海的华界地区因学生运动而为人所注目。12月15日和17日，在学生与警察的冲突中，许多人受了伤。随后，当局有力地镇压了学生运动。③

《实报》除了在1931年11月6日的社论中，对请愿活动略表同情，表达了"虽然请愿是一种可怜而未必有益的弱者的举动，却也是难能而可贵的"观点之外，10月至11月间，再未有涉及请愿活动的言论现于该报。

---

①　［美］柯博文：《走向"最后关头"——中国民族国家构建中的日本因素（1931—1937）》，马俊亚译，社会科学文献出版社2004年版，第28页。

②　同上书，第70—71页。

③　同上书，第25—27页。

　　当学生的请愿运动于 11 月中旬再次兴起时，《实报》于 11 月 27 日发表了题为《读书种子》的社论，强调"读书之目的，不仅在书面知识，最大而最要者，在养气节。士子之气节，足以振社会之颓风，足以挽国家之狂澜"。该报认为"既有此种气节，虽不足以感动麻木不仁之政府，应能用以激励素日接近之师友"。① 虽未对学生的请愿运动进行积极支持，但也在一定程度上对之表达了赞许之情。

　　不过，12 月中旬学生运动遭到有力镇压后，《实报》立刻明确表态，于 12 月 17 日的社论中为当局背书。该报首先指出"冲锋陷阵，责在军人"，继而对"莘莘学子，激于爱国热忱"的行动表示理解；随后笔锋一转，认为"其立志非不可嘉，然而荒废学业，所失尤大"，顾念于此，"吾人试诵国府及当局电告全国学生书"，劝告全国青年"三复思言"。②

　　综上可知，《实报》在发表支持"抗日救亡"观点的同时，也注意敏锐捕捉舆论氛围和时局的变化，既对受各界支持的观点进行积极呼应，又避免招致当局处罚的风险，在一个不至危害报社经营安全的范围内，巧妙并谨慎从事言论活动。

三　"攘外必先安内政策"时期的言论
（1932.5—1934.9）

　　光田刚指出，1932 年 5 月 5 日，《淞沪停战协定》的签订意味着蒋介石所倡导的"攘外必先安内"政策正式确立。他认为，对于蒋介石—汪精卫的合作政权而言，"一·二八事变"的停战方式为"攘外必先安内"政策提供了模型：遇到需直面外敌（具体而言就是日本）侵略的场合，一面进行有限的抵抗，一面通过其他西方列强的斡旋进行"谈判"，以获得暂时的和平。用符合汪精卫风格的表达方式来说，就是"一面抵抗，一面谈判"。③ 柯博文则倾向于将汪氏的这个外交政策公式看作一个用来

---

　　① 《读书种子》，《实报》1931 年 11 月 27 日，社论。
　　② 《告全国青年》，《实报》1931 年 12 月 20 日，社论。
　　③ ［日］光田剛：《中国国民政府期の華北政治——1928—37 年》，東京：御茶の水書房2007 年版，第 57 页。

转移人民对停战谈判批评的政治口号。①

柯博文认为,蒋介石处于日本的军事压力和中国民意夹击下,宣布了"攘外必先安内"政策;在蒋看来,尽管中国最终必须抗日,但在来自共产主义的内部威胁没有被消灭以前,中国还不能这样做。柯博文指出,尽管许多人认同蒋介石的反共观点,但认为抗日应作为民族存亡的头等大事;还有一些人认为,所谓"剿匪"不过是蒋介石不抗日的一个借口。围绕"攘外"与"安内"(更具体地说,即"剿共")孰先孰后的激烈争论一直持续到1937年。②

根据日军侵华的进程、中日关系紧张的程度、《实报》关注话题的集中程度可将此时期该报的言论活动划分为以下阶段:

第一阶段是1932年5月至7月中旬,此阶段《实报》关注的话题较分散,有关"如何剿共"问题的讨论基本出现在这一阶段。

第二阶段是1932年7月下旬至12月,此阶段《实报》的言论主要集中在三个问题上:第一,打倒军阀,反对内战;第二,积极反抗日本及其他列强;第三,以武力收复东北失地。

第三阶段是1933年1月至4月,此阶段针对日军对华北的侵略,《实报》的言论多集中于呼吁政府对日绝交宣战,鼓舞华北军民守土抗日方面。

第四阶段是1933年6月至1934年4月,③《塘沽协定》签订后,《实报》社论关注的话题再次呈现分散的状态,更多地围绕内政和民生展开议论,偶尔针对抗日问题发表意见。

当然,《实报》对几项关乎民族和国家存亡之重要话题的讨论实际上贯穿于"攘外必先安内政策"的大部分时期,只是在第二阶段和第三阶段更为集中与突出。

这一时期,围绕"安内"与"攘外"的问题,《实报》的基本观点与立场体现在下述四个方面:

---

① [美]柯博文:《走向"最后关头"——中国民族国家构建中的日本因素(1931—1937)》,马俊亚译,社会科学文献出版社2004年版,第52页。

② 同上书,第50—51页。

③ 缺少1933年5月及1934年5—7月和9—12月的报纸原件,同时缺少1934年8月报纸的大部分原件(仅有8月16日、17日、20日和22日的原件)。

（一）剖析"共匪"存在之渊源，倡议"剿共"首在抚民

虽然《实报》自称"主张剿共最力"，① 并表示支持当局"剿共""剿匪"，但仔细阅读此时期同"如何剿共"问题相关的十余篇社论，便会发现该报主要倾向于唤起当局对"共匪"存在之"社会的根据"②"社会的原因"③ 的注意与重视，作出"故欲行剿灭赤匪之前，当思赤匪发生之渊源所在"④ 的提醒。该报认为"共匪"之存在非单纯的"军事的关系"，而是"政治问题"，强调"农村经济破产"，导致饥民"不得不入歧途"⑤；希望当局"不要只注意在军事上"⑥，并发出"吾人所希望于当局者，能从根本上着想，培养国家社会之元气，勿仅恃大黄芝硝，以为可治膏肓之疾也"⑦的呼吁。

《实报》对支持"剿共"立场的反复强调，一定程度上是出于呼应当局希望报界能够协力宣传"攘外必先安内"政策的考虑，有关此点可从该报 1932 年 6 月 20 日社论中对汪精卫谈话的引述便可明了。该报开篇便强调"汪精卫昨向记者谈称""切盼舆论界，宣传剿共之意义，俾国人有明了之认识，赞助政府"。⑧

在第一篇谈"剿匪"问题的社论中，《实报》便在表达支持立场的同时，谨慎提醒当局者注意此现象背后的"社会的根据"。此后的数篇社论都是延续这一思路而作。该报表示：

> 惟（唯）是共军之披猖，除甘心为虎作伥之共匪，在国法所当诛外，自有其社会的根据，即社会不安，人民穷困所产，非武力所能消灭，纵使大军所到，匪氛瓦解，然继共军而起者，安知无揭竿为变

---

① 《如何剿共》，《实报》1932 年 6 月 27 日，社论。
② 《勿仅恃大黄芝硝》，《实报》1932 年 5 月 16 日，社论。
③ 《如何剿共》，《实报》1932 年 6 月 16 日，社论。
④ 《如何剿灭赤匪》，《实报》1932 年 6 月 20 日，社论。
⑤ 《如何剿共》，《实报》1932 年 6 月 16 日，社论。《如何剿灭赤匪》，《实报》1932 年 6 月 20 日，社论。
⑥ 《如何剿共》，《实报》1932 年 6 月 16 日，社论。
⑦ 《勿仅恃大黄芝硝》，《实报》1932 年 5 月 16 日，社论。
⑧ 《如何剿灭赤匪》，《实报》1932 年 6 月 20 日，社论。

之饥民？且事实上，扰乱社会者，固已不仅共军乎？①

《实报》指出，造成"共匪"泛滥的社会根源在于"整个农村经济，完全破产"。② 究其原因，主要在于以下两点：第一，"原有匪区内官吏之贪婪，人民之奢靡"；第二，"频年内战，供应浩繁"。③

基于如上分析，《实报》认为"剿共"首先不在军事，而是应对饥民"先行抚绥，裕其生计"，此后"进一步而令剿匪部队，与民众结合"。④ 该报曾明确表达了解决"与赤匪互为因果之政治问题"⑤ 的顺序，应是"一要清除秕政，第二要抚绥难民，第三才是用武力剿灭冥顽不灵的匪徒"。⑥

1933 年 4 月 11 日，即长城抗战结束，日军已兵临城下之际，《实报》再次发出"肃清共匪，应先由政治方面下手"的主张。该报在社论中指出："政治清明后，社会经济发达，人民生活安定，共党欲再引诱，亦无机可乘矣。"⑦

此外，《实报》还一再提醒当局应该注意维护军纪，顾及民时，切勿扰民，与民合作，认为若能做到以上数点"最少限度，必可使匪势不再滋长"⑧；"则蒋氏此次出征，庶有胜利之可能"。⑨

可见《实报》虽然支持蒋介石"剿共"，但在"如何剿共"的问题上，承袭了该报一向推崇的"平民主义"，提出了不同于当局者思路的观点，呈现出"民众的倾向"。《实报》的上述思路和不少观点都与《大公报》极为相似。吴廷俊指出，《大公报》一面积极支持蒋介石国民党对红色根据地进行军事"围剿"，一面又提出若干有别于国民党的"剿匪"观点，其中主要的一点就是"与其言剿匪，尚不如言讨贪"。《大公报》认为，"剿匪"之本在于彻底改变造成共产党滋生蔓延的环境，即建设廉

---

① 《勿仅恃大黄芝硝》，《实报》1932 年 5 月 16 日，社论。

② 《如何剿共》，《实报》1932 年 7 月 4 日，社论。

③ 同上。

④ 《如何剿灭赤匪》，《实报》1932 年 6 月 20 日，社论。

⑤ 同上。

⑥ 《如何剿共》，《实报》1932 年 6 月 27 日，社论。

⑦ 《肃清共匪／须由澄清政治入手》，《实报》1933 年 4 月 11 日，社论。

⑧ 《如何剿共》，《实报》1932 年 7 月 4 日，社论。

⑨ 《剿匪军队须不扰民》，《实报》1932 年 7 月 5 日，社论。

政，铲除贪污，改善人民生活，这样，"共祸"不剿自灭。①

尽管《实报》提出了具有差异的"剿共"思路，但并不意味着该报公开挑战了南京方面的政策，应该说该报从未明确反对"剿共"的政策与军事行动。随着日军对华北的侵略已可被预见的情形下，《实报》也只是先后两次向当局建议"抗日剿共，宜衡其轻重，权其缓急"② 而已。但在回答二者孰先孰后这个问题时，该报将皮球抛给当局，给出了"然二者应何择，则惟（唯）视贤明当局者之敏锐观察与果毅决断而已"这样一个暧昧不清的答案。③ 由此可再次窥见由城市资产阶级创办的、以营业为本位的大众报刊的暧昧性与局限性。

（二）痛陈军阀对国家之危害，呼吁打倒军阀废止内战

《实报》在"攘外必先安内"政策的延长线上，将"安内"的范围和目标从蒋介石所关注的红色根据地扩大到盘踞各地的大小军阀，批评军阀缺乏国家观念，痛陈其对国家之内政外交造成的各种危害，强调打倒军阀的必要性。

首先，《实报》将军阀定位为"无民族国家观念，丧心病狂，好乱成性"之辈，④ 认为由于军阀缺乏国家观念，以致"外人诋我为无组织之国家"⑤；军阀的内斗和混战，导致"政治未上轨道，国势每况愈下"，引来帝国主义者对中国的侵略与瓜分。⑥ 该报强调"九一八事变"就是一个明证。

例如 1932 年 10 月 14 日，《实报》在社论中指出"亡我东北者，非日人，实为我国之军阀也"⑦，紧接着在 10 月 22 日题为《攘外必先安内》的社论中，《实报》重申了这一观点。该报认为：

---

① 吴廷俊：《新记〈大公报〉史稿》，武汉出版社 2002 年版，第 140 页。

② 《剿共与抗日》，《实报》1933 年 4 月 7 日，社论。《剿匪与御侮》，《实报》1932 年 7 月 26 日，社论。

③ 《剿匪与御侮》，《实报》1932 年 7 月 26 日，社论。

④ 《如何解决川局》，《实报》1932 年 11 月 17 日，社论。《青岛叛舰应如何处置》，《实报》1933 年 7 月 6 日，社论。《省区是否缩小》，《实报》1933 年 7 月 30 日，社论。《新事如何处理》，《实报》1933 年 11 月 16 日，社论。

⑤ 《应废止军人干政》，《实报》1932 年 9 月 22 日，社论。《中国军队非为国防》，《实报》1932 年 12 月 8 日，社论。

⑥ 《涕泣陈词》，《实报》1932 年 6 月 11 日，社论。《应废止军人干政》，《实报》1932 年 9 月 22 日，社论。

⑦ 《内战之必然结果》，《实报》1932 年 10 月 14 日，社论。

自侮人侮，此"九一八"事变之所由发生也。（中略）故吾人始终认定，三省非亡于敌，乃亡于国内军阀之混战。外人诋我为无组织之国家，报告书谓我国军人无民族国家观念，诚非过当。①

其次，《实报》谴责军人未尽守土卫民之责，坐视国土沦丧。该报认为，自"民国以来，国内军队仅供内战驱使，从未服役国防"；②并愤然哀叹："我国国土主权日渐丧失，人民身价日陷危境，在此种情况之下，养兵莫若无兵也。"③及至1932年12月底，热河的状况日益危急，《实报》在赞扬奋勇御敌的十九路军和东北义勇军的同时，大声责问军政当局："消费人民脂膏之军人，其将不抵抗，坐视热河沦陷欤？"④

与此同时，《实报》还提醒读者注意军阀是阻碍国家建设和国民经济的封建旧势力，指出"在军阀混战的局面下，建设根本无从下手。各省军阀整日在剥削人民脂膏，扩充军备，争夺地盘"。⑤

对此三点，《实报》在1932年7月9日发表的纪念誓师北伐六周年的社论中进行了较为综合的论述：

> 盖自民十六以返，内战连年，民生涂炭，苛捐杂税，有加无已，社会经济，日趋破产，兵匪遍地横行，小民早已不能安生，求死不得矣，同时，外患日益交迫，列强在华势力日益巩固，不平等条约未能取消只字，而丧权辱国之新条约与夫国土之丧失，则时有所闻也。
>
> 试究此六年来内政废弛，外交失败之由，皆因国民革命之未能澈（彻）底也。当革命军势力澎湃之时，一般封建军阀与土豪劣绅，为维持其残余之寿命起见，乃一变而为革命党之忠实同志，以封建余孽而混入革命势力，（中略）换言之，数年来我国之每况愈下，实为封建旧势力之未能根本肃清所致。⑥

---

① 《攘外必先安内》，《实报》1932年10月22日，社论。
② 《敬告全国军事领袖》，《实报》1932年12月27日，社论。
③ 《所望于军人者》，《实报》1932年7月1日，社论。
④ 《敬告全国军事领袖》，《实报》1932年12月27日，社论。
⑤ 《以建设求统一》，《实报》1933年7月19日，社论。
⑥ 《纪念誓师北伐》，《实报》1932年7月9日，社论。

在这篇社论的结尾，《实报》强调，只有肃清一切反革命之封建势力，才能实现国家的真正统一，才能开始真正的革命建设。

《实报》力证"军阀与吾侪小民之利害关系不一"，寄望"读者明瞭（了）军阀之亟须打倒"；① 认为"封建残余势力之大小军阀，好乱性成，劣根难处，舍以民众武力根本铲除外，决无良策制裁也"。② 在 1933 年 12 月的社论中，该报还提出了更为激进的革命主张，强调"凡系军阀，都应根本铲除。军阀一日存在，国家一日不能安宁"。③

在当时"举国厌恨内战"的氛围中，《实报》上述"打倒军阀"的言论势必与全国一致赞成废止内战的抗日民主运动紧密结合起来。④ 该报曾先后在社论中提出"解决军阀，制止内乱"的号召，⑤ 强调"我国十余年之内战，皆为军阀与军阀之混战"，⑥ 主张"欲弭内战，应根本肃清一切军阀"。⑦

此外，《实报》认为虽然广大群众应成为打倒军阀、废止内战的基础，但如何有效地将群众动员起来，则端赖"宣传组织之势力"。⑧ 在 1933 年 6 月 26 日的社论中，《实报》主张新闻记者应"利用这枝秃笔唤起广大被压迫的民众，加紧铲除军阀的工作"，并发出了颇具革命色彩的号召："愿唤醒全国的新闻记者，从速携手团结，巩固阵容，向万恶的军阀总攻，奋斗到底！"⑨

上述围绕"打倒军阀，废止内战"问题的讨论，尽显了《实报》此时期言论的进步倾向。但与此同时应注意的是，该报并未对此前于"中原大战"期间在客观上支持了内战、在主观上与北方军事实力派妥协甚至合作的种种行为进行自我反思。这种自我反思的缺席，无疑揭示了该报在"打倒军阀、废止内战"问题上主张的不彻底性。根据这种不彻底性

---

① 《陈济棠竟向外人求助》，《实报》1932 年 7 月 3 日，社论。
② 《反对军阀混战》，《实报》1932 年 10 月 1 日，社论。
③ 《人民受涂炭》，《实报》1933 年 12 月 4 日，社论。
④ 《不知耻之西南陆海空军》，《实报》1932 年 6 月 10 日，社论。《应废止军人干政》，《实报》1932 年 9 月 22 日，社论。
⑤ 《东北沦亡十阅月矣》，《实报》1932 年 7 月 18 日，社论。
⑥ 《如何废止内战》，《实报》1932 年 8 月 27 日，社论。
⑦ 《论川战》，《实报》1932 年 11 月 2 日，社论。《新事如何处理》，《实报》1933 年 11 月 16 日，社论。
⑧ 《如何废止内战》，《实报》1932 年 8 月 27 日，社论。
⑨ 《陈济棠枪杀记者》，《实报》1933 年 6 月 26 日，社论。

以及该报前后两个时期在"内战"问题上的不同主张，可再度窥见该报"报格"的断裂。

（三）揭露日本侵华之野心，号召打倒一切帝国主义

1932年10月10日，在题为《国庆与国难》的社论中，《实报》提出今后当局与国人应该努力的两个方面是，"一方努力改革内政，铲除军阀，一方则努力收复失地，打倒帝国主义"。① 很明显，前者同"安内"问题相连，后者同"攘外"问题相系。综观此时期《实报》围绕"攘外"话题的讨论，可发现该报在此问题上呈现出较为鲜明的民族主义立场。

1932年5月至1933年12月，《实报》针对"九一八事变"以来日军侵占东三省、进犯上海、直逼华北的侵略事实，对日本帝国主义侵略中国的野心与阴谋进行了持续不断的揭露与分析。

《淞沪停战协定》签订之后，《实报》即指出"日本自明治维新以来，对于侵略中国之野心，始终是他们一个不改变的传统政策"。②

1932年7月7日，《实报》在题为《今日已非宣言空谈之时》的社论中对今后中日关系的走向作出了如下三点分析：第一，自九一八以来，日本帝国主义者就积极施展其侵略中国之野心；第二，伪"满洲国"系关东军一手扶植起来的，日方为确保在东北的非法占领，必欲公然承认之；第三，侵略东三省是日本割裂中国的第一步，接下来进窥华北为意料中事。③

紧接着，7月17日，日本的飞机就轰炸了热河的朝阳城。《实报》将日方此次对热河的进攻解读为其征服中国的第二幕，并明确指出，侵占东北三省和进攻热河都是日本帝国主义大陆政策中的一环。同时再次提醒读者，日本的大陆政策"数十年来已成为其国内统治者之一贯的传统政策"。④

此后局势的发展确如《实报》所分析的一般：日本政府于1932年9月15日正式承认了伪"满洲国"。1933年初的榆关战役揭开了日本侵略中国华北的序幕；2月日军开始大规模进犯热河。由此可见当时该报对时

① 《国庆与国难》，《实报》1932年10月10日，社论。
② 《日本政变与中国》，《实报》1932年5月19日，社论。
③ 《今日已非宣言空谈之时》，《实报》1932年7月7日，社论。
④ 《征服中国之第二幕》，《实报》1932年7月21日，社论。

局作出的估计与解读是十分准确的。

日本政府正式承认伪"满洲国"后，《实报》又发表了多篇批判日本大陆政策的社论，如《抗议与照会》（1932 年 9 月 16 日）、《日帝国主义之野心》（1932 年 11 月 4 日）、《揭露日阀之阴谋》（1932 年 12 月 5 日）、《反帝战争之机会》（1933 年 1 月 12 日）等。

在此基础上，《实报》吁请读者牢记"日本乃我国之最大敌人"。[①]与此同时，该报对民众展开的反抗日本帝国主义的运动给予了支持，将之定位为"御侮自卫之爱国运动"；表示"吾人深信，此种运动，为我民族自卫图存工具之一"；希望当局能采取强硬姿态，严厉驳斥日方的无理抗议。[②]

《塘沽协定》签订后，华北局势虽然暂时恢复平静，但日益难以阻止日方势力的渗透。针对日本方面盛唱的所谓"中日提携""共存共荣"等宣传口号，《实报》敏锐地注意到其中的虚伪性，并屡次提醒读者注意。比如，1933 年 7 月 7 日，该报在题为《中日能否为友?》的社论中指出：每逢中国民众"反日"高潮紧张的时候，日本军阀必定会念"东亚民族共存共荣"经。该报强调"日阀一日不放弃其侵略野心，一日不将四省交还中国，则中国一日不能与日提携，一日不能与日为友"。号召全国人民"在没有恢复祖国领土主权的完整以前，决不停止抗日工作"。[③]

1934 年 4 月下旬，针对日本大使向汪精卫表示"欲谋中日两国和平亲善"的举动，《实报》直率地揭露了日本政府的言行不一，指责其一边对中国高唱所谓的"和平亲善"，一边却加紧军事、政治、经济的侵略。该报重申了 1933 年社论中的观点，即日本"只有放弃其侵略政策，将东北四省无条件地交还中国"，中日之间才有"和平亲善"的可能。[④]

虽然《实报》疾呼"日本乃我国之最大敌人"，但该报同时也分析了中国自鸦片战争以来所处的"次殖民地"位置，清醒地认识到"为求民族之独立自由，惟须与帝国主义作殊死战争也"。[⑤]原因即在于"其他帝国主义者，决不肯任日人在华势力单独膨胀，而令其自身利益蒙受日人之危

---

① 《国庆与国难》，《实报》1932 年 10 月 10 日，社论。
② 《论反日运动》，《实报》1932 年 8 月 29 日，社论。
③ 《中日能否为友》，《实报》1933 年 7 月 7 日，社论。
④ 《"和平亲善"》，《实报》1934 年 4 月 20 日，社论。
⑤ 《双十一感言》，《实报》1932 年 11 月 11 日，社论。

害也"，①《实报》的这种解读显然一语中的地点破了半殖民主义语境下，在华各帝国主义势力之间的合作与共谋关系。

《实报》在1932年8月21日题为《中国不排外?》的社论中对反帝与反封建两者之间的关系进行了较为详细的论述。该报指出：

> 八十年来，列强帝国主义者，攫夺我主权，分割我国土，我国民众，赓续未断之反抗帝国主义运动，皆为帝国主义侵略之反应也。九一八以还，我国各地之反日运动，亦为日帝国主义者侵占我东北三省之反应也。吾国今日之排外运动，非为排斥任何国家，乃排斥侵略我国之帝国主义也。今日之排斥外人，非为排斥某一国民，乃排斥侵略我国之列强军阀，野心政治家，与辅助侵略我国之在华外人也。吾人相信，一日不平等条约不取消，帝国主义在华势力不铲除，吾国之排外运动一日不能止息。②

在如上分析的延长线上，《实报》在1932年9月5日题为《勿忘废除不平等条约》的社论中，提出了"今欲言抵抗帝国主义之侵略，须奋力于不平等条约之废除"的主张。该报首先回顾历史，认为自国民政府奠基南京之后，无日不高唱"取消不平等条约"；进而陈列事实，指出迄今五载，"以往之不平等条约，未能取消，新订之丧权辱国条约，年有所加"。在此基础上，《实报》一面切望政府在标榜"取消不平等条约"的同时，能够努力抵抗一切帝国主义之侵略；一面提醒国人注意，"暴日"之侵略，正是不平等条约未能取消之结果。③

《实报》在1933年6月23日的社论中重复了类似的分析与主张，只不过这一次采用了更为强硬的口气。该报首先回顾了民众喊出"取消不平等条约"口号的背景：时值"五卅"时代，全国反帝运动澎湃，革命情绪紧张。正如本章开篇所提及的一般，这恰恰是蒋介石攻击北洋军阀政权是帝国主义的工具，宣布废除不平等条约这一革命性外交政策的背景。接着，该报不留情面地直陈迄今为止"废除不平等条约的成绩等于零"。

---

① 《中日问题之国际性》，《实报》1932年11月26日，社论。
② 《中国不排外》，《实报》1932年8月21日，社论。
③ 《勿忘废除不平等条约》，《实报》1932年9月5日，社论。

在结尾处该报呼吁国人"重振'反帝'的旗鼓，踏着革命先烈的血迹，努力取消一切不平等条约，推翻帝国主义在华的统治"。①

若结合此前对历史语境的分析，尤其是南京国民政府"反帝反封建"的革命承诺与其软弱的外交政策之间的矛盾，便可发现，《实报》的上述主张不仅在一定程度上挑战了南京国民政府的"攘外必先安内"政策，同时也戳中了南京政权的一根软肋。

（四）力主武力收复东北失地，鼓舞华北军民做最后抵抗

《实报》先后于 1932 年 3 月 18 日、6 月 18 日、7 月 18 日、8 月 18 日、9 月 18 日和 1933 年 9 月 18 日六次撰写社论，提醒当局和国人勿忘东北，强调东北失地非赖他人可得收回，力主以武力收复失地。②

如果说支持民众的"反日"运动以及主张"废除不平等条约"还只是间接"攘外"，那么在东北和华北问题上，《实报》针对政府空有"长期抗战"之宣言，而无抵抗之实的现况，提出以武力收复东北的主张，并呼吁唯有"铁与血"才能维护中国领土完整。

根据现存报纸原件，可知自 1932 年 6 月至 1933 年 4 月，《实报》频频用"最后之抵抗""最后斗争""最后奋斗""最后牺牲"之类的词汇，努力唤起国人的危机意识。该报一面动员军人以武力收复东北失地，死守热河勿陷敌手；一面号召民众"团结一心，共赴国难"，"宁为玉碎，不为瓦全"，决心与国家共存亡。上述呼吁和主张，在 1933 年 1 月至 4 月的《实报》社论中体现得最为集中和明显。

此时期日军的侵华进程大体如下：1 月的榆关战役揭开了日本侵略中国华北的序幕；2 月日军开始大规模进犯热河，仅十几天，热河沦入敌手；3 月初至 3 月中下旬，中国军队进行了 20 多天的长城抗战。

根据对现有报纸原件作出的统计，1933 年 1 月至 4 月，《实报》共刊登社论 100 篇，其中有 81 篇涉及抗战议题；各月份涉及抗战议题的社论占全部社论的百分比分别为 86.4%、72%、92% 和 75%，即以 3 月份长

---

① 《纪念"六廿三"惨案》，《实报》1933 年 6 月 23 日，社论。
② 《沈案如何》，《实报》1932 年 3 月 18 日，社论。《勿忘东北》，《实报》1932 年 6 月 18 日，社论。《东北沦亡十阅月矣》，《实报》1932 年 7 月 18 日，社论。《东北沦亡十有一月矣》，《实报》1932 年 8 月 18 日，社论。《当局如何雪耻》，《实报》1932 年 9 月 18 日，社论。《纪念"九一八"》，《实报》1933 年 9 月 18 日，社论。

城抗战期间为最多。

这 81 篇社论讨论的问题或表达的立场，归纳起来大致是以下四点：第一，要求当局毅然与日断绝国交，立刻对日宣战；第二，呼吁各地将领捐弃私见，精诚团结，一致对外；第三，号召抗日军人奋勇御敌，报仇雪耻，并警惕敌方行踪，勿令版图再小；第四，动员后方民众做前方后援，踊跃输将，速起自卫，共赴国难。从这些社论中随处都可看到《实报》对民族精神的宣扬，以及该报支持以武力抵抗日本侵略的强硬态度。

1933 年 5 月底《塘沽协定》签订后，《实报》依然保持了这种对日本的强硬态度。1933 年 6 月 1 日，该报在社论中指出，虽然中日已签订停战协定，但是"中日和平，仅为暂时而非永久的"；强调"日方一日不放弃其侵略主义，华北一日不能安全"；提醒读者"日阀异日欲在进犯，即可随时制造口舌，一举而占领平津华北"；因此继续呼吁国人"积极准备，以应付将来"。①

"九一八事变"爆发两周年之际，《实报》在社论中回顾了两年内东北和热河相继沦丧的耻辱经历，认为"东北沦陷，可算做中国国耻史上最重要最值纪念的一页"。该报指出，今后最为迫切的工作有以下三点：第一，积极援助东北义勇军；第二，加紧抗日"排货"运动；第三，督促政府早日实现"整个抗日计划"。在社论结尾，该报重申了以武力收复失地的观点，号召国人"准备以头颅和热血夺回已失去的河山"！②

根据现存《实报》1934 年 1 月至 4 月的原件，可知这段时间该报涉及中日关系议题的社论虽然在数量上明显减少，但是基本观点未发生根本改变。例如 1934 年 1 月 1 日在题为《今后的实报》的社论中，管翼贤强调了《实报》未来努力的方向：

> 韶光容易，又是一年，过去的时间，日本帝国主义者在我国土内横行，掠夺，占领，洒我们的血，流我们的泪，依然荆棘满地，无不时艰。
>
> 我们丁兹国难，只有担负起应尽的责任，右手拿起秃笔，左手撞

① 《停战协定签字后》，《实报》1933 年 6 月 1 日，社论。
② 《纪念"九一八"》，《实报》1933 年 9 月 18 日，社论。

着警钟，拼命去挣扎，实报！实报！即我们应付一切敌人的唯一武器，为国家，为社会，为人类，为世界；我们应该大无畏的向前进，适值信念，特标出努力的方向，藉副读者的期许。①

再如，1934 年 4 月 25 日，《实报》在题为《列强与日本》的社论中，提醒读者注意列强与日本之间的矛盾是帝国主义国家之间的矛盾，为的是争夺在中国的权益。针对此问题，该报作出了如下分析：

> 希望国人认清了，列强绝对不会助我，即或列强以强硬态度对日，亦不过为反对日本独占，而欲平等地宰割中国罢了。况列强对日战争的爆发，势必以中国为战场，于我何益！如果我不振作自强，准备抵抗，国家只有灭亡的一条路子了。②

综观《实报》的上述观点，可以发现该报对日本未来对华北的觊觎和进犯有着正确的预计，对列强与日本之间的竞争与合作关系有着清醒的判断。该报站在民族和国家的立场，不断主张以武力收复失地，屡屡号召国人振作自强，奋起自救。这些赞成抗日救亡的观点和言论在当时的历史语境和社会环境中呈现出明显的进步倾向。

四　"对日亲善政策"时期的言论
（1934. 10—1935. 12）

前述柯博文和光田刚的研究都提及自 1934 年 10 月南京国民政府的对日态度逐渐发生了变化，由"攘外"转为"亲善"，其标志就是写于 1934 年 10 月的一篇题为《敌乎？友乎？》的文章。该文章于 1935 年 2 月发表在一家与外交部有关的杂志，即《外交评论》12 月的增刊上。文章的要旨是由蒋介石授意其秘书陈布雷，并由陈撰写了最终的样稿。但文章发表时却采用了民国初期著名亲日政客徐树铮之子徐道邻的名字。尽管如

---

① 管翼贤：《今后的实报》，《实报》1934 年 1 月 1 日。
② 《列强与日本》，《实报》1933 年 4 月 25 日，社论。

此，日方还是把这篇文章看作蒋介石对日观点的表达。①

《敌乎？友乎？》这篇文章表达了如下对日态度：希望全面与日本和解，但承认绝非中国政府可以做出某些形式的牺牲。这篇文章被大部分中国报纸转载，并引发了强烈的反响。这篇文章不仅发出了蒋介石愿意把中日谈判引向全新的和更广泛的基础的信号，并且暗含了中国外交政策的新方向。②

由于《实报》现存 1934 年的大部分原件是 1 月至 4 月间出版的报纸，难以据此判断该报下半年的言论是否跟随南京国民政府的外交政策发生了变化，以及何时发生了变化。但是《东京朝日新闻》1934 年 9 月 12 日刊登的一则消息为把握该报的言论动向提供了重要线索。现将这则题为《北平两大报纸的欢迎宴》的新闻内容译述如下：

> 本社北平访问飞行的飞行员新野一行，于 11 日晚受到了北平的两大报纸《北平晨报》陈社长和《实报》管社长的款待。热烈欢迎同业者的盛宴于晚 7 点 30 在前门外煤市街新丰楼举行。席上日中两国报人相互敞开心扉，围绕日中亲善、国民外交以及日中握手言和的迫切性进行了深入交谈。本社代表神尾向北平同业的好意表示了感谢。这次友情的盛宴于晚 9 点结束。③

单凭这则孤立的新闻当然不能断定 1934 年 9 月《实报》言论的论调发生了实质性变化。但需要注意的是，《东京朝日新闻》组织自东京到北平的"访问"飞行，这种企业报纸的媒介活动得以举行的背景是《塘沽协定》签订后，日军的势力已渗透至华北地区，这在一定程度上为朝日新闻社的飞机在中国领空上飞行提供了军事保障。若对比前一时期《实报》对日本的强硬态度，便会发现在这种敏感的背景下，设宴招待日本同行的行为不仅具有争议性，还和此前该报的态度相矛盾；更何况席间谈

① ［美］柯博文：《走向"最后关头"——中国民族国家构建中的日本因素（1931—1937）》，马俊亚译，社会科学文献出版社 2004 年版，第 188 页。参见［日］光田刚《中国国民政府期の華北政治——1928—37 年》，东京：御茶の水书房 2007 年版，第 257 页。

② ［美］柯博文：《走向"最后关头"——中国民族国家构建中的日本因素（1931—1937）》，马俊亚译，社会科学文献出版社 2004 年版，第 191 页。

③ 《北平二大新聞の歓迎宴》，《東京朝日新聞》1934 年 9 月 12 日。

论的中日"亲善""友好"等话题，都是曾被《实报》定位为"虚伪宣传"进行过批驳的。

根据现存《实报》1935 年 1 月和 12 月的原件，可以发现该报每月的社论在数量上呈现出减少的倾向，关注的话题由中日关系、外交问题转向内政问题和社会问题。该报屡屡号召读者要"苦干""实干""向前干"，但对于"做什么"和"如何做"的问题却闪烁其词，不再像此前一个时期表达出鲜明的观点与立场。总体而言，这一时期《实报》又开始采用将政治问题社会化的写作方式，在论调上由激进转为缓和，由进步转为保守。

1935 年 9 月至 12 月，关东军一手策动了企图分离华北的"华北自治运动"，"一二·九"运动正是在此背景下爆发的，爱国学生发出了"华北之大已经放不下一张安静的书桌了"的怒吼。然而《实报》却一改此前吁请政府对日即刻宣战的观点，屡屡表示华北局势的安定要依靠"大力者的支持"，① 认为"华北的这一局残棋，现在幸有中央长官和地方首领在撑持"。② 同时，与前一个时期动员民众奋起自救，做最后抵抗的呼吁不同，该报在这一时期则劝告民众"切勿显惊慌的神态，听无忌的谣言"，希望民众能够"安分守己，一切照常"。③ 对待爱国学生的"一二·九"运动，该报坦陈了"不赞同的意见"，认为学生的请愿游行，虽然是正义举动，但是"可一而不可再"，不然"恐怕要被人家引为口实，令国家吃眼前亏"；并指出学生救国的实际工作"只有读书"!④

根据学者吴廷俊的研究，这个时期就连视新闻言论自由为生命的《大公报》也在新闻和言论上采取了"迂回"策略。具体表现为：少登华北事变的消息与社评，在为数不多的几篇言论中，也尽说些可有可无的话。⑤

为何《大公报》在"华北事变"问题上一反"淞沪抗战""长城抗战"的积极态度，而采取这种消极回避、看似冷淡的态度呢？吴廷俊认为，这主要是由报业环境所致：《大公报》地处华北前线，日伪汉奸经常在津沽寻衅，宋哲元的新闻封锁政策及明显的亲日态度，都使《大公报》

①《是否消极》，《实报》1935 年 12 月 7 日，时事评论。
②《思前虑后》，《实报》1935 年 12 月 6 日，时事评论。
③《大家努力》，《实报》1935 年 12 月 5 日，时事评论。
④《读书救国》，《实报》1935 年 12 月 14 日，时事评论。
⑤ 吴廷俊：《新记〈大公报〉史稿》，武汉出版社 2002 年版，第 156 页。

处于十分困难的境地。①

同南京国民政府"对日亲善"政策紧密相连的一个政治行为是，对抗日言论及运动的镇压，这无疑也是导致多数报刊言论转变的重要因素。1935 年 2 月 21 日，南京禁止所有报刊刊登"反日"或赞成抵抗的文章与广告。2 月 27 日，蒋介石和汪精卫向中央政治委员会提交了一份方案，要求把所有"反日"的抵货活动定为非法行为。这份提案迅速获得了通过。② 一时间全国的抗日救亡运动都陷入了低潮。

由此可见《实报》的变化并非偶然，也并非个案，而是代表了平津新闻界在报道和言论上发生的一种普遍性转变。管翼贤在 1935 年 12 月 1 日出版的《实报半月刊》上发表了《我的苦闷》一文，表露了受制于这种言论环境的无奈与矛盾：

> 新闻记者若要留腿走路留头吃饭，最好是少说实话。更要退一步，自丧良心多说欺己欺人的谎话。尤其是在今日四面夹板里作（做）新闻记者，碌碌如我辈，你说不爱国，良心上过不去，若说要爱国，大多数人皆在昏懵中过生活，恶势力终能征服一切，如是说实话的机会更少了。
>
> 最近以来，不是在燃我的热血，挥我的铁腕，去为读者撞警钟，而环境逼人向相反方面走。简单说：就是不想说的话，偏偏要说；不想作（做）的事，偏偏要作（做）。每天检察（查）自己，只是有愧惭，实在矛盾里偷生活。③

管氏的这段叙述，含蓄地承认了《实报》在言论和报道上的变化，不再是"燃我的热血，挥我的铁腕，去为读者撞警钟"，而是"不想说的话，偏偏要说；不想作的事，偏偏要作"；并且强调导致这种变化的原因是"环境逼人向相反方面走"，这两点都有力地证实了此前的分析。当然，需要注意的是，恶劣的言论环境固然是一个不可忽视的前提与原因，但管氏将全部责任归咎于"环境"使然，无疑是在有意无意间回避了私

---

① 吴廷俊：《新记〈大公报〉史稿》，武汉出版社 2002 年版，第 157 页。
② ［美］柯博文：《走向"最后关头"——中国民族国家构建中的日本因素（1931—1937）》，马俊亚译，社会科学文献出版社 2004 年版，第 197 页。
③ 管翼贤：《我的苦闷》，《实报半月刊》1935 年 12 月 1 日。

营报刊为了"在矛盾里偷生活"，主动作出趋利避害的选择或者同政治权力屈服与合作。有如戈公振在《中国报学史》批评北洋政府时期报业的"报格"远逊于清末时所论述的一般，报界对政治权力做出的屈服与妥协，应该为这种恶劣言论环境的存续承担不可推卸的责任。①

五 "国难"时期《实报》言论活动的特点

管翼贤在《新闻学集成》一书中曾经将社论比喻为"报纸人格"的表现，并认为报纸的性质、良心与学识的程度都可由社论表露出来。例如，他指出：

> 在报纸社论版中，最主要的工作是在制造和保持一个人格、而这个人格能表示出报纸的言论、能够表示出报纸的自觉与良心、能够显露出一种值得为读者尊敬与信任的性格来。②

管氏还指出，社论一经报纸登出，便成为了报纸的思想；对于读者而言，社论不是代表个人的言论，乃是报纸的言论。③ 管氏在该书的相关章节反复论述了有关"报纸人格"的重要性。例如，他强调：

> 社论乃是完全的报业尽其功能所不可少的条件、也是那表示报纸人格所必须的东西。（中略）惟（唯）有由社论表示出来的人格、才能给报纸以识别性与个性。④
>
> 假如整个的报纸要在民众中间立下受人尊敬与拥护的不拔的基础、那么在他的社论里所表示的人格、必须值得公共的敬爱与信任方可。⑤
>
> 报纸的社论栏、不仅供给一些读物、不仅供给一些对事实的评论、不仅解释新闻、不仅表示和指导舆论而已；他也表示出他自己的

---

① 戈公振：《中国报学史》，生活·读书·新知三联书店1955年版，第112页。
② 管翼贤：《新闻学集成》，北京：（伪）中华新闻学院，1943年第四辑，第144页。
③ 同上书，第143页。
④ 同上书，第139页。
⑤ 同上书，第140页。

思想与灵魂、智慧、良心、与是非的标准。①

　　尽管管翼贤在《新闻学集成》中介绍的新闻观念存在明显的"杂糅"痕迹，不成体系且不乏前后矛盾之处，但并不妨碍从中辨识出他所认可且推崇的新闻观。当然，有些新闻观可能是起装饰作用的表面文章，并非管氏在新闻实践中所遵循的；但即便如此，这些表面文章也能在一定程度上揭示哪些观点或主张符合当时报业的主流期待。

　　依照管氏的上述观点，《实报》1931年至1934年的社论显然是该报"报纸人格"最精彩的体现。根据第三章和第四章的分析，在"中原大战"前后一段时期，《实报》的署名社论采取将政治问题社会化的写作方式，回避对问题根源的分析与探讨，多数时候只能算是张闻村个人观点的发表，空有社论之形，缺乏社论之实。此外，这个时期该报刊登社论的频率不高，一周之内都未发表社论的情况也偶尔有之。与上述这种情况相对照，《实报》在1931年至1934年刊登社论的频率大有提高，自1932年3月起，基本保持在每月平均刊登27篇社论的水平上；自1934年3月起，除刊登正式的社论外，还增加了"小言论"栏目。自1932年4月起，该报社论由署名发表改为匿名发表，这种改变或许有保护作者的考虑在其中，无论如何，这使得该报的社论在形式上更加接近了正式规范的社论。就如管翼贤曾指出的一般，社论并非个人的言论，而应是报纸的言论。《实报》社论在形式上的这种变化无疑也象征了社论由个人观点向报社观点的转变。

　　除却上述形式和频率上的改变，《实报》在1931年至1934年所刊社论的明显特征是，一改此前将政治问题社会化的写作方式，而是关注时局发展，紧追要闻时事，针砭时弊，谏言政府，动员民众，支持抗日救亡运动，呈现出进步民主的色彩。

　　在某种程度上，这同管翼贤邀请张友渔等人帮忙撰写社论不无关系。张友渔也曾表示，由于《实报》当时呈现出明显的进步倾向，他认为可以争取利用这份报纸进行合法斗争。② 更重要的是，这时期《实报》的言论同全国性的抗日救亡运动有着紧密的结合与互动，既是这种抗日救亡运

---

① 管翼贤：《新闻学集成》，北京：（伪）中华新闻学院，1943年第四辑，第143页。
② 张友渔：《我和实报》，《新闻研究资料》1981年第4期。

动的推动力量，又受益于这种遍及全国的进步氛围。可以看到，当抗日救亡运动高涨时，《实报》的社论也更加激进有力；当抗日救亡运动受到镇压或陷入低潮时，《实报》的社论也随之转为保守和迂回。从这个角度来看，《实报》并非"民意"的引导者，而是"民意"的呼应者和推动者。

《实报》在 1931 年至 1934 年刊登的社论着力从一种民族国家的视角，向读者普及国家与民族观念，宣扬民族精神的重要性。针对中国自鸦片战争以来半殖民地半封建的社会结构，尤其是因日本的军事侵略导致的"亡国灭种"的危机感，该报屡屡发出"皮之不存，毛将焉附""覆巢之下，安有完卵""国若破，家必亡"之类的提醒，动员民众敢于为国家作出牺牲，奋勇抵抗，打倒在华的帝国主义。管翼贤在《我的苦闷》一文中，也指出"实报在过去的二三年间，提倡民族精神，乃是希望五万万的国民，认识国家是与生存有关系"。①

这些言论配合着各地进行抗日救亡运动的新闻，以及当地各界实实在在进行的请愿、募捐、慰问活动，无疑提供了一种不同以往的有关个人与群体、地方与国家的认识框架和感知方式。由此可知当时以报纸为代表的大众传媒与构建民族国家认同之间的互动关系。

在肯定此时期《实报》言论的进步民主倾向的同时，还应注意到该报社论在形式及论调上的微妙变化。从形式上看，1933 年 10 月 15 日起，原本在一版刊登的社论改为在四版刊登；1934 年 1 月"社论"改称"社评"；1934 年 3 月下旬"小言论"开始改在一版刊登，4 月中旬改称"小言"；1935 年 1 月，"社评"改称"时事评论"，"小言"改称"编辑余力"。从这一系列版面调整和名称变化中，或可窥见《实报》淡化"报社言论"色彩的动向。有关 1935 年"社评"和"小言论"的改名原因，《实报》专门刊登了一则声明进行解释：

今年，本报的"社论"，改为"时事评论"，"小言"，改为"编辑余力"，（下略）。

"社论""小言"这样的名词，好像不如"时事评论""编辑余力"来的显明浅白一点，再说，我们这几句平淡无奇的话，实在也当不起"社论"这块招牌，"小言"是要"微言大义"，"一语破

---

① 管翼贤：《我的苦闷》，《实报半月刊》1935 年 12 月 1 日。

的","少许胜多许",我们那两句半废话,也当不起这块招牌。(下略)

《实报》讲究实在,这些名词改的妥帖一点,就是把调门弄低一点,调门尽管高,不搭调,反倒不佳。(中略)更要从实质去努力,这是我们今年的事。①

这则声明无疑发出了《实报》言论自1935年起决定由激进转为保守的信号。结合此前的分析,可以看出这是《实报》针对恶劣的言论环境作出的应激反应和策略调整。尽管《实报》屡屡号召民众在外敌侵略面前要抱有"宁为玉碎,不为瓦全"的牺牲精神,可是当报纸本身面临攸关存亡的危机局面时,整个报业并没有发挥这种牺牲精神,为争取言论自由进行足够的斗争。面对当局的镇压和处罚,平津新闻界普遍作出了改高调为低调的调整与转变,就如管翼贤所描述的一般,"在矛盾中偷生活"。由此或可管窥以营业为本位的私营报刊对时局的敏感性,以及资本主义商业报刊内生的妥协性。

---

① 《关于改名》,《实报》1935年1月15日,声明。

第六章

"发展成熟期"报业活动的
延伸与拓展

　　为什么报纸定价如此昂贵，一方面固因为广告不发达，另一方面亦因报纸本身篇幅太多，不知道减轻成本，低价销售，报纸的内容，既非大众所要读，而报纸的定价，又非一般劳苦大众所读得起，中国报纸，不能发达，这实在是一个最主要的原因，所以中国办报数十年，到现在它的读者，还只是限于一部分极少数的政治人物，和所谓知识分子，不能伸张到民间去，中国糟到现在这种地步，就是大多数国民，根本上不知国家为何物，而他们所以如此愚昧，闭塞，多半是因为向不读报，当此国难严重的时期，我们要唤起民众，共同御侮，而唤起民众，最有效的方法，就是要将向来被视为特殊阶级的读物，变成全民大众的读物，换一句话说，就是报纸要向民间去，这是中国报纸应该注意的第一点。①

　　如上一章所介绍和分析的一般，《实报》在 1931 年至 1934 年刊登的社论，呈现出支持抗日救亡、反对封建军阀、呼吁停止内战的进步民主倾向，获得了知识界的赞赏。同时期，《实报》还屡次发起为前方将士捐款捐物的活动。比如在"长城抗战"期间，该报组织了为期一周的募集钢盔活动，连日刊载社论，总结前一日的募捐成绩，动员读者继续"有力者出力，有钱者出钱"。②

---

　　① 《北平新闻专科学校/昨举行开学典礼/成舍我报告该校组织动机及将来计划/蒋梦麟徐诵明等均有演说》，《世界日报》1933 年 4 月 9 日第七版。
　　② 《为募集钢盔敬告国人》，《实报》1933 年 1 月 18 日，社论。《为募集钢盔再告读者》，《实报》1933 年 1 月 19 日，社论。《供献祖国之最后一日》，《实报》1933 年 1 月 23 日，社论。《钢盔周之结束语》，《实报》1933 年 1 月 24 日，社论。

为配合募集钢盔的活动，该报还从民族与国家的角度，多次向读者分析"钢盔周"的意义所在。例如该报在 1933 年 1 月 23 日题为《供献祖国之最后一日》的社论中进行了如下论述：

> 就国民与国家而言，自古国与民共存亡，未有国亡而民存者。国家灭亡，财富何存，被敌奴隶，财富何益？祖国已至千钧一发之最后关头，亦为供献祖国之最后机会。有钱而不甘为亡国奴者，盍不迅速输将，护卫此破碎之山河耶？①

根据《实报》的自我记述，捐赠的实物不计算在内，"钢盔周"七日之所得共达四千数百元。该报认为"以物资之眼光观之，此些小数目，诚微乎其微，然若从精神方面立言"，则意义重大。据该报称，根据连日发表的捐款者姓名，捐款者具有如下分布特征：

> 以年龄论，有年届古稀之老者，有方在怀抱之婴孩，以职业论，有天真烂漫之幼小学童，有劳苦终日之府役工友，以性别论，有雄赳赳之武装同志，有愤愤之宅中老妈，以地域论，有国破家亡之难民，有穷乡僻壤之村姬……②

《实报》特别强调，参与此次"钢盔周"活动的"社会各色人等，除达官富豪少见参与外，几无不网罗殆尽"。③ 由此既可推断该报受众群体的分布特征，也可窥见该报的社会动员能力。

上述言论活动和募捐活动使得《实报》的社会知名度和好感度大为提高，销量随之大为增长。张友渔在回忆文章中对此亦有所提及。④ 另据《实报》自行统计和发表的数据，可对该报的销售情况与变化获得更直观地了解。

---

① 《供献祖国之最后一日》，《实报》1933 年 1 月 23 日，社论。

② 《钢盔周之结束语》，《实报》1933 年 1 月 24 日，社论。

③ 同上。

④ 张友渔：《我和实报》，《新闻研究资料》1981 年第 4 期。

表 6 - 1 《实报》1928—1936 年销量统计

时间	销量（份）	年增长数量（份）
创刊号（1928 年）	800	0
第一年（1929 年）	7600	6800
第二年（1930 年）	11360	3760
第三年（1931 年）	18300	6940
第四年（1932 年）	28140	9840
第五年（1933 年）	42500	14360
第六年（1934 年）	51480	8980
第七年（1935 年）	62800	11320
第八年（1936 年）	91724	28924

资料来源：《实报半月刊》1936 年 10 月 1 日。

1935 年 10 月 16 日，附属于《实报》的一份半月刊杂志《实报半月刊》创刊出版。日本电报通讯社于 1943 年出版的《新闻总览》中对《实报》历史沿革进行了较为详细的介绍，其中涉及《实报半月刊》的信息如下：

> 又自二十四年（按：1935 年）十月十六日发刊实报半月刊、至二十六年七月共发行四十二期、行销华北华中各省、每期约四万余份。[1]（注：文中标点系笔者所加）

由此可知，《实报半月刊》的创办时间为 1935 年 10 月至 1937 年 7 月。国家图书馆现存的《实报半月刊》共计 40 期（缺少 1936 年 3 月 1 日出版的第十期、1936 年 3 月 16 日出版的第十一期和 1936 年 4 月 1 日出版的第十二期）。根据《实报半月刊》的出版日期和序号，并参照该刊 1936 年 11 月 16 日所附《实报半月刊第一年总目录》，可以作出如下判断：《实报半月刊》自 1935 年 10 月 16 日起至 1937 年 7 月 16 日共连续出版了 43 期，而非上述介绍中的 42 期。根据现存最后一期（1937 年 7 月 16 日出版）《实报半月刊》的内容判断，该杂志的停刊并非主办者有意为之，

---

[1] ［日］北根豊主编：《新聞総覧》（昭和十八年版），東京：大空社 1995 年版。

而是因为"七七事变"的爆发不得已而中断。

《实报》在报纸销量上涨的同时，还能兼办一月两期的杂志，可见该报的营业基础已经发展得相当稳固。本章即以 1935 年至 1937 年出版的《实报半月刊》的相关资料为研究对象，了解这份刊物的自我定位。与此同时考察《实报》在 1935 年至 1937 年间营业发展的状况，以把握该报日益鲜明的营业本位的倾向与性格。

一 《实报半月刊》的创办及定位

《实报半月刊》创刊于 1935 年 10 月 16 日，时值《实报》创刊七周年之际。根据创刊号封底的版权信息，可知编辑人为管翼贤和罗保吾，发行人为马家声，由实报印刷部印刷。定价分为三档：每期零售洋一角、全年订购洋二元二角、半年订购洋一元一角。广告价目为全页每期洋三十元、半页每期洋二十元、四分之一页每期洋十二元、八分之一页每期洋七元。

（一）创办动机与缘由

为何选在 1935 年这个时间创办一份杂志？有关这个问题，李诚毅在介绍中并未给予明确的解释，只是简单提及"实报仅为应付社会人士之需要，自十六日起，发行半月刊"。①

在《实报半月刊》创刊号的开篇文章《心所欲言》中，该刊的编辑人之一、《实报》社长管翼贤则略微介绍了《实报半月刊》诞生的缘由。按照他的说法，这份刊物的发行计划已经酝酿许久了：

> 实报限于篇幅，不足以囊括万类而网罗精英，于是实报半月刊的发行，久在同人脑海中廻（回）旋着。积之甚久，今日始得和读者各位先生相见，同人实在觉得迟钝拘迂，有辜读者的期望了。②

有关此点，该刊的另外一位编辑人罗保吾在纪念《实报半月刊》创办一周年的文章中也进行了强调。罗氏指出：

---

① 李诚毅：《偶感》，《实报半月刊》1935 年 10 月 16 日。
② 管翼贤：《心所欲言》，《实报半月刊》1935 年 10 月 16 日。

　　实报社长管翼贤先生，在前年的春天（按：1934 年春天），便孕育着本刊的胚胎，从估计力量到设计类型，我们经过几许的蕴酿与培灌，终于在实报七周年的开始声中，诞生了本刊。①

　　罗氏所述如若属实，那么可知筹划出版发行《实报半月刊》的时间长达一年多，报社的人力、物力、财力资源无疑是一个重要的考虑因素。从这个角度来看，该刊的出版也从一个侧面证明了《实报》营业基础的稳固。

　　那么，萌生这种出版计划的动机何在？有关此点，参照管翼贤在《新闻学集成》中的一段叙述，或可探寻出一些蛛丝马迹。管氏提及：

　　1932 年以后、周刊及其他定期刊物、大部分夺取了小报的地位、成为大众的日常读物、然在小报中、信用优秀的仍然可以存在、并且在质一方面有健实的进步。②

　　根据此前的分析，可知《实报》与时闻通信社的灵魂人物管翼贤十分善于捕捉社会风潮与动向的变化。可见，《实报半月刊》很可能是应对北平报业格局与环境的变化而作出的尝试，是《实报》大众化营业方针的延展。

（二）创办目的与风格

　　在创刊号的开篇文章《心所欲言》中，管氏强调了中国当下所处的环境特征。他认为，中国当前的难关，不是"贫弱"问题，而是"危亡"问题；不是"屈服"问题，而是"宰割"问题。以此为前提，管氏介绍了创办这份新刊物的两个主要目的：第一是要介绍一些国际情报，第二是要灌输一些政治常识。

　　有关第一项目的，管氏从"民族国家"和"现代化"的视角，进行了剖析：

---

① 罗保吾：《本刊之过去与今后》，《实报半月刊》1936 年 10 月 16 日。
② 管翼贤：《新闻学集成》，北京：（伪）中华新闻学院，1943 年第七辑，第 60 页。

　　我们的第一"信心",就是要介绍些国际情报,使老大衰弱的先生们,知道人家是怀着飞机大炮,向进化线上猛力般的赛跑,终极目的,是要达到决胜点上。若只知有己,不知有人群,不知有国家的恶劣民族,是不能生存于今日的环境里的。但是我们对国际问题的态度,是报告,是批评,是探讨,绝不盲从,绝无成见,只求走向正义人道的旗帜下。去完成"民族自立,民族共荣"的志愿。①

　　上述剖析无疑带有当时颇为流行的"进化论"和"人种学"色彩,并提供了一种"进步民族"与"恶劣民族"二元对立的认识框架。现在人们已经能够识别出这种认识框架中存在着"线性(进化)的"和"本质论的"理论陷阱。但是,对于当时中国的知识界和新闻界而言,这似乎是在直面国家"危亡"与"宰割"问题的场合下,对国人进行现代启蒙并唤醒其救亡意识的系统工程时,能够利用的最为丰富的话语资源与最为便捷的修辞工具。同时,这也是半殖民地半封建社会中国的知识界与文化界广为关注与讨论的一个话题。从这个角度来看,管翼贤的上述剖析呈现出鲜明的时代特征。或者也可以这样理解,《实报半月刊》遵循的编辑方针在一定程度上也是对这种社会思潮有所呼应或迎合。

　　值得注意的是,管氏在最后一句中对"民族共荣"的提倡。在当时的历史语境中,"民族共荣"是日本对其在亚洲的殖民统治进行粉饰与美化时经常使用的一个口号。有关"东亚共存共荣"口号的虚伪性,《实报》社论也曾作过剖析。此前一直通过《实报》社论积极呼吁抗日救亡,对日即刻宣战,抵抗到最后时刻的管社长,在 1935 年 10 月日方旨在分裂华北的"华北自治运动"涌动时期,竟然使用了"民族共荣"这样一个敏感的词汇,不论是有心还是无意,都不能不引起世人的怀疑:管氏的立场是否已经发生了微妙变化?

　　有关第二项目的,管氏这样解析道:

　　我们的第二信心,就是灌输国民以政治常识。我们的意思,要使国人对各种政治问题,有具体研究的兴趣,不作激烈的主张,只求温

① 管翼贤:《心所欲言》,《实报半月刊》1935 年 10 月 16 日。

和的宣达。在危急存亡的今日，大家要认定中国，是中国人的中国，中国的政治，并非私产，大家应过问，不可自馁，不宜放弃，尤不必存怀疑轻侮的观念。①

这段解析明显呼应了当时社会各界要求由"训政"转为"宪政"的民主诉求，尤其中国"是中国人的中国，中国的政治，并非私产"一句，其所指可谓一语中的，意味深长。同时，若结合管翼贤此前强调的"危亡"问题和"宰割"问题，可发现该段解析中"不可自馁，不宜放弃，尤不必存怀疑轻侮的观念"一句，显然是从一种较为积极的角度来宣扬民族精神和鼓舞国人气势。

有关《实报半月刊》所刊内容的文体与风格，管翼贤延续了其有关新闻成立之本能论与心理学解释的观点，在强调刊载文字的必要评价标准之一是"能否使人发生兴趣"的基础上，作出如下澄清：

启发人们，使他接触文化，了解文化的方法，最便利的莫过于报纸。同时报纸的文字，能否使人发生兴趣，很为必要的。所以本刊文字，不限于一体，有文言，有白话，只要想得到，写得出，看得懂，使人兴奋，使人鼓舞。苍蝇的微小，宇宙的伟大，——能在字里毫端，表现出来，倾泻得痛快，便是好文字，摆脱枯涩气味，成为时代的生产品，这是本刊对记载工具的文字，所采用"文字不一致"的意义。

关于文艺一类的作品，着重在纪实。可以说是生活的片断，社会的缩影，反对海派云烟般的描写，不迷眩于普罗作派，也不抱残守缺去开倒车，总求庄谐皆有，逸趣横生。②

从上述澄清可以管窥《实报半月刊》在自我定位上的些许倾向：注重趣味性，看重纪实性，以此为前提，在文体上采取糅合"文言文"与"白话文"于一刊之中的编辑方针。这种倾向从《实报半月刊》的栏目设置中，也可窥见。该刊既有关注时局动态的论著，又有转载自《大公报》

① 管翼贤：《心所欲言》，《实报半月刊》1935 年 10 月 16 日。
② 同上。

《立报》《实报》等在平津沪有知名度与影响力之报刊的社论；既有注重普及现代文化与知识的通讯和"常识库"；又有贴近北平市民休闲娱乐的戏剧和小说；既有梳理掌故的史料和杂记，又有呈现社会缩影的小品和散文。

这种文体和内容的"糅合性"或"杂合性"，无疑与以营业为本位的《实报》所推崇的生产原理有异曲同工之妙。基于这种相似的办刊理念，罗保吾在解释《实报半月刊》的风格时特地强调该刊和《实报》一样"力求大众化通俗化"。①

（三）小型读物的自我定位

同时需要注意的是，管翼贤在《心所欲言》这篇文章中屡次用不同表述方式提及该刊的立场。比如"我们对国际问题的态度，是报告，是批评，是探讨"；再如"使国人对各种政治问题，有具体研究的兴趣，不作激烈的主张，只求温和的宣达"；此外还有"反对海派云烟般的描写，不迷眩于普罗作派，也不抱残守缺去开倒车"。在这种努力背后，似乎隐藏着一种并未明确提出的比较体系以及某种指向现实的"欲言又止"。

有关这个问题，罗保吾在前引《本刊之过去与今后》一文中，作出了更加明确的解析。罗氏自称希望通过这篇"最忠直最坦白的抒说"，使得读者从中"明瞭（了）本刊的旨趣与本刊工作同人对读者的赤诚"。②

罗氏在文中首先描述了现实的言论环境对报业格局的影响。他指出：

> 自我们遭逢到空前的国难，国民经济，陷于极度贫乏；同时因政治环境的恶劣，而影响到文化事业的畸形发展；于是形成两个状态：第一是国民对读物购买的削减。第二是出版界硬性读物的消沉，与软性读物的澎涨！这种现象在国难时期将发生如何的影响？很明显是昭示着国民精神食粮之"质"的恐慌！③

罗氏所说的"国民对读物购买的削减"和"出版界硬性读物的消沉，

---

① 罗保吾：《本刊之过去与今后》，《实报半月刊》1936 年 10 月 16 日。
② 同上。
③ 同上。

与软性读物的澎涨"无疑是此时期报业发展状况的两个显著特征。若结合前述管翼贤对北平报业格局所作的分析，便可发现《实报半月刊》的出版发行与应对环境变化、调整营业策略之间若隐若现的联系。

接着，罗氏分析了"硬性读物"与"软性读物"的不足之处。他认为，客观环境使具有批判性、致力于标榜某种观点或宣传某种主义的"硬性读物"累起累挫；与此相对照，"代之而兴的如雨后春笋般繁滋出来的软性读物，不幸又多半飘摇云间，话着风凉，闹着玄虚，回避现实"。①

针对上述两种读物的特征与命运，罗氏坦诚，并不否认硬性读物在某一方面或某一时期的力量，也不否认软性读物在讽刺消闲方面的力量。但是他紧接着作出了澄清，强调《实报半月刊》不打算与前者看齐，也不愿努力成为后者；而是要以一个"不太合群的姿态"，即"揉（糅）合着软性硬性的东西"出现在读者面前。罗氏进而指出，《实报半月刊》将采取"不说教，不宣传主义，不捧着某方面，也不攻击某方面"的立场，旨在尽力贡献给大众精神食粮的立场，以便适应当前的客观需要。②

罗氏还向出版文化界同仁发出了"鲜明呼说"，强调今日中国国民无论在物质方面还是精神方面，只需要粮食，不需要药剂，更不需要妆饰品。③ 若结合上下文的语境便不难发现，罗氏将"硬性读物"喻为"药剂"，将"软性读物"喻为"妆饰品"，将《实报半月刊》自喻为"粮食"。

此外，在该文结尾处，罗氏还献言于"文化阵线上的健者"，认为以《实报半月刊》为代表的小型刊物须受到重视，并应该成为今后努力于文化事业者努力的方向。④ 根据第二章的分析，可知小型报《实报》针对北平报业环境的特点和报社现有资源，采取了小报形态经营报纸以谋求生存发展的方针。结合上述《实报半月刊》编辑人对该刊创办目的、文体风格及自我定位的解析，可知这份小型读物亦有着强烈的现实针对性，取"硬性读物"和"软性读物"各自之长，同时避两者之短，选择了一条适合营业发展的稳妥的"中间"路线，以求满足社会各阶层的需要。根据

---

① 罗保吾：《本刊之过去与今后》，《实报半月刊》1936 年 10 月 16 日。
② 同上。
③ 同上。
④ 同上。

罗保吾的介绍，《实报半月刊》仅用一年的时间便获得了广大读者群的爱护，在发行范围上"凡实报到达的处所，都有了本刊的读者"；在读者分布上，这份小型读物不仅"到了名流学者的案头，也到了工人小贩的口袋里"。由此可见，《实报半月刊》兼顾编辑与经营的"软硬并施"方针，无疑借鉴并延续了《实报》成功的经验，并且在营业上有明显收效。

二 《实报半月刊》与《实报》的密切联系

（一）一息相承的共生关系

小型报《实报》和小型读物《实报半月刊》的诞生都与管翼贤有着密不可分的关系——两份刊物推崇相同的生产原理、采用相似的编辑和经营方针。有关此点，从管翼贤在纪念《实报半月刊》创办一周年的文章中亦可窥见。管氏提出将"把握现实，尊崇廉节，提倡兴趣，灌输知识"作为《实报》与《实报半月刊》两份刊物今后标明的十六字方针。①如此看来，《实报半月刊》可视为管翼贤新闻实践，甚至是经营实践的延伸与扩展。

另外，存在于这两份刊物的自我指涉现象有力地指明了两者"你中有我，我中有你"的密切关系。每期《实报半月刊》出版之前，会连续几日在《实报》的明显位置刊登广告，详列新一期杂志所刊内容的标题，此举无疑是期望利用《实报》现有的知名度和贩卖渠道为新刊物做推广。《实报半月刊》则会用一整页的版面刊登《实报》的征订广告，并冠以"请看华北最著名的实报"的大标题，列举该报的多项优点，或许意在吸引购读该刊的中上层读者对《实报》的注意力。除《实报》外，《实报半月刊》还频频为时闻通信社、实报丛书和该刊自身，这些与《实报》或有共生关系或有附属关系的文化商品做广告。根据上述事实可同时发现这两份刊物具有极强的自我推销意识，这无疑是两刊营业本位的又一体现。

此外，该刊在《实报》创办八周年之际出版了一期《实报八周年及本刊一周年纪念号》特辑，加上前引罗保吾提及该刊发行范围与《实报》的重合，这两个细节亦表示了两刊的共生关系。

李诚毅使用了"孪生兄弟"一词对两刊的关系作出了生动比喻。他

---

① 管翼贤：《卷首语》，《实报半月刊》1936年10月16日。

指出：

> 实报半月刊之发行，与实报一息相承，若弟之于兄，手之于足，亦步亦趋，如影随形，惟望发扬光大，草偃风行，共与实报作社会之向导，民众之先锋，是亦救国之一道，当不难博得亿万人之同情也。①

当然，作为兄长的《实报》其主要受众群体为城市的中下层，作为小弟的《实报半月刊》则有意针对城市的中上层；前者注重报道的时效性，后者注重内容的丰富性；这些与生俱来的区别从两刊的定价和选稿风格上即可确定。

（二）对《实报》相关探讨话题的延续

在"国难"时期，"日本问题"占据了包括《实报》在内的平、津报刊的主要版面。实际上，《实报半月刊》对此问题也给予了极大重视。该刊登载的与日本问题相关的文章大致可以分为以下两类：第一类，从"民族"和"国家"的视角，分析中日关系走向以及中国今后的出路，同时屡次登载论述民族精神的文章；第二类，从"现代"和"进步"的角度，传播与日本的政治、军事、社会、文化等的相关信息，将日本作为可以效仿与参照的对象。这种分类法很大程度上复制了中国知识分子将"西方"分化为"殖民西方"与"都市西方"的认识论策略（参照绪论）。

这两类话题都曾在《实报》出现过，第一类话题无须赘言，在上一章已进行过较为详细的梳理与分析。至于第二类话题，1930 年在张友渔赴日前夕，管翼贤曾找到他，请他为《实报》写通讯。有关此事，张友渔在其回忆文章《我和实报》中亦有所提及。

据张氏称，考虑到《实报》的特点，他提供的通讯大致可分为两类，一类是结合他个人在日本研究的新闻学专业而作；另一类则是通过他个人在日本的见闻，使国内人民了解当时日本人民群众生活的穷困，社会的疮疤，用事实揭穿亲日派美化日本的谬论，消除国人对日本的神秘感，特别

---

① 李诚毅：《偶感》，《实报半月刊》1935 年 10 月 16 日。

是一部分人对日本的恐惧感。①

综观 1935 年至 1937 年《实报半月刊》"论著"栏目的文章，多数文章着重探讨中日关系的走向，例如《华北前途的展望》②《国际变动与中国地位》③《我们究竟走那条路》④《忧患急难中之中国现局》⑤《今后国人的出路》⑥《卢沟桥事变的因果》⑦ 等；少部分文章旨在预测日本政局变动对中国的影响，例如《日政局与中日外交》⑧，以及翻译并刊登了日本天津驻屯军司令官多田骏发表的《日本对华之基础观念》⑨；除此之外，偶尔还有对日本言论界动向的介绍，例如《西安事变与日本言论界的新动向》⑩。

上述文章或重在介绍情况，或重在梳理信息，在分析方面点到为止，不作深入剖析，更不用谈提出任何明确的主张。这充分体现了管翼贤在创刊号中提出的"不作激烈的主张，只求温和的宣达"的编辑风格。

值得一提的是，《实报半月刊》在"常识库"栏目中，致力于向读者介绍诸如"为什么叫中华""中华有多宽""我们各向俄国、英国、法国、日本割让了多少土地""华北五省的面积、人口、物产、铁道、都市、要隘、胜迹"等历史与地理知识，以期通过对这些知识的介绍，培养读者的国家意识和国民意识。该刊在创刊号中对这一用意作出了非常浅白的说明。编辑者认为：

> 我们会常常忽略，关于我国的最该记住的史地常识，没有记住，不但人家问起来张目结舌，而且，以一个中华国民，不知自己国家是怎么一回事，简直该死!⑪

① 李诚毅：《偶感》，《实报半月刊》1935 年 10 月 16 日，第 16 页。
② 孟如浩：《华北前途的展望》，《实报半月刊》1935 年 10 月 16 日。
③ 陶希圣：《国际变动与中国地位》，《实报半月刊》1936 年 1 月 1 日。
④ 张忧虞：《我们究竟走那条路》，《实报半月刊》1937 年 2 月 1 日。
⑤ 罗保吾：《忧患急难中之中国现局》，《实报半月刊》1937 年 2 月 1 日。
⑥ 张阆村：《今后国人的出路》，《实报半月刊》1937 年 3 月 16 日。
⑦ 张阆村：《卢沟桥事变的因果》，《实报半月刊》1937 年 7 月 16 日。
⑧ 王志新：《日政局与中日外交》，《实报半月刊》1937 年 6 月 16 日。
⑨ 《实报半月刊》1935 年 11 月 1 日。
⑩ 张我军：《西安事变与日本言论界的新动向》，《实报半月刊》1937 年 2 月 16 日。
⑪ 《实报半月刊》1935 年 10 月 16 日，第 57 页。

结合当时中国社会半殖民地半封建的特征，以及日本占领中国东北和继续蚕食华北地区的历史语境，上述史地常识无疑在具有信息价值和知识价值的同时，也蒙上了不可忽视的政治（启蒙）色彩。

除介绍史地知识外，《实报半月刊》还注重对现代科学技术以及卫生常识的介绍。对"现代"与"进步"的关注，也体现在该刊对日本历史与社会的介绍文章中。《实报半月刊》对日本走向现代化的过程表示了极大的关注。从这个角度来看，该刊和《实报》对日本新闻事业的介绍，也是在"现代"与"进步"的延长线上进行的。

这个时期《实报半月刊》通过以《老太婆下东洋》① 为题的通讯连载，用轻松愉快的语调，先后围绕"日本的由来""日本的大小""日本的造船业""明治维新"和"日本的妇女"等问题进行了介绍和梳理。

与此前张友渔通讯旨在消除国人对日本的神秘感的立意相似，这些通讯在介绍日本历史与信息的同时，也在有意无意间进行着为日本神话"去魅"的工程。例如在介绍日本的由来时，作者强调日本也曾有过荒蛮时期，形成统一国家也是一个历史过程，而且其效仿西洋"摩登"起来才不过六十年。② 再如，在介绍日本国土的形状呈三张弓形时，作者用戏谑的口吻提醒道："日本这三张弓乃是对着我们张着的。"③

在介绍"明治维新前日本的民间抵抗"时，作者强调在外来的帝国主义的压力之下，来自民间的抵抗对日本幕府统治落幕及日本转型为现代化国家产生了重要影响。作者还在文末向读者发出了如下提问："朋友！请你看看今天的中国。请你想想，中国要怎么样呢？"④ 很明显，作者以日本为例，暗示了中国今后的出路，并有意识地向读者灌输"民族自救"的观念以及培养国人的民族自信心。如此用意恰如管氏在创刊号中提及的，创办《实报半月刊》的目的之一在于向读者宣告"不可自馁，不宜放弃，尤不必存怀疑轻侮的观念"。

小型读物《实报半月刊》很大程度上秉承了小型报《实报》的成功经验，尽管在读者定位和组稿风格方面与《实报》有着区别，但是在编

---

① 1935 年 10 月 16 日、1935 年 11 月 1 日、1935 年 12 月 1 日、1935 年 12 月 16 日、1936 年 1 月 1 日、1936 年 5 月 1 日、1936 年 5 月 16 日、1936 年 7 月 16 日。

② 《老太婆下东洋》，《实报半月刊》1935 年 10 月 16 日。

③ 《老太婆下东洋》，《实报半月刊》1935 年 11 月 1 日。

④ 《老太婆下东洋》，《实报半月刊》1936 年 5 月 16 日。

辑与经营方面同该报保持了紧密的共生关系，而且在涉及日本问题时，与《实报》的言论和通讯保持了一定的延续性。

该刊采取的温和克制的发言立场，也同《实报》这一时期言论由激进而保守的转变保持了一致。由此，一方面可推测平津报业的生存环境对报道和言论的压制程度；另一方面也可管窥以营业为本位的报刊，面对攸关自身存亡的压力时，会本能地在不影响营业的范围内采取一种自我克制的姿态。此外，通过两刊在不同时期对待军阀的"断裂"态度，亦可发觉《实报》及其创办者自我标榜的矛盾性。

三 《实报》创刊八年来的营业发展

1935 年至 1937 年无疑是《实报》在北平沦陷之前营业发展渐至高峰的一个时期。根据管翼贤在 1936 年纪念《实报半月刊》创办两周年的文章所提供的信息，截至 1936 年 10 月，《实报》的发行由创刊时的八百份达至九万余份；《实报半月刊》自创刊时的五千份涨到三万份以上，刊载该文的最新一期半月刊预计将超过六万份；实报丛书，已出到二十多种。[①] 有关《实报》在 1936 年的发行数目，也可根据前引《〈实报〉1928—1936 年销量统计》（表 6 - 1）得到印证。

另外，据负责发行的马家声提供的信息，1936 年《实报》的外埠直接订户为六千余户，分销处达五百余处。[②] 根据《实报》自行绘制的分销处地理分布示意图，可以发现该报的发行范围主要集中在华北地区，向周边略有微弱辐射。[③]

从《实报半月刊》1936 年 7 月所载《实报》的征订广告中列举数项优点，可以发现该报自创刊以来在编辑方针上的延续以及在营业方面的发展。这些优点分别如下：

一，新闻采访，力求撷其精华，赅其特要，编制短悍无比，标题精辟动人，各方消息应有尽有，宁简无缺，而尤注重于本报特讯，美

---

① 管翼贤：《卷首语》，《实报半月刊》1936 年 10 月 16 日，第 1 页。
② 马家声：《印刷与发行》，《实报半月刊》1936 年 10 月 16 日，第 69 页。
③ 《实报半月刊》1936 年 10 月 16 日。

的新闻，新闻界新闻，星期偶感各栏，至社会新闻，不偏于淫秽琐屑，宜雅宜俗，亦本报优点。

二，评论之公证坦白，据事直陈，寥寥数百字，而言简意赅，层峦叠浪，引人入胜，并有微词一栏，主张不偏不倚，见地无党无偏，纯细客观态度，以民众为立场。

三，小实报畅观两版，有最合平民口味之谈话，有雅俗共赏之打油诗，有最合指导人生注重理性之小说，每星期日之漫画毛三爷，又有漫墨一栏，亦庄亦谐，笔矢深刻，尤擅胜场，余则珠翠作品，层见叠出，极花娇柳媚之大观。

四，以上两版，除由特约诸名家担任编述，其所撰轶闻遗事，可作历史读，可作考古镜，其中复间以趣味浓长陈慎言先生之小说，颇似万绿丛中一点红，茶余酒后，助兴殊不少也。

五，本报力求辅助通俗教育，故特辟有药石语，疯话，谨言集，去年今日等栏，颇足增进阅报诸君兴味。

六，本报服务社会，首为问答及贫寒求助两栏，裨助贫苦同胞，成效卓越，有口皆碑，无容赘述。

七，至如各版广告整齐，排版清晰，印刷精良，字画明显，价格低廉，此尤为本报末事。

八，本市爱读实报阅户，请自向售报工友直接订阅。

九，为便利外埠阅户起见，每日寄报邮票代价，每月三角，三月八角，半年一元三角，全年二元二角。

十，本报每日出版九万余份，各省埠均有代销处。①

根据如上《实报》的自我介绍，可以发现注重报道的迅速翔实、副刊文章的趣味性、以民众为立场、保持低廉价格是该报最为自豪的特色与自始至终的坚持。同时亦可发现该报在栏目上的丰富与销量上的增长。此外，上述内容中对广告质量的强调无疑同该报推崇的报纸生产原理及营业本位有着密切联系。

随着营业基础的日渐稳固，《实报》扩充了组织机构并且更新了印刷设备。《实报》在创刊时由三星印刷局代印，后由撷华印书局代印，至

---

① 《实报半月刊》1936 年 7 月 16 日。

1929 年自行印刷。但当时只有十六页人力平板印刷机一架（每小时印一千二三百份）。随着报纸销量的增长，逐渐增加设备，至 1936 年春天，已有十六页平板印刷机七架，但仍感不敷使用，于是又购置电力卷筒机一架（每小时印六万份）。① 对印刷设备的升级与补充，反向证明了《实报》销量的上涨和营业的发展，同时也从侧面说明了社会对新闻需求的增加。

《实报》的正常发展被日本的军事侵略所打断。1937 年 7 月底，北平沦陷，《实报》的资产亦被投靠日军的亲日者所接收，沦为华北日伪新闻统制下的言论报道机关。《实报》的"报格"随后尽失，管翼贤也因主动附逆沦为被世人唾弃的"报界罪人""新闻界败类"。《实报》"报格"的这种明显断裂，既同半殖民主义的语境相关，也同该报"营业本位"的性格相关，还同社长管翼贤的投机作风相关。下一章将对此问题进行详述。

---

① 马家声：《印刷与发行》，《实报半月刊》1936 年 10 月 16 日。

第七章

华北日伪的新闻统制与
管翼贤的抉择

　　新闻，乃现实社会之写真，凡民族之精神物质，无不受其演映，其正确与否，所生之反响甚大，我国国民教育，方在幼稚时期，一般人之思想，多不务于正轨，犯罪虚伪陈腐诽谤欺骗诱惑之新闻，为多数所欢迎，国民性因之日趋坠落，罔可救药，……二十年来，帝国主义者，复施其恶辣阴毒之手段，在我国组织宣传机关，卧榻之侧，任人酣睡，肆其挑拨离间破坏之手段，为侵略迷惑之工具，淆乱听闻，妨害事理，新闻宣传政策之成功，即收政治经济之实效，吾侪业新闻者，处此环境，非打破一切恶对象，努力奋斗，对于今后之宣传，须以建设为鹄的，对外以打倒帝国主义而谋中国之自由平等……①

　　在分析北平沦陷时期《实报》的报道与论调呈现的特征之前，有必要对"宣传"（propaganda）在日本"总力战"构想中的定位进行一番梳理。在此基础之上，才有可能对华北日伪当局施行的新闻统制的特征以及日伪报刊在侵华战争中的作用获得更深入的理解。本章在对以上问题进行考察的同时，还将结合历史文献与档案，尝试对报人管翼贤附逆的历史必然性与偶然性进行合理的推断，并对管翼贤个人选择的社会影响进行分析。

一　全面侵华战争中日本的"宣传战"

　　"思想战""文化战"或者更为广义的"宣传战"，是日本文化界、学术

---

①　管翼贤：《新闻与宣传》，《实报增刊》（再版）1929 年 11 月，"论著"部分第 70 页。

界在德国纳粹战争宣传的启发之下，于 20 世纪 20 年代至 30 年代的侵华战争中制造出的概念，和以此为基础生成的指导宣传工作的观念与理论。

第一次世界大战结束后，德国统治阶层将其失败的主要原因归于宣传上的失利，因而在第二次世界大战爆发前，以希特勒为首的纳粹十分注重宣传策略的运用，利用广播对英国进行渗透宣传就是明证之一。[①] 1938 年，原德国统帅部的副参谋长鲁登道夫（Erich Friedrich Wilhelm Ludendorff）撰写的《国家总力战》被译成日文出版，对日本的思想宣传战理论产生了一定影响。[②] 日本学术文化界的人士在构建相关理论时，有意识地将 propaganda 转译为其熟悉的"思想战""文化战"或"宣传战"。

所谓"文化战"，指的是使用文化作为战争的一种手段的文化政策；所谓"思想战"，狭义上指动摇敌国或对方国民思想，降低其战争意识的方式。[③]"思想战""文化战"和"宣传战"虽然所指各有侧重，但从其作为战争手段以期达到削弱敌国民众的抵抗，并使其在精神层面形成对日本"国策"的认同，进而接受和服从日本的统治这一最终目的来看，三者有着很大程度的重合。此外，"思想战"和"宣传战"有时还存在相互指涉或概念混用的现象。值得注意的是，对大众传媒的统制是"思想战""文化战""宣传战"中不可或缺的环节。

内川芳美（Yoshimi Uchikawa）、香内三郎（Saburo Kouchi）、高木教典（Noritsune Takagi）和荒濑丰（Yutaka Arase）等人在 20 世纪 60 年代分别从大众传媒组织化的政策、机构及其变化，大众传媒组织化的实态，天皇"机关说"与言论"自由"三个角度，围绕日本法西斯形成期的大众传媒统制进行了共同研究。[④] 其中内川和香内两位学者对大众传媒组织

---

① 程曼丽：《外国新闻传播史导论》，复旦大学出版社 2004 年版，第 144—145 页。

② 王向远：《日本对中国的文化侵略——学者、文化人的侵华战争》，昆仑出版社 2005 年版，第 186 页。

③ 由于日文资料的缺乏，此处"文化战"和"思想战"的定义直接引用了新加坡学者蔡史君在《日本南侵与其文化政策》一文中的注释。参见［新］蔡史君《日本南侵与其文化政策》，载北京大学亚洲—太平洋研究院《亚太研究论丛》第三辑，北京大学出版社 2006 年版，第 82 页。

④ 这个共同研究的系列成果分别是：［日］内川芳美、香内三郎：《日本ファシズム形成期のマス・メディア統制（一）——マス・メディア組織化の政策および機構とその変容》，《思想》，1961 年 7 月。［日］高木教典、福田喜三：《日本ファシズム形成期のマス・メディア統制（二）——マス・メディア組織化の実態とマス・メディア》，《思想》，1961 年 11 月。［日］荒濑豊、掛川トミ子：《天皇"機関説"と言論の"自由"——日本ファシズム形成期におけるマス・メディア統制（三）》，《思想》，1962 年 8 月。

化的政策、机构及其变化的研究成果，对于理解"宣传战"的内涵有着很大的启发与借鉴作用，故将其相关论点译述于此。

内川与香内使用了"同调的支配"（government by conformity）这样一个术语来概括日本法西斯形成期大众传媒统制的目的所在；并认为通过对国家情报机关一元化过程的考察，可在一定程度上了解上述"同调的支配"得以确立的过程。所谓国家情报机关一元化的过程，即是由原本存在的消极的媒体统制与稍后兴起的积极的情报宣传两者构成的传播控制网络的逐渐稠密化，最终由内阁情报局这样一个功能性机构统合起来的过程。①

内川与香内指出，利用大众传媒进行积极宣传，从而引导国内外舆论的宏伟志向可以追溯至第一次世界大战后日本外务省情报部（大正九年，即 1920 年）、陆军省新闻班（大正九年，即 1920 年）和海军省军事普及部（大正十三年，即 1924 年）三个机构的设立。有两个主要的契机推进了原有消极媒体利用的积极化转变：第一是，自大正末年开始，奠定军部战略计划整体基调的"总力战"思想的登场；第二是，1931 年"九一八事变"的爆发。②

内川与香内进一步分析道，除武力战外，包含经济战、交通战、思想战、宣传战等在内统合人力、物力资源的总力战将成为今后战争的主要形式，这种观点已在世界范围内成为近代战略的常识。但当时日本面对的特殊历史语境是，一战后一直持续着的经济恐慌在昭和时代进一步深化，天皇制支配体制和传统价值体系因此受到了极大的动摇。随着法西斯主义国家体制之改编强化计划的出笼，"宣传"（propaganda）被赋予了新功能与新定位，即作为积极操纵大众传媒，谋求营造对体制总体赞成（total conformity）的一个手段。与此同时，以"九一八事变"为契机，"宣传"逐渐作为日本国家政策的一个组成部分浮出水面。③

内川与香内注意到，"九一八事变"后，以外务省为中心，通过设立国家代表通讯社（即后来的同盟通信社）将对外宣传进行组织化的构想，成为日本国家"宣传"政策的主流。但与此同时，军部（尤其是陆军）

---

① ［日］内川芳美、香内三郎：《日本ファシズム形成期のマス・メディア統制（一）——マス・メディア組織化の政策および機構とその変容》，《思想》，1961 年 7 月，第 23 页。

② 同上书，第 24 页。

③ 同上。

则延续"总力战"的思想系谱，暗中推进其军国主义化的计划。1934年10月，陆军发布了一个名为《国防的本意及其强化之提议》（日文原题为《国防の本意と其強化の提唱》）的小册子，从"皇国"国防的本质在于将国防要素的组织化这一立场出发，将"通信、情报、宣传"列为"国防力构成的要素"之一，进而提出了"强化国防国策"的具体方案。该方案认为，设立类似宣传省或情报局这样的国家机关，以作为"思想、宣传战的中枢机关"，谋求"思想战体系的整备"是当务之急。其中，"宣传"被定位为实现大众的法西斯主义、形成内部意见统一与划一的手段。虽然当时军部的这个方案并未被采纳，但1936年"二二六事件"发生后，军部在支配层和领导层的各集团确立了霸权，上述法西斯主义的"宣传"思想逐渐成为了政策制定的主流。[1]

根据内川与香内的上述分析，可知日本法西斯势力将思想、文化和"宣传"与军事行动并驾齐驱，作为国防之构成要素以及战争（"总力战"）之组成部分而制定"宣传"政策的构想，开始于20世纪30年代的侵华战争。[2]"思想战""宣传战"的一个主要目标即在于，通过积极操纵大众传媒（包括报刊、广播、电影、唱片在内），并辅以消极的媒体控制（如内容审查），谋求营造对体制的总体赞成，实现对大众的"同调的支配"。

20世纪30年代日本法西斯的"宣传战"体系由理论、政策及应用三部分构成。理论方面主要是对世界历史上历次战争中思想、文化宣传所起作用的总结，受纳粹德国的战争宣传影响颇深。政策方面主要是日本政府及军部根据侵略战争不同阶段的需要，制定、出台一系列指导宣传活动的文件，一方面对现有大众传媒进行统合与改编，另一方面对媒体内容进行统制与指导，以达到舆论的一元化。应用方面指的是各宣传机构、部门及其人员以上述理论、政策为基础开展实际工作，主要包括以下几方面内容：

第一，运用日本国内或其占领区内的报刊、广播、电影等大众媒体进行宣传，对内、对外制造舆论，为日本的侵略战争及殖民统治服务。

第二，向战场派遣由文学家组成的"笔部队"，通过炮制战争文学，

---

① ［日］内川芳美、香内三郎：《日本ファシズム形成期のマス・メディア統制（一）——マス・メディア組織化の政策および機構とその変容》，《思想》1961年7月，第25页。

② 针对这个问题，学者蔡史君亦作出了同样的论断。参见［新］蔡史君《日本南侵与其文化政策》，载北京大学亚洲—太平洋研究院《亚太研究论丛》第三辑，北京大学出版社2006年版，第82页。

美化侵略行为，为侵略战争摇旗呐喊。

第三，在占领区积极进行宣传工作和宣抚工作，一方面对上层阶级进行渗透宣传，拉拢和培养亲日势力，另一方面对沦陷区民众实行怀柔政策，蒙蔽百姓。

第四，在日本国内推行军国主义教育，充分利用教科书对在校学生进行战争宣传；在占领区及殖民地则推行奴化教育，强调日本文化的优越性，教导民众心甘情愿服从日本领导。[①]

综上可知，"思想宣传战"是日本侵华战争的一个重要组成部分，是与日本在中国的军事侵略和经济侵略并行的文化侵略。这无疑是分析沦陷区日伪报刊之性质与作用时一个不可忽略也不能回避的起点。

二　日伪当局在华北沦陷区的新闻统制

新闻统制是"思想战""宣传战"中的一个重要组成部分。根据日本三省堂编修所出版的电子版《大辞林（第三版）》，日语"统制"有以下三个意思：第一，将分散在各处的东西归拢在一起以形成整体；第二，有意识地让身心的活动合为一体；第三，依靠政府的力量对言论、经济等活动增加限制。[②] 由此看来，"统制"一词有着特定的历史语境和所指，在意义上不完全等同于中文的"统治"，因此不能与之混淆。"新闻统制"即通过积极指导和消极审查等各种方式谋求"言论报道的一元化"，以期实现"同调的支配"。

综合学界的相关研究，可发现日伪当局在华北沦陷区推行的新闻统制主要由以下三部分组成，即设立统制机构、实施言论审查和控制媒体报道。

（一）设立统制机构

日伪在华北沦陷区内的言论统制机构按照级别可以分为三级，第一级

---

①　有关日本对中国进行的"文化侵略"更为具体详细的讨论内容可以参考学者王向远所著《日本对中国的文化侵略——学者、文化人的侵华战争》（昆仑出版社 2005 年版）及同氏所著《"笔部队"和侵华战争——对日本侵华文学的研究与批判》（昆仑出版社 2005 年版）两书。

②　在电子版《大辞林（第三版）》中，关于日语"统制"一词的解释原文如下：ばらばらになっているものを一つにまとめて治めること。心身の動きを意図的に一つにまとめあげること。政府の力で言論・経済活動などに制限を加えること。

为日本人设立的统制机构，第二级为伪政权设立的统制机构，第三级为各种文化宣传的伪专业社团（组织）。

日本人设立的统制机构主要包括日本中国派遣军总司令部、华北军报道部和日军的特务机关，这些机构具有最高的指挥权、决定权和监督权，其中华北军报道部负责舆论宣传及新闻统制的实际工作。① 有研究者指出，华北所有中文报纸以及一切宣传机构的设立，各种宣传活动及其施行计划，均由报道部主持。②

华北伪政权在不同时期设立了不同的统制机构，由于这些机构中均设有日本顾问作为实际的指挥者和监督者，伪政权的统制机构实际上是日军统制机构的"御用机关"。北平沦陷初期，主要由各省市的警察局相关科室负责新闻的统制。至伪临时政府成立后，由政府情报局及各省市警察局情报处第二科担负起统制新闻、诱导舆论的职责。此外，伪临时政府和各省市当局还设有新闻事业管理所，专门负责对新闻事业的检查督导工作。③ 伪华北政务委员会成立后建立了情报局，该部门为此后华北伪政权中负责宣传的最高机构。

各种文化宣传的伪专业社团（组织）接受日本统制机构和伪政权的双重领导，以职业行会的形式将相关人士组织起来以辅助敌伪的宣传统制：一方面对这些人士进行舆论宣传的指导和控制，另一方面利用这些人士为日本需要的舆论造势进行实际的工作。北平沦陷不久，北京新闻同业协会在华北日伪当局的指导下得以成立。据日本外务省文化事业部的调查资料，截至 1938 年 3 月，该协会的会员数为 35 个（包括北京分社与通信社在内）。④ 1939 年 1 月，又成立了以在京各华文日伪报刊记者为会员的北京新闻记者协会。⑤

这些貌似自主实则受制于华北日伪当局的社团组织无疑更加具有隐蔽性和迷惑性。随着战局的发展，对言论报道一元化需求的日益增加，这些伪专业社团和组织也一直处于整顿和整编的状态，以适应华北日伪宣传统

---

① 郭贵儒、陶琴：《日伪在华北新闻统制述略》，《民国档案》2003 年第 4 期。

② 张云笙：《华北沦陷期间日人宣传活动之研究》，学士毕业论文，燕京大学文学院，1947 年。

③ 郭贵儒、陶琴：《日伪在华北新闻统制述略》，《民国档案》2003 年第 4 期。

④ 日本外务省外交史料馆档案：《北京ノ新聞ニ就テ》，1939 年 8 月。

⑤ 日本外务省外交史料馆档案：《北京新聞記者協會成立ノ件》，1939 年 1 月 7 日。

制的需要。这种调整在 20 世纪 40 年代，尤其是太平洋战争期间进行得更加频繁。

1940 年 2 月，以日本、伪"满洲国"及华北沦陷区内的新闻工作者代表（报纸与杂志）为主要出席者的东亚操觚者恳谈会在东京召开。该会主要围绕"对于建设东亚新秩序拟就协理方案"和"日满华记者应如何亲和联络与机构之强化"两个议题进行"恳谈"。其中新闻部的具体议题为：（1）对于建设新东亚言论上之协力；（2）日满华新闻应如何互相联络以求普及；（3）关于新闻记者依民族上之关系以定融合方策；（4）日满华新闻与在外日满华系新闻应如何以求联络与协调；（5）日满华新闻技术的联络，并如何求其发达。杂志部的具体议题为：（1）对于建设新东亚言论上之协力；（2）对于日本协会，应如何求其联络；（3）对于杂志文化，如何求其兴隆。[①]

1941 年末，华北宣传联盟在北京成立。《华北宣传联盟规约》第二条明确解释了这一组织的成立动机在于，旨在将华北加盟机关团体置于一元统制下进行宣传活动，以图实现综合的进步发展。[②] 1942 年 3 月，在华北派遣军报道部、兴亚院以及伪华北政务委员会的共同指导下，以整备华北新闻新体制之确立为目的的华北新闻协会成立。《华北新闻协会规约》第二条规定了协会创办的目的是，作为华北宣传联盟的一个构成单位，在华北宣传联盟的统制下以期华北言论报道事业有统一之运营并谋其进步发达。[③]

太平洋战争爆发后，为适应决战体制的需要，根据日伪各关系当局的指示，1943 年 1 月华北宣传联盟进行了部分改组。在汪精卫伪政府参战后，华北日伪当局认为通过华北宣传联盟实现思想战的一元统制，使报道和宣传事业有统一运营并强化其综合发展的必要性日益增强。因此，除设立理事会作为华北宣传联盟的代表机构外，还特地从各类团体的中间层中选择适当人选，分别结成日本人委员会与中国人委员会，作为宣传联盟事务局的中心展开宣传业务、训练报道宣传员等工作。[④]

---

① 《谋东亚报道密切联络/东亚操觚者恳谈会提案内容》，《实报》1940 年 2 月 15 日。
② 《华北宣传联盟规约》，载 [日] 北根豊主编《新聞総覧》（昭和十八年版），東京：大空社 1995 年版。
③ 《华北新闻协会规约》，载 [日] 北根豊主编《新聞総覧》（昭和十八年版），東京：大空社 1995 年版。
④ 《华北宣传联盟规约》，载 [日] 北根豊主编《新聞総覧》（昭和十八年版），東京：大空社 1995 年版。

与此同时，鉴于太平洋战争的进展、汪伪政府的参战和华北作为"兵站基地"的重要性，随着日本对华政策的变更，华北新闻协会也进行了相应改组。① 1943 年 2 月，在华北派遣军报道部大使馆的直接指导下，该协会下属的物资部门独立出来，成为华北新闻资材协会。《华北新闻资材协会规则》第二条规定了该会成立之目的，即谋求华北言论报道事业之正当运营而统办其制作发行所必需之资材。同规则第三条规定了该会的主要工作是，对会员制作发行新闻、杂志、通信时所必需的各种资材进行搜集、分配和供给。②

从上述三个伪社团与组织的改组过程可以发现，华北派遣军报道部、兴亚院等日方机构和其"御用机关"伪华北政务委员会是幕后的实际推手，理事会只是为了显示名义上的自主性而设立，实际上则根据华北日伪当局的授意行事。同时可以发现，这些伪装自主的社团组织是华北日伪进行新闻统制（如对言论报道的积极指导、对资材的统一管理与分配和人材培育与培训等），谋求"思想战的一元统制"，即所谓"言论报道事业的统一运营"的重要工具。在实际的统制过程中，因为这些伪社团组织的"官方色彩"或"日本色彩"较为淡薄，从而为在华北进行殖民统治的日方粉饰其侵略和占领行为提供了保护机制。

（二）实施言论审查

日伪在华北沦陷区的言论审查可分为政策和行动两个部分。审查政策可分为规定性政策和指导性政策。规定性的政策主要是指由政府机构出台的具有法律效力的文件，对新闻出版的内容和形式，以及对违反限定内容和形式的出版物如何进行惩处进行规定。如 1938 年 2 月 10 日伪中华民国临时政府颁布的《危害民国紧急治罪法》，规定"以文字、图画或演说为叛国之宣传者"，视情节轻重可分别判处死刑、无期徒刑或十年以上的有期徒刑。③ 再如 1941 年，伪华北政务委员颁布《关于与抗日及共产有关之图书新闻杂志登记之处置办法》也属此种政策之列。④ 审查行动依据上

---

① 《华北新闻协会规约》，载［日］北根豊主编《新闻総覧》（昭和十八年版），東京：大空社 1995 年版。

② 《华北新闻资材协会规则》，载［日］北根豊主编《新闻総覧》（昭和十八年版），東京：大空社 1995 年版。

③ 郭贵儒、陶琴：《日伪在华北新闻统制述略》，《民国档案》2003 年第 4 期。

④ 中国第二历史档案馆：《中华民国史档案资料汇编》第 5 辑，江苏古籍出版社 1997 年版，第 3 编附录（上），第 556—557 页。

述政策进行，主要包括以下三方面的内容：

第一，对当地的报刊、电影、广播、通讯社等进行经常性的检查，若发现"不当言论"，将视情节的轻重进行处理。

第二，对私人通信的内容进行审查，若信中发现"不当言论"或非本地许可发行的外埠报刊，采取立即给予扣押等行动。

第三，不定期地对各地报纸进行整理，对于那些"素质不良"的报刊或合并或废刊。如 1939 年 4 月，日方强令天津的《大北报》合并于《天声报》，《天风画报》合并于《新天津报》并且改称《新天津画报》。①

指导性政策主要是各统制机构针对不同时期的舆论需要而制定的宣传方针或纲要，例如 1942 年 12 月华北军报道部制订的《あ号作战时的华北宣传计划》②、1943 年伪华北政委会情报局制定的《大东亚战争二周年纪念宣传实施纲要》③ 等，对某时期进行具体舆论宣传的方针、要点、实施事项等做详细的规定与说明。

（三）控制媒体报道

华北日伪当局在占领区对媒体报道进行的控制可以分为对报道渠道的控制和对内容发布的控制两个方面，即对信息的输入与输出的控制。除此之外，对报道所需资材进行统一管理与分配，既是针对战时物资匮乏采取的经济措施，也是对不受控制的媒体进行惩罚、扼制其生存命脉的有效手段。

从信息的输入角度来看，华北沦陷区重要的新闻报道，都在日方的严密控制之下。"卢沟桥事变"后，日本同盟社成为唯一的新闻来源。④ 单以北平地区为例，沦陷初期，日伪报刊上的大多数军事消息或日本国内新闻均来源于同盟社，少部分的军事消息则来源于部队下属的各个报道班。

1938 年 4 月 1 日，同盟社华北总局成立华文部，该部的工作除将日文电报翻译成中文外，并增加了采访人员专门收集各种消息供给伪报采用。1939 年，日本外务省文化事业部对北京日伪报刊的情况进行了一次

---

① 郭贵儒、陶琴：《日伪在华北新闻统制述略》，《民国档案》2003 年第 4 期。

② 同上。

③ 张云笙：《华北沦陷期间日人宣传活动之研究》，学士毕业论文，燕京大学文学院，1947 年。

④ 管翼贤：《新闻学集成》，北京：（伪）中华新闻学院，1943 年第五辑，第 72 页。

实地调查，并写成了一份十分详细的调研报告书。该调查认为，同盟通信社的"日本色彩"太过显目，当地民众对同盟社的消息并不感兴趣。所以即使同盟社的报道再"正确公平"，其"宣传"效果也是有限的。基于此，调查者呼吁应尽快成立名义上中国人自己的通信社，将会有更佳的收效。①

1940 年 2 月 16 日，华文部从同盟社独立出来而组成中华通信社，由前华文部部长佐佐木健儿担任社长，《实报》社长管翼贤担任副社长。中华通信社在华北共有十个分社，负责全华北日占区内日伪报刊的新闻供给工作。② 该通讯社的任务在于：

> ……以最大努力，对内要使民众深切理解政府的真正意思，以便使国力得到充厚，对外当将实际的真相，充分的介绍，使有正确的认识，并要强化华北的防共壁垒，藉以促进兴亚建国的伟业，而向东亚真正永久的和平，乃至世界和平的路途迈进。③

由上述该社的自我定位可知，除新闻供给之外，中华通信社"取代"同盟社承担了指导华北占领区日伪报刊对内、对外舆论诱导的工作。

从信息的输出角度来看，日伪报刊为配合日军不同时期的统制需要而对沦陷区内的民众进行欺骗性宣传。根据重庆国民政府的调查分析，敌伪报刊所发的新闻报道一般分为三类，即"正面宣传""攻势宣传"和"谋略宣传"，其中各类新闻报道的比例分别为 50%、30% 和 10%。④

此外，华北日伪当局还设立了专门的文化机构华北文化书局，作为华北占领区与汪伪政府所在的华南地区以及伪"满洲国"进行"文化交流"的中枢，对文化出版物的输入与输出进行监控。

以上就日伪新闻统制机构间的关系与职责、言论审查政策与行动的内容以及其对信息输入与输出的控制三个方面进行了介绍与分析，以此为基

---

①　日本外务省外交史料馆档案：《北京ノ新聞ニ就テ》，1939 年 8 月，第 20 页。

②　管翼贤：《新闻学集成》，北京：（伪）中华新闻学院，1943 年第五辑，第 72 页。

③　《中华通信社成立宣言》，《实报》1940 年 2 月 17 日。

④　所谓"正面宣传"，即旨在掩盖日本的侵略行为、美化其殖民统治的新闻报道。所谓"攻势宣传"，即旨在动摇中国人民的抗日信念、杜绝民众的抗日行为的新闻报道。所谓"谋略宣传"，即旨在挑拨国民党与中国共产党、各反法西斯国家之间关系的新闻报道。参见郭贵儒、陶琴《日伪在华北新闻统制述略》，《民国档案》2003 年第 4 期。

础可以发现华北日伪的新闻统制体系具有以下特征：

第一，统制机构间网络严密，日本人设立的统制机构等级最高，对伪政权的统制机构和伪专业社团（组织）的行动具有实质的指挥权、决定权和监督权。

第二，在言论审查方面，规定与指导二者并行，政策与行动相辅相成，而且惩治措施残酷。

第三，信息输入及输出渠道单一且为日方掌控，在各种统制机构的指导与政策的规定下向民众进行欺骗性宣传。

由此不难推断，在华北日占区一元化统制的框架内进行报道与言论活动的各日伪报刊，几乎不可能存在自主性或主体性；其本质上是日伪控制下的"言论机关"。

三 北京沦陷区内的主要日伪报刊

1937年"卢沟桥事变"爆发后，日本军队大举入侵我国的华北、华中和华南地区。日本侵略者与其扶植的伪政权、汉奸组织在沦陷区内，一方面对进步报刊进行迫害和镇压，使许多宣传抗日的进步报刊遭到查封、取缔或被迫停刊；另一方面积极改组、创办大量通讯社、报刊和广播电台，将之置于日伪战时宣传政策的指导下，对中国百姓进行麻醉和奴化宣传。这些日伪报刊主要集中在我国的大、中城市，例如北平、天津、上海、南京、广州等。根据1940年的一项统计，日伪当局在我国19个省约有报纸139种。①

在前引日本外务省文化事业部于1939年完成的调查报告中，对这些日伪报刊的定位与使命进行了较为详细的描述。该报告认为，占领区内出版发行的日文与中文报纸，作为促进"新中国"建设和推进国民外交的"言论机关"，在纠正中国人与在华日本人对时局的错误认识、正确传达日本的"真意"方面有着极为重要的影响。②该报告在"思想战""宣传战"的框架内，明确强调在北京发行的中文报纸负有两大使命：第一，

---

① 梁家禄、钟紫、赵玉明、韩松：《中国新闻业史（古代至一九四九年）》，广西人民出版社1984年版，第433页。

② 日本外务省外交史料馆档案：《北京ノ新聞二就テ》，1939年8月，第1—2页。

针对如何打开中日时局的问题，对中国民众进行思想指导；第二，以发挥日本国策为指导精神。此外该报告还建议，除报道和言论之外，报纸上的文艺作品、小说、游艺与京剧栏目等，都可加以利用进行思想指导。① 该报告同时清楚地指出，在战时体制下，作为"言论机关"的报纸应该受到各方面的严密监督。②

　　根据现有历史文献与研究成果可知，自沦陷初期至中期，在北京出版的日伪报刊主要有：《新民报》《武德报》《实报》《晨报》《华北日报》《新北平报》《全民报》《新兴报》《新北京》《时言报》《实事白话报》《民众报》《戏剧报》《电影报》等。基于战时物资的供给能力和对"言论报道一元化"的需求，经过日伪当局对报纸的数次"整理"后，至1944 年 4 月前，仅存《新民报》《实报》《民众报》《戏剧报》和《电影报》五种报纸。③ 此后因物资日益匮乏，纸张奇缺，华北日伪当局下令于1944 年 4 月底停办华北所有的华文报纸，并集北京《新民报》《实报》《民众报》及天津《庸报》《新天津报》五报之资源，于同年 5 月 1 日出版《华北新报》。自此至抗战胜利前，该报是在华北出版的唯一的，也是最后一份日伪报纸。

　　日本占领期间北京日伪报刊的出版情况大体如下所述：

　　《新民报》是汉奸组织新民会的机关报，在接收和改组了成舍我的《世界日报》《世界晚报》之基础上创办而成，于 1938 年 1 月 1 日创刊，由日本文化特务武田南阳担任社长。该报是一份综合性报纸，以宣扬"新民主义"为要旨。④ 因其半官方的背景，在华北日占区内势力最大，先后有《全民报》《新北京》《实事白话报》等伪报并入该报。⑤《晨报》先由伪华北临时政府接办，后为伪华北政务委员会的机关报，先后由宋介、宗威之任社长，在报道方面实为《新民报》的应声虫。⑥陈昌凤、刘

---

　　① 日本外务省外交史料馆档案：《北京ノ新聞ニ就テ》，1939 年 8 月，第 19 页。

　　② 同上书，第 25 页。

　　③ 黄河：《沦陷时期的敌伪报纸》，载中国人民政治协商会议北京市委员会、文史资料研究委员会《日伪统治下的北平》，北京出版社 1987 年版，第 176 页。

　　④ 陈昌凤、刘扬：《日本占领时期〈新民报〉研究》，载程曼丽主编《北大新闻与传播评论》第一辑，北京大学出版社 2004 年版，第 365 页。

　　⑤ 黄河：《沦陷时期的敌伪报纸》，载中国人民政治协商会议北京市委员会、文史资料研究委员会《日伪统治下的北平》，北京出版社 1987 年版，第 184—186 页。

　　⑥ 同上书，第 183、184 页。

扬在考察了新民报社的结构设置、报纸版面变化、技术水平、经营发行等方面特征的基础上，通过对该报 2026 篇社论的分析，指出《新民报》作为新民会的机关报，"是一份目的明确的政治性报纸"，其"版面设计、发行、技术水平、宣传技巧在当时都属领先水平"，但其与历史潮流背道而驰的宣传宗旨和宣传目的也注定了它被历史所唾弃的命运。① 事实上，《新民报》的命运无疑是沦陷区内所有日伪报刊命运的缩影。

《武德报》原是北平伪治安总署的机关报，后由日本军报道部直接统制。② 该报不对外发行，发行人是伪治安总署署长齐燮元，社长由管翼贤兼任。③《武德报》主要宣扬武士道精神，提倡大和魂意识，歌颂忠君爱国，鼓吹军国主义思想。④《武德报》社后发展成出版多种伪报及杂志的垄断组织。⑤ 根据日本电通社编辑出版的《新闻总览》内所附《武德报》的介绍可知，为了使华北日占区内各武装团体对时局获得正确的理解，该报作为对敌思想谋略的实施机关，创办于 1938 年 9 月，并在华北派遣军报道部的指导下进行宣传报道。1940 年 7 月 1 日，随着日伪当局在华北占领区的初期文化建设告一段落，《武德报》转为自主经营，与此同时更新了编辑阵容。武德报社共发行四种报纸，分别是《武德报》《民众报》《儿童新闻》和《时事情报》。其中《武德报》是仅针对伪治安军发放的免费报纸；旬刊《民众报》先是在农村地区面向一般民众免费发放，后改为收费的日刊。据称上述四类报刊的发行数量为十二万二千份。除报纸外，该社还发行八种面向妇女和青少年读者群体的、旨在"昂扬时局意识"的月刊，分别是《国民杂志》《妇女杂志》《中国文艺》《北京漫画》《时事画报》《儿童画报》《新少年》《万人文库》。据称这些杂志不仅在华北日占区内发行，还流动到汪伪政府所在的华南地区，发行数量达十六

---

① 陈昌凤、刘扬：《日本占领时期〈新民报〉研究》，载程曼丽主编《北大新闻与传播评论》第一辑，北京大学出版社 2004 年版，第 360 页。
② 张云笙：《华北沦陷期间日人宣传活动之研究》，学士毕业论文，燕京大学文学院，1947 年。
③ 王隐菊：《沦陷时期北平的新闻业》，载文斐《我所知道的伪华北政权》，中国文史出版社 2005 年版，第 276 页。
④ 云超：《武德报社与日本的侵略宣传》，载中国人民政治协商会议北京市委员会、文史资料研究委员会《日伪统治下的北平》，北京出版社 1987 年版，第 191 页。
⑤ 刘家林：《中国新闻通史》（修订版），武汉大学出版社 2005 年版，第 515 页。

万三千份。①

除上述《新民报》系和《武德报》系的报刊之外，在华北沦陷区内保持了较高人气，并历经日伪当局对报刊的数次"整理"运动还能得以保留下来的一份报纸就是《实报》。结合前引日本外务省文化事业部调查报告中对北京小报的分析，可大致推断《实报》在1945年《华北日报》出版前既未遭停刊又未同其他报刊合并的秘诀所在。该调查报告将北京小报定义为"小型大众报纸"，同《新民报》《武德报》等报相比，此类报纸不仅发行数量多，而且拥有的读者多。这是因为，这些小型大众报纸价格低廉，不仅有精编的政治新闻，还有种类繁多的社会新闻和娱乐内容，后者无疑比前者更能吸引读者的购买与阅读。鉴于此，该报告认为应对"小报"给予足够重视。② 很明显，以上三点都是作为北方小型报先驱的《实报》所自满与骄傲的优势。不难料想，这份深受民众喜爱的小型报在北平沦陷后，即为日伪方面所接管，成为日伪的传声筒的一个重要原因，即在于该报凭借"小报大办"方针积累的高人气。在北平维持会时期、伪中华民国临时政府时期、伪华北政务委员会时期分别由何庭流、胡通海、管翼贤出任该报的社长。

1937年8月14日，《实报》登出了改组董事会的启事，当日下午新任董事长潘毓桂和新任社长何庭流便前往报社就职，召集各部门工作人员训话。潘氏在训话中首先强调"报馆为社会事业，应随社会潮流而转变"，次而肯定"实报为华北最有权威之报纸"，因"不愿使此有权威有地位之报纸，遭受挫折，故出而维持"，并提出"希望以后大家照旧努力工作，安心服务"的要求。③ 结合此前数章对《实报》营业发展规模的分析，可推断潘氏对《实报》"权威"地位的强调，除却客套之外，也是对该报影响力的肯定。根据李诚毅的忆述，可以知道具有留日背景并自称为"钢骨水泥的汉奸"的潘毓桂早已有了投敌的打算，因而想用《实报》来当作他拉拢关系的政治资本。④

---

① 《武德报》报社介绍，载［日］北根豊主编《新聞総覧》（昭和十八年版），東京：大空社1995年版。

② 日本外务省外交史料馆档案：《北京ノ新聞ニ就テ》，1939年8月，第17页。

③ 《就任本报董事长/社长潘何亲临致训/昨莅社勉同仁安心供职/并希望大家勿轻信谣言》，《实报》1937年8月15日。

④ 李诚毅：《三十年来家国》（再版），香港：振华出版社1962年版，第145页。

　　从 1938 年 1 月 1 日伪中华民国临时政府正式对外办公开始，至 1940 年 3 月伪中华政务委员会成立为止。在这段时期里，《实报》曾两度更换其主管人员，先由胡通海接替李诚毅担任《实报》副社长，后来随着潘毓桂与何庭流调职天津，胡氏成了报纸的实际主管者。

　　1937 年 11 月，胡通海正式接替李诚毅出任副社长一职。关于此次人事变更的启示刊登在《实报》的中缝位置。

　　　　经启者本社自前副社长李诚毅离职他往现以社务繁巨对副社长一职未便久悬经潘董事长何社长聘请胡通海先生为实报副社长兼时闻通讯社社长定于本月二十一日到社视事嗣后本社一切事务即由胡副社长负责办理即希公鉴①

　　李诚毅因为何故"离职他往"，在启示中并未给出明确的解释。在《实报》副刊的一篇文章中，对此次人事变动的缘由作了略微说明：

　　　　李诚毅身负副社长之职责，不思设法挽救，更从而营私舞弊，以摧残之，于是本报经费，益陷于困乏，大有不可存在之势，幸经董事会发现，李则畏罪潜逃，潘董事长何社长，以社务重要，副社长一职，不可久悬，经研讨结束，乃急聘胡先生海通继任实报社副社长及时闻通讯社社长职。②

　　根据李诚毅的忆述，在管翼贤离开后的一个短暂时期内，他表面留下来负责实报社和时闻通信社的业务，暗中则一面把报社的存纸转移，一面逐日陆续把机器拆卸，分别寄存在一家平素有往来的德国洋行、管翼贤夫人邵挹芬的娘家和同事黄绵龄的家里。待事情办妥后，便趁机逃离了北京。③

　　1938 年 10 月 2 日，时任社长胡通海在《实报》刊登启事请辞社长一职，并声明即日起不再负责报社事务。④ 同年 10 月 4 日，《实报》第一版及第三版的多篇文章都提及"管社长"已回报社的内容。但管翼贤接管

　　① 《时闻通讯社启事》，《实报》1937 年 11 月 1 日。
　　② 《本报恢复旧观》，《实报》1937 年 11 月 22 日。
　　③ 李诚毅：《三十年来家国》（再版），香港：振华出版社 1962 年版，第 145 页。
　　④ 《胡通海启事》，《实报》1938 年 10 月 2 日。

实报社后即刊登启事声明"有事请与苏雨田接洽",① 在一周内再次声明"本报社长管翼贤因事羁身,社务由总编辑苏雨田先生暂为代理此启",② 1939 年 3 月,第三次刊登启事声明"本报由代理社长苏雨田主持一切"。③ 如上声明、启事与报道均证明在沦陷前出逃的管翼贤已返回北京,投靠了日伪当局,接替胡通海掌管了报社事务。

四　主动附逆、卖国求荣的报界罪人

作为推动《实报》诞生和发展的灵魂人物,管翼贤的新闻理念、新闻实践和个人选择与该报的命运有着紧密联系。管氏作出投敌附逆的选择,是否仅因为"在复杂局势下,不足以看清局势"④,抑或是因为"嗜报如命",以致发生"人格分裂",甘愿出卖国格、人格,回到沦陷区延续他的办报活动?⑤ 无疑是值得进一步探讨的问题。将管氏附逆的行为单纯归因于他对《实报》之热爱与执着,其实在一定程度上忽视了身处动荡大时代的民国报人在作出命运抉择时的复杂过程及其背后的结构性因素。换句话说,类似"人格分裂"说的认识论在某种程度上遮蔽了《实报》与管翼贤这一个案背后所隐含的社会结构与历史意义。

根据学界众多研究者的论述可知管翼贤在北平沦陷前便"闻风而逃",到济南继续经营报纸;济南沦陷后又将报社迁往汉口;再后携同妻子邵挹芬避居香港。在香港结识了日本人黑田,由黑田通过日本驻北平的同盟通信社记者佐佐木健儿,争得日本华北军报道部和华北敌伪政权的同意,由香港返回北平。⑥ 另有研究者指出,日军侵占北平后,管翼贤唯恐其对己不利,乃逃往香港。由于管氏过去就与佐佐木健儿关系密切,于是经佐佐木从中斡旋乃将其召回北京。⑦ 根据李诚毅的回忆,他在 1937 年

①　《管翼贤启事》,《实报》1938 年 10 月 13 日。

②　《实报启事》,《实报》1938 年 10 月 18 日。

③　《实报启事》,《实报》1939 年 3 月 1 日。内容如下:本报由代理社长苏雨田主持一切,近闻有人冒充社长在外招摇,除严究外,特此声明。

④　杨建宇:《汉奸报人管翼贤的人生悲剧》,《青年记者》2005 年第 7 期。

⑤　单波:《论管翼贤的新闻观》,《新闻与传播研究》2001 年第 2 期。

⑥　综合《新闻传播百科全书》《新闻学大辞典》《中国新闻实用大辞典》而得。

⑦　王隐菊:《沦陷时期北平的新闻业》,载文斐《我所知道的伪华北政权》,中国文史出版社 2005 年版,第 276 页。

离开北京后，在天津见到了管翼贤的夫人邵挹芬，将报社一切经手事件交代清楚后，便搭船到青岛转济南，和管翼贤在途中碰了头。管氏称准备在济南把《实报》复刊。①

1945 年 8 月日本投降后，南京国民政府对沦陷区的敌伪资产进行了清理与接管，同时对卖国求荣的大小汉奸进行了审判。1946 年 11 月 5 日下午 2 时，河北高等法院对管翼贤进行了公审，检察官刘仲策针对管氏企图脱罪的种种辩解进行了针锋相对的申述。11 月 6 日出版的《北方日报》以《报界罪人！伪情报局长管翼贤昨公审/为敌宣传已够杀头/何况是做情报工作》的醒目标题，在第四版分别用六个小专题（这六个小专题分别是："神色自若饰辞狡辩""统制新闻岂为祖国""俯首听命真是汉奸""情报宣传两位一体""大节已亏说甚小惠""为敌宣传蛊惑民众"）对公审管翼贤的庭审纪实进行了报道。根据该报所载刘检察官的申述，可对管翼贤逃离北平后的经历得到更为有力的确认。报道指出：

> 管逆抗战后在济南，汉口各地办报，汉口陷落至香港，由香港逃来北平，并谓以被告之才能，在后方生活绝无问题，但潜逃来平参加伪组织，证明对抗战不坚定，并观其所为种种，即使非自动，但为敌人宣传，蛊惑民众，则毫无问题。②

此外，同日出版的北平《益世报》刊发了题为《枪毙管翼贤》的社论，对管翼贤逃离北平后的办报经过与投敌行为进行了更为详细的描述。该报社论指出：

> 当敌人进占天津，管翼贤从北平跑到天津，由海路转到济南的时候，他曾在济南办过小实报，他很会投机，当时喊着国共合作共同抗日，成天捧毛泽东，朱德。不久济南紧张，他头一个害怕，停了报往南跑。在抗战初期敌军正处优势，上海，南京以及华北的太原济南相继沦陷，管翼贤首先对抗战动摇，对坚苦抗战失了信心，于是悄悄从

---

① 李诚毅：《三十年来家国》（再版），香港：振华出版社 1962 年版，第 146 页。
② 《报界罪人！伪情报局长管翼贤昨公审/为敌宣传已够杀头/何况是做情报工作》，《北方日报》1946 年 11 月 6 日。

自由中国甘心回到沦陷于敌人手中的北平，丧尽新闻界的人格，在敌人面前摇尾乞怜，一变国共合作共同抗日的呼声为中日亲善共存共荣。在中日亲善共存共荣中出版了伪实报，求到了无人肯作的伪情报局局长职务。①

综合上述新闻报道、报人回忆以及研究者的论述，可以确定以下两点：第一，管翼贤在逃离北平后，确实曾在济南、汉口等地续办《实报》；第二，管氏主动与华北日伪方面取得联系，返回已成为沦陷区的北京，甘愿为日伪摇旗呐喊。

其实，管翼贤的"亲日"行为在北平沦陷前即有所表现。在日本外务省外交史料档案馆所藏史料原件《外国新闻记者、通信员关系杂件（中国人部分）》（日文原题：《外国新闻记者、通信员关系雑件（支那人之部）》）中，收藏着自 1937 年 3 月 30 日至同年 4 月 17 日若干封由日本驻北平领事馆的加藤书记官（下称"加藤"）发给时任日本外务大臣佐藤（下称"佐藤"）的机密电报。从电报名称《北平记者团来朝之件》（日文原题为《北平记者团来朝ノ件》）可知，这些密电讨论的是在此期间北平新闻记者访问日本的相关事宜。管翼贤、李诚毅、苏雨田这些同《实报》与时闻通信社紧密相关的名字，也出现在了这些密电当中。仔细阅读这些密电的内容，便会发现在"卢沟桥事变"爆发前，管翼贤就同日本方面保持了非同寻常的关系。兹将该史料原件中的相关内容梳理并译述如下：

在 1937 年 4 月 2 日由北平发往东京的电报中，加藤提及日前（即 4 月 1 日）管翼贤在同盟社记者横田的陪伴下来拜访他，围绕北平记者团赴日的经费、出发日期和途径线路等进行了交谈。加藤强调在此次交谈中，确定了北平记者团将经由伪"满洲国"，并乘坐由满铁方面提供的交通工具一事。此外，管翼贤还表达了希望日方能够以每人三百元的标准提供旅费补贴的请求。因此加藤专门就补贴方法拍发电报向佐藤请示。②

根据 1937 年 4 月 6 日由北平发往东京的电报，可知东京方面同意按

---

① 《枪毙管翼贤》，《益世报》（北平）1946 年 11 月 6 日，社论。

② 日本外务省外交史料馆档案：《外国新闻记者、通信员关系雑件（支那人之部）》，"北平记者团来朝ノ件"，昭和 12 六零八一 第一五零号，1937 年 4 月 2 日。

照每人四百元的标准提供旅费补贴。在这封电报中，加藤提及赴日记者团由当初的十名成员增加至十二名。另外由于晋察政务委员会方面也提供了一些补助，故建议东京方面可按照每人三百元的标准提供补贴。① 另据4月2日由北平发往东京的电报，可知该记者团最初确定下来的几名主要成员及其相关背景如下：

时闻通信社社长李诚毅（北平中国大学毕业）、北平晚报社社长蒋龙超（北京大学毕业）、北平立言报社社长兼新民通信社主办金达志（北平师范学校毕业）、经济新闻社社长马芷庠（北平商业专门学校毕业）、亚洲民报主干魏诚斋（日本明治大学毕业）、上海申报驻平特派员朱镜心（北京大学毕业）、北平中和报社论主撰李进之（燕京大学出身）、北平实报总编辑苏雨田（北平中国大学毕业）②

根据1937年4月8日由北平发往东京的电报可知，晋察政务委员会委员长宋哲元在记者团出发前特地在训话里对中日提携进行了强调；北平市长秦德纯及下属举行了茶话会欢送记者团一行；日本驻北平领事馆方面由外田代司令官组织了送别宴会。③

为何日方对记者团访日一事如此重视？根据1937年4月8日由南京发往东京的另一封电报可管窥其中缘由。在这封电报中，日本驻南京大使馆的川越大使指出，中国记者团赴日本视察一事作为去年年末的一件悬案，在今年得以实现了。他认为，鉴于当地对日"空气"（氛围）的现状，此事对于启发中国新闻记者极有意义。④ 正是因为此重要意义，加藤在1937年4月5日（即记者团出发当日）发往东京的电报中特意提醒国内各地方相关部门注意做好接待工作，勿因语言不通等招致中国记者团对日本的不快印象。⑤

---

① 日本外务省外交史料馆档案：《外国新闻记者、通信员关系杂件（支那人之部）》，"北平记者团来朝ノ件"，昭和12 六三三六 第一六二号，1937年4月6日。

② 日本外务省外交史料馆档案：《外国新闻记者、通信员关系杂件（支那人之部）》，"北平记者团来朝ノ件"，昭和12 六零四六 第一四八号，1937年4月2日。

③ 日本外务省外交史料馆档案：《外国新闻记者、通信员关系杂件（支那人之部）》，"支那记者团访日ニ关スル件"，昭和12 六五四四 第一七一号，1937年4月8日。

④ 日本外务省外交史料馆档案：《外国新闻记者、通信员关系杂件（支那人之部）》，昭和12 六五四二 第二五九号，1937年4月8日。

⑤ 日本外务省外交史料馆档案：《外国新闻记者、通信员关系杂件（支那人之部）》，昭和12 六三二零 第一五九号，1937年4月5日。

根据 1937 年 4 月 6 日由北平发往东京的电报，可知中国新闻记者团此次赴日的预定行程如下：十三日午后到达东京。自十四日至十九日访问首相官邸、外务省、陆军省、海军省和中国大使馆等，参观朝日新闻社、日日新闻社、同盟社、JOAK、同文会和政治博览会等处，并游览东京和横滨。二十日自由行动。二十一日当天往返日光参观。二十二日赴离宫和箱根。①

针对北平新闻记者团此次赴日考察，上海记者协会特地发表了宣言。日本的《新京日报》在 1937 年 4 月 17 日的社论中引用了上述宣言。在当日由南京发往东京的电报中，川越大使就此事对佐藤进行了报告，并将此电转发给包括加藤在内的在华日本驻各地总领事。上海记者协会在宣言中指出，北平新闻记者团的视察旅行虽然对外宣称是纯粹的个人行为，不具任何政治意义，但事实上接受了日方提供的旅费补贴。此事背后深刻的政治意义在于，日方策划利用这个机会，以期达成以下三个目的：第一，展现明治维新后日本在物质、精神方面的进步；第二，表示伪"满洲国"成立后日本势力的牢固；第三，促使中国方面抛弃抗日和收复失地的梦想。在此背景下，这些受过高等教育且平日以民众指导者自居的记者做出如此无视人格、有损国家体面的行动，不啻为新闻记者之耻辱，亦为国民之耻辱。②

根据上述密电内容，可知 1937 年 4 月北京新闻记者团赴日参观一事有着微妙和深刻的政治意义。日本外务省是积极推动此事的主要力量，期待借此机会营造有利于日本的"空气"。管翼贤在此过程中扮演了穿针引线的重要角色，甚至很可能在一定程度上参与了赴日人员名单的制定，因为除李诚毅、苏雨田外，该团中的不少成员，如金达志、马芷庠和李进之等人都与《实报》或其主办人有着密切的联系。在此前的社论中，《实报》曾屡次呼吁当局与国人注意，不要做出承认伪满洲国的任何举动。然而，此次日方特意安排记者团经由伪满洲国赴日，就是旨在对伪满洲国进行事实上的承认。对于日方的这种如意算盘，管翼贤不会不清楚，却仍旧积极为促成记者团出行的实现献计献策。

---

① 日本外务省外交史料馆档案：《外国新聞記者、通信員関係雑件（支那人之部）》，"北平記者団来朝ノ件"，昭和 12 六三六六 第一六三号，1937 年 4 月 6 日。

② 日本外务省外交史料馆档案：《外国新聞記者、通信員関係雑件（支那人之部）》，昭和 12 七一七九 第二七六号，1937 年 4 月 17 日。

通过此事，亦可断定此前赞成对日立即断交宣战的《实报》社长管翼贤，于 1934 年 9 月设宴欢迎朝日新闻社飞行员，并在宴席上与日方同业大谈"中日亲善""国民外交"，并非偶然，也非冲动之举（参见本书第五章）。透过这种标榜与实践之间的矛盾，可再次窥见长袖善舞、八面玲珑的管翼贤性格的多面性和处事的投机性。具有讽刺意义的是，在半殖民主义语境中，这种长袖善舞和八面玲珑正是管翼贤在"矛盾中偷生活"，保障《实报》的营业效果（同时也是保障个人利益）的重要手段与能力。从这个角度来看，管氏作出投敌附逆的决定，甘愿以丧失人格、国格为代价，延续其所谓的"报人"生涯，并非如有的学者所推测的一般，单纯因嗜报如命以致发生"人格分裂"，[①] 而是有着更为丰富的历史意义。

面临可能的危险，第一时间迅速走避；在异地继续从事办报活动，密切关注时局动向；把握适当的时机，疏通关系得到当局"谅解"（实际上是同有关方面谈妥条件），返回故地重操旧业——这种行动模式，管翼贤在 1924 年就已实践过。

据李诚毅回忆，当年管翼贤负责的神州通讯社和直系军阀建立了相当的关系。奉系大败直系，张作霖以胜利者的姿态入驻北京后，自然不会允许一个接近直系的新闻机构继续存在，遂命令警宪逮捕管翼贤。但因为管翼贤疏通了电话局的关系，当大元帅府在电话中传达口头命令时，电话局同时把这个消息通知了管氏，所以他能及时逃到东交民巷，再转往大连。因为管氏交际广泛，有人代他向奉系军阀求情，使得管氏得以由大连转到天津，在英国人办的《京津泰晤士报》当编辑。1925 年管翼贤和张作霖的三、四方面军（由张学良的三方面军和翰麟春的四方面军统一构成）接上了关系，当时该军团秘书霍戴一担任天津《益世报》的总编辑，管氏通过少帅的关系，兼任《益世报》的编辑。[②]

这种近乎一致的行动模式亦可佐证管翼贤于 1938 年主动返回北京投敌并非一时的"人格分裂"，而是其性格两面性与处事投机性的一贯表现。此外，结合东洋协会 1938 年 11 月出版的一份印刷品《在中国的国共合作问题》（日文原题为《支那に於ける国共合作問題》）中的相关分析，可以知道管氏的投敌行为，并非个案，而是有着群体特征。在抗战初期日

---

① 单波：《论管翼贤的新闻观》，《新闻与传播研究》2001 年第 2 期。
② 李诚毅：《三十年来家国》（再版），香港：振华出版社 1962 年版，第 139—140 页。

方占据军事优势、中方处于军事劣势的背景下，管氏的行径代表了不少欠缺民族国家观念、抗日意志薄弱的民族资产阶级的可能选择。

根据东洋协会的分析，华北作为中国第二大工业地带，是中国民族资本最为发达的地区之一。1937 年中日全面战争的爆发后，因为在战区投下的资本不可能在短时间内轻易转移，因此战争给了此区域的中国民族资本家较为致命的打击。正因为受到了打击，他们期望能够利用残存的资本东山再起。东洋协会撰写这一调查报告的目的在于为日本在占领区的统治献计献策。基于这一目的，该协会在报告中认为民族资本家的上述特征，为聚合此社会阶层、辅助日军在占领区域内树立新政权提供了可能性。①

通过李诚毅将报社的部分资产进行转移和秘密安置，并将经手事情向管太太进行清楚交代这一行为，可知管氏也抱有利用这些资产重振事业的计划。结合其他资料，亦可确认管翼贤离开北平后曾在济南、汉口等地继续经营《实报》。与其说他是“嗜报如命”，不如说《实报》对于管翼贤而言，既是他投入心血经营的事业，同时也是他付出汗水积累起来的家业。在战局动荡、战火纷飞，国家与民族命运走向并不明朗的情况下，可以料想管翼贤要复办《实报》、继续营业将面对的种种困难。在这种境况中，摆在他面前的只有两条路：一条路是同民族与国家共命运，一条路是出卖国格、人格维护一己私利。从结果来看，管翼贤经过衡量利弊，作出了附逆投敌的抉择，在这条不归路上越走越远。与其说管翼贤的抉择是被环境所迫、走投无路，不如说他是卖国求荣，协力华北日伪进行新闻统制的受益者。

高木教典和福田喜三通过对日本法西斯形成期大众传媒组织化之实态的研究指出，由政府主导的对弱小报纸的整理，实现了大众传媒的企业统合，客观上缓和了贩卖竞争这一长年困扰报社经营的难题。利润的实际增长成为企业报纸自发协力政府促进传媒组织化和一元化的原动力。②

参照高木和福田的上述观点，可发现在沦陷区出版发行的《实报》也是新闻统制体制的受益者。在沦陷期间，《实报》的版面从原有的四版扩充到了六版。随着众多小报被迫停刊或并入其他报纸，《实报》亦获得

---

①　东洋协会调查部：《支那に於ける国共合作問題》，东洋协会，1938 年，第 2 页。
②　［日］高木教典、福田喜三：《日本ファシズム形成期のマス・メディア統制（二）——マス・メディア組織化の実態とマス・メディア》，《思想》1961 年 11 月，第 85 页。

了扩展市场份额、吸纳新读者的机会。尽管《实报》有时不得不采取缩张方式发行报纸，但从未间断过出版，无疑也是专赖于日伪方面的物资配给。

根据前引《益世报》的社论可知，管氏不仅"一变国共合作共同抗日的呼声为中日亲善共存共荣"，还"求到了无人肯作的伪情报局局长职务"，由此可见其作为文化汉奸的彻底性。① 据统计，管氏附逆后出任的伪职有中华新闻学院教务主任兼新闻学总论教授、华北剿共委员会事务主任、新民会全国协议会副会长、东亚操觚者大会副主席、中国新闻协会副会长、新闻协会常务委员、中华新闻通讯社副社长、《武德报》理事长兼社长、《华北新报》社长、华北政务委员会情报局局长等。② 重庆《新华日报》在1945年8月23日刊登了一份《文化汉奸名录》，排在这份名录第一位的是周作人，第二位的便是管翼贤。据此名录介绍可知，在华北沦陷区内，管翼贤因为和敌军部关系深厚，所以"俨然成了伪新闻界中的权威"。足见管翼贤借助华北日伪的新闻统制体制，通过出卖国格、人格，获得了他在北平沦陷前不可能拥有的"辉煌成就"。

通过如上考证和分析，可以发现管翼贤在1938年返回北京附逆投敌，并非单纯因为"嗜报如命"，以致发生"人格分裂"，而是几经衡量个人得失之后，心甘情愿以出卖国格、人格为代价，延续其所谓的"报人"生涯。综合本部分的考证，作此论断的根据主要有四：

第一，管翼贤在北平沦陷前，就同日本驻华记者和领馆人员保持了不一般的关系，"有意无意"地协助日本进行"中日亲善"的宣传。

第二，面临可能的危险，第一时间迅速走避；在异地继续从事办报活动；待风声过后，疏通关系得到当局谅解，返回故地重操旧业——这种行动模式，管翼贤在1924年就已经实践过。

第三，管翼贤在离开北平后，曾在济南、汉口等地继续经营《实报》，但很快改变主意（这或许和抗日战争初期日军的军事优势以及战乱环境中营业困难等现实不无关系），最终选择了投靠日本以附逆的方式重掌《实报》的社务大权。

第四，管翼贤在返回北京后，备受华北日伪当局的器重，积极配合日

---

① 《枪毙管翼贤》，《益世报》（北平）1946年11月6日，社论。

② 综合《新闻传播百科全书》《新闻学大辞典》《中国新闻实用大辞典》而得。

本的"国策"开展言论报道和新闻教育活动。应该说管氏得以施展"才华"的平台与资源是借助华北日伪当局在沦陷区的军事占领和新闻统制、以牺牲国家和民族利益获得的，足见管翼贤的选择并非出于无奈或被迫。

第五章曾提及 1932 年 1 月 21 日，《实报》刊登过一篇题为《应速诛卖国贼》的社论，对"东北事变发生后，一般无耻官僚与军人，不惜奴颜婢膝，以事日人，求沾日人侵略之余润"的行径进行了谴责与抨击。该社论强调：

> 吾人敢敬告政府曰：国贼等罪无可恕，若不置诸法，则人将疑政府之奖励卖国行为矣。维国纪，正人心，在此一举，不可不速图也！①

现在看来，这篇社论颇具讽刺意味地预示了该报主持者管翼贤的命运。日本投降后，管翼贤被国民党当局逮捕。检察官以管氏"犯惩治汉奸条例第二条第一项第七款八款十三款，提请高院依法处理"。② 据称管氏在法庭上"神态自若"，"在获准答辩后，以稳健清晰的声调"，主要陈述了三点意见：第一，"假定犯罪属实，彼愿坦白接受"；第二，"请考虑八年中之环境局面，而尽量惩处公平"；第三，"对起诉书做一简单述明"。③ 随后管氏辩称其附逆担任伪职期间的种种行为实非自愿，均出自日方胁迫。例如他强调，出任伪华北政务委员会情报局局长一职时，下令华北各报停刊，集中资源创办《华北新报》，是因为"物资缺乏，经济困难，天津报纸只敷一年之用，日本遂采取统一报纸，其原因则为节省报纸"；至于他出任华北新报社长，乃"伪华北政委会派定，非彼自愿"。再如他强调，在日伪电台进行为日方喊话的广播，系"出自日人强迫"。对于他出任武德报社编辑、中华通讯社顾问等职务，则辩称前者乃"伪政府经营，非直辖于日人"，后者乃"伪组织办理，同盟社系日人，无论组织经济消息，均有区别，仅只交换消息而已"。④

---

① 《应速诛卖国贼》，《实报》1932 年 1 月 21 日，社论。
② 《报界罪人！伪情报局长管翼贤昨公审／为敌宣传已够杀头／何况是做情报工作》，《北方日报》1946 年 11 月 6 日。
③ 同上。
④ 同上。

根据本章前部对日伪当局在华北沦陷区推行的新闻统制的归纳与梳理，尤其是对各种伪组织与日本占领者、伪政权之间微妙关系的揭露，可知管翼贤的如上辩驳与事实相去甚远。然而，管氏不仅避重就轻地将自己主动附逆为敌宣传的责任推得一干二净，而且还认为"沦陷区新闻记者最痛苦，但奋斗出来的新闻记者也最光荣"。① 从这种赤裸裸的"汉奸理论"，足见被公认为"报界罪人""新闻界败类"的管翼贤对自己卖国求荣的行为并无反省之意。

1946 年 11 月 11 日下午 2 时，河北高等法院宣布了对管翼贤的判决，平、津的多数报纸对这一消息进行了报道。天津《大公报》对判词原文记录如下：

> 管翼贤通谋敌国，图谋反抗本国，处死刑，褫夺公权终身，财产除酌情留其家属生活必需外，余没收。②

根据同日《北方日报》的报道，可知法院作出如上判决的理由如下：

> 管逆于伪职期间，一切出于自动，代敌宣传，供给情报，所主持之宣传机构，至为庞大，胜利后虽态度转变，协助地下工作人员，但纯系投机取巧，其主持报社之社会救济，纵有微功，亦系私人施惠，不足以补叛国之大逆，故在法言法，处以极刑。③

河北高等法院对管翼贤虽然作出了死刑的判决，后又改判无期徒刑。新中国成立后，人民法院对管翼贤进行了重新审理，最终判处其死刑。这一判决结果，显然是为维护民族正气与历史正义而作出的公正制裁。诚如前引北平《益世报》的社论所言：

> 管逆翼贤以一个从事新闻工作者，竟从自由中国投到敌人怀抱甘心做敌伪的情报局长。已经足足够执行枪毙的罪状。何况管逆翼贤卖

---

① 《报界罪人！伪情报局长管翼贤昨公审／为敌宣传已够杀头／何况是做情报工作》，《北方日报》1946 年 11 月 6 日。

② 《管逆翼贤判死／周逆大文徒刑十年》，《大公报》1946 年 11 月 12 日。

③ 《管逆翼贤判处死刑／投机取巧无不其罪》，《北方日报》1946 年 11 月 12 日。

国求荣，麻醉华北民众，做敌人的传声筒，丧尽了民族人格。站在新闻工作者的立场，我们坚决要求严励（厉）制裁这样的新闻界败类。①

　　其实从管氏作出返京附逆抉择的那一刻，就决定了他个人的命运：纵然再有才华与能力，一旦走上出卖民族、出卖国家的道路，其结果注定是背上"文化汉奸""报界罪人""新闻界败类"的罪名。

---

　　① 《枪毙管翼贤》，《益世报》（北平）1946 年 11 月 6 日，社论。

第八章

"报格"尽失的日伪言论报道机关

　　我在京沪一带，听见许多人称日本投降为"和平"。受降以前称"和平以前"，受降以后称"和平以后"。这都是国军未接收前汉奸造作的名词，以取媚见悦于其将去的主子。所以这"和平"两字，应当痛斥，劝大家改称"胜利"，方足以消灭汉奸的痕迹，而改正人民的观念。因为"和平"这个荒谬的名词，通行已久，流传较广，所以还要请舆论界不断的注意纠正……①

　　1937 年北平沦陷后，华北日军根据其对占领区的统治需要，先后扶植了北平维持会及伪中华民国临时政府。1940 年 3 月，汪精卫南京傀儡政权成立的同时，伪中华民国临时政府宣告撤销，在此基础上成立"华北政务委员会"。汪伪政权虽号称"合法的中央政权"，但对直接听命于华北地区日军的华北政务委员会并不具备实际的领导力；汪伪的汉奸理论亦难成为华北伪政权的指导思想。② 因此，华北伪政权的新闻宣传也呈现出有别于南京伪政权的独立性。③

　　上一章曾指出，华北日伪当局设立了专门的文化机构，作为华北占领区与汪伪政府所在的华南地区以及伪满洲国进行"文化交流"的中枢，对文化出版物的输入与输出进行监控。从这一举动也可管窥华北伪政权的

---

　　① 　罗家伦：《为轻治汉奸而抗议》（上），《中央日报》1946 年 11 月 10 日。
　　② 　有关伪华北政务委员会与汪伪政权间这种名义上隶属关系的研究，参见王琳《对抗日战争时期华北伪政权的考察》，《延安大学学报》（社会科学版）1997 年第 1 期；刘敬忠《华北日伪政权研究》，人民出版社 2007 年版，第 27—29 页。
　　③ 　关于汪精卫南京傀儡政权的新闻理念与方针及其在"太平洋战争"爆发前后宣传理论与政策的异同，见［新］卓南生《南京伪政权的新闻论及其之下的报纸》，见程曼丽《北大新闻与传播评论》第一辑，北京大学出版社 2004 年版，第 316—344 页。

特殊地位，并非完全接受南京伪政权的领导，而是自身具备某种程度的自治性。

《实报》于北平沦陷后即被日伪接管，在北平维持会时期、伪中华民国临时政府时期、伪华北政务委员会时期分别由何庭流、胡通海、管翼贤出任社长。本章将根据《实报》1937年7月至1944年4月的报纸原件，对该报在上述三个时期报道倾向及特点进行分析，期望以点带面地揭示华北日伪报纸作为"言论报道机关"的特征和特性。

一 华北沦陷区日伪报刊言论报道的相似性

现代新闻学对新闻选择的定义是，新闻工作者对现实生活中发生的事实加以鉴别，选出新闻媒体值得传播的事实。新闻选择的结果，即利用有限的版面提供什么样的新闻，在很大程度上影响（甚至可能决定着）读者思考什么、怎样思考以及思考的结果。新闻业务的三个主要环节——采访、写作、编辑都与新闻选择有着密切的关系。

沦陷区日伪报刊的言论报道是在当局严格的一元化新闻统制下进行的。日伪报刊主要由日伪通讯社提供新闻成品或半成品，其稿件的采访和写作并非由报社所属的新闻工作者完成。因此其言论报道呈现出高度的同质性与相似性。本部分通过简单随机抽样的方法选取样本，并进行内容分析，比较有着"准官方"背景、被视为机关报的《新民报》和有着广大读者基础的、小型报《实报》的新闻选择（着重比较要闻版新闻的把关原则和报道手法）的特点，便可对日伪报刊的这一特征有更清楚的了解。

在考察两报的把关原则时，主要通过内容分析的方法，将要闻版的新闻按照编码分类，统计每日各类型新闻的绝对数量，计算各类型新闻的报道比重，即占当日要闻版新闻总量的百分比，比较两份报纸新闻选择的偏好。同时，注意考察两报的同质化程度，即统计两报每日内容相同的新闻的数量。在考察两报的报道手法时，主要针对两报内容相同的新闻，比较其新闻来源、标题风格、报道重点、编辑处理手法方面的特点。

结果发现《新民报》与《实报》在新闻选择方面显示出如下同一性。

（一）新闻来源相同

在《新民报》的297条新闻中，冠以［本报讯］或［本报特讯］的新闻不超过 32 条，来自情报部门的新闻为 9 条；在《实报》的 262 条新闻中，冠以［本报讯］或［本报特讯］的新闻仅有 3 条，来自情报部门的新闻为 11 条；两报要闻版的其余新闻全部来源于同盟社及其改组而成的中华通讯社。

可见两报对同盟社的依赖程度相当高，此现象也反映出华北日伪当局对新闻输入渠道控制的严密性，各伪报自行采集新闻的自由度较低。

（二）新闻结构具有相似性

通过内容编码将两报的新闻分类，可知军事新闻和政治新闻占据了两报新闻报道的主要内容。

在两报的军事新闻中，"报道日军军事动向"和"报道日军战果"两类新闻出现的频率和占据的比例最多，而且均为正面报道。涉及"国民党"的军事新闻多为负面报道（如战败、退兵等）、攻势新闻（强调国民党无力抵抗，不日将停止抗日）或谋略新闻（强调国共不合、互相倾轧）。

在两报的政治新闻中，关于"日本军政当局"和"北平伪政权"的时政新闻占据了主体地位。攻势新闻与谋略新闻出现的频率虽然不高，但内容均以强调国民政府混乱无能、国共合作不睦为主。

可见，两报在重视军事新闻和政治新闻的报道方面具有相似性，这种结构的相似性体现出了日伪报刊作为"思想宣传战"之言论报道机关的特性。

（三）新闻同质化程度明显

《实报》与《新民报》的新闻同质化主要体现在以下两个方面：第一，新闻标题的风格趋同；第二，军事新闻和政治新闻内容重合率高。

两报的新闻标题的相同之处体现在，均使用多行题，最少时两行，多时可至六七行，字数从三四字到十数字不等；往往将多条简短消息进行综合编辑，由一个标题统领该新闻板块。标题多是新闻板块中有关内容的概括，若将标题串联起来，也可成为一条精编的新闻。《实报》的标题字数往往略多于《新民报》，以 1938 年 5 月 20 日两报的军事新闻为例。《新民报》的标题是《扫荡城内残军／占据市内重要机关／党军总退却》，新闻由 6 条不同内容的军事消息构成；《实报》则以《田边部队首先突入西门／城内党军午后已肃清／全程黑烟冲天／党军夺东北门溃走／寺内大将昨晨再度飞往徐州视察》为题，将 10 条不同内容的军事消息综合编辑在一个新闻板块内进行报道。

比较新闻内容的重合率也可说明两报内容的同质化程度。总重合率，即重合新闻占所有新闻的比率，最小值为 21.1%，最大值为 100%，平均总重合率约为 57.5%。其中重合现象最为突出的是军事新闻和政治新闻。军事新闻的重合率，最小值为 33.3%，最大值为 100%，平均重合率约为 68.8%。政治新闻的重合率，最小值为 20%，最大值为 100%，平均重合率约为 52.3%。

两报新闻同质化现象的具体表现，是所刊内容往往是根据同一篇通讯社提供的通稿改编而成，除新闻标题的表述略有不同，文中个别词句有所更动外，内容基本相同。例如，1938 年 5 月 20 日《新民报》上一条报道日军军事动向的新闻，其内容如下：

> 自大歼灭战展开以来军司令部亟盼攻入徐州城日期电报之到来，十九日晨果有两种电波之痛快报告，涌现于全军司令部，此两种电报均系飞翔危如朝露之徐州上空的日本陆军机机上无线电，其全文如下：（一）向徐州南进中我军已至极近徐州之位置，（午前十时十五分）（三）情势可喜可贺（午前十时四十五分）①

1938 年 5 月 20 日《实报》的同条新闻虽略有删改，仍不难看出这条新闻与上述《新闻报》所登新闻均援引自同一篇通讯社稿件。

> 十九日早有两种电波之痛快报告，涌现于全军司令部，此两种电报均系飞翔危如朝露之徐州上空的日本陆军机机上无线电也，其文如下：（一）向徐州南进中我军，已至极近徐州之位置，（午前十时十五分）（一）情势可喜可贺（午前十时四十五分）②

这种情况在报道日本军政当局和北平伪政权的重大声明、施政方针、

---

① 《前线日机之捷电》，《新民报》1938 年 5 月 20 日。内容照原文抄录。
② 《田边部队首先突入西门/城内党军午后已肃清/全程黑烟冲天/党军夺东北门溃走/寺内大将昨晨再度飞往徐州视察》，《实报》1938 年 5 月 20 日。内容照原文抄录。

要员讲稿时最为普遍；在报道某些社会新闻和文化新闻时，也有所体现。

通过以上比较，可知通过对《实报》在沦陷时期报道与言论的主要观点、倾向或立场以及论调变化，亦可管窥华北沦陷区内日伪报刊的言论报道特征。

二　日本在全面侵华战争不同阶段的对华政策

"卢沟桥事变"后，日本参谋本部计划将战争分为两个阶段进行：第一阶段约两个月，以优势兵力击溃中国第二十九军，解决华北问题；第二阶段约三四个月，以足够的兵力攻击国民党中央军，通过全面战争摧毁蒋介石政权，一举解决中国问题。1937 年 7 月底平津战役结束后，日本内阁正式把对华外交攻势提上了议事日程。

1937 年 12 月 13 日南京失陷后，日本当局发现武力压迫并未使国民政府屈服，便开始考虑当国民党政府拒绝日方条件时的对策。华北日军提出了在华北地区建立一个统一的傀儡政权，① 若国民政府拒绝日方条件，即对该傀儡政权进行承认并与之媾和，再诱导国民政府合流以解决中国问题的构想。为配合华北日军的上述主张，伪"中华民国临时政府"于同年 12 月 14 日在北平宣告成立。

1938 年 1 月 16 日，日本内阁发表"不以国民政府为对手"的"第一次近卫声明"，向国民党政府进行威吓，并在一定程度上默认了上述构想。1 月 20 日，日本参谋本部战争指导班正式确认了通过扶植"新政权"，恢复占领区的"治安"，诱导蒋介石政府与"新政权"合流，结束对华战争的政策。

1938 年 6 月徐州会战结束后，近卫内阁调整了对华政策，为"解决中国事变"并"在年内达到战争目的"，一面在占领区内拼凑统一的傀儡政权，一面推进谋略工作对国民政府进行策反。

武汉沦陷后，日本被迫由以战略攻势为主转变为以政略攻势为主。

---

①　研究者指出，"七七事变"后，日军在华北占领区相继成立以江朝宗为首的"北平临时治安维持会"（7 月 30 日）、以高凌尉为首的"天津地方治安维持会"（8 月 1 日）、以萧瑞臣为首的"河南省自治政府"（11 月 27 日）和"山西省临时政府"（12 月 10 日）等伪政权。建立一个整个华北地区的伪政权以作为日本华北占领军的地方管理权力机构，既符合日本占领军对于华北的控制政策，又可以在"以华制华"中消弛中国民众的抗日情绪。王琳：《对抗日战争时期华北伪政权的考察》，《延安大学学报》（社会科学版）1997 年第 1 期。

1938 年 11 月 3 日，日本政府发表"第二次近卫声明"，宣称日本的目标是建立"日、满、华三国合作的东亚新秩序"，并采取了"虽国民政府亦不拒绝"的方针，确立了以政治诱降为主、军事进攻为辅的新政策，其中诱降国民党政府是武汉沦陷后到 1940 年日本对华政策的重点。

1938 年底汪精卫出逃，日本政府即发表"第三次近卫声明"向国民党政府呼吁"日、满、华三国应以建设东亚新秩序为共同目标而联合起来，共同谋求实现睦邻友好、共同防共和经济合作"，宣称日本愿"和中国同感忧虑、具有卓识的人士合作，为建设东亚新秩序"。汪精卫随后发表《和平建议》与之呼应，并在此后的三个月中持续向国民政府发动"和平攻势"，企图从外部推动国民党政府转换政策。

"和平攻势"并未奏效后，汪氏向日方表达了由自己出面建立"和平政府"的想法。1939 年 6 月 6 日，日本内阁五相会议通过《中国新中央政府树立方针》，正式确定由汪精卫出面组织中国伪中央政权的方针。

然而与北平临时政府及南京维新政府的讨价还价使得汪精卫的中央政权迟迟未能诞生，此间第二次世界大战爆发。鉴于欧洲复杂多变的局势，日本决定不介入欧战，内阁"政策的核心是处理中国事变"，终于在 1940 年 3 月实现了"南北合流"。

1940 年 5 月至 6 月间，德国闪击西欧，英、法、荷等国无暇顾及其在东南亚的殖民地，日本主张"南进"的势力认为这是向南洋扩展势力的良机，[1] 呼吁政府"不要误了班车"。[2] 第二届近卫内阁在此呼声中上台，制定了《基本国策要纲》，规定"建立以皇国（日本）为核心，以日、满、华牢固结合为基础的大东亚新秩序（按：即后来的"大东亚共荣圈"）为日本基本国策，同时指出'皇国目前的外交是以建设大东亚新

---

[1] 北进政策和南进政策是第二次世界大战期间日本帝国主义对外侵略扩张、争霸称霸的基本国策，也是其世界战略的主要内容。所谓北进政策，即通过中国向苏联远东地区扩张，主要对手是苏联；所谓南进政策，即通过中国向南洋地区扩张，主要对手是美、英。胡德坤：《中日战争史（1931—1945）》（修订本），武汉大学出版社 2005 年版，第 288 页。

[2] 德国闪电战的胜利使日本统治阶级产生了幻想。他们以为英国的屈服近在眉睫，产生了大战的趋势很快就决定了的错觉，急切想乘德国的胜利捞上一把。"赶快坐上公共汽车！"这是当时统治阶级的一个口号。载〔日〕藤原彰《日本近现代史》第三卷，伊文成等译，商务印书馆 1983 年版，第 74 页。

秩序为根本，首先将重点置于结束中国事变方面'"。①

以上述《基本国策要纲》为基础，日本制定了对华实行"大持久战"战略的政策，计划收缩在华战线，逐步减少在华兵力，建立对华长期战争体制，以便集中全力向南洋"扩展"。然而到 1941 年夏秋之际，"大持久战"战略仍未进入实施阶段，"迅速处理中国事变"依旧是摆在日本政府及军部面前的首要问题。

1941 年 12 月 8 日，日本偷袭珍珠港，太平洋战争爆发。日本企图利用太平洋战争的初期胜利发动新的攻势，以达到"解决中国问题"的目的，其政策之一就是加强汪伪政权的力量，要求其加入太平洋战争。日本要求汪伪政权参战出于以下目的：一是要其为日本卖命，二是希望通过汪伪政权的参战使国民政府的抗战师出无名。太平洋战争爆发后，日本对华政策的内容还包括，保持对国民政府的军事压力，挫败其继续抗战的意图，并且继续对解放区进行"治安战"。

通过如上梳理，可以看出有两条主线贯穿于不同阶段的日本对华政策。第一，如何迅速结束中国的战事始终是其制定对华政策时的重要问题。为达到此目的，日本对蒋介石政府除进行武力威胁之外，还通过谋略、宣传、外交等手段与其军事行动相互配合。第二，以建立"东亚新秩序"及后来的"大东亚共荣圈"为标榜，作为其发动战争的"大义名分"，将侵略行为合理化、合法化。以所谓的"合作"诱降蒋介石政府、蒙蔽中国民众，实际上则是企图将中国置于日本的控制之下，沦为其殖民地。

《实报》在不同时期的言论报道活动也基本上围绕着这两条主线进行，只不过随着日本对华政策的调整，报道重点有所变化。同时需要注意的是，华北日伪报刊在某些具体问题上呈现出报道的特殊性和差异性。以下将对《实报》在不同时期的报道倾向和特征进行细致的分析，以揭示其作为华北日伪之"言论报道机关"的本质属性。

三　《实报》在北平维持会时期的报道倾向及特点（1937.7—1937.12）

《实报》主要通过对日本方面的正面宣传和对国民政府的负面宣传相

---

① 《日本外交年表及主要文书》（下册），载胡德坤《中日战争史（1931—1945）》（修订本），武汉大学出版社 2005 年版，第 293、297 页。

结合的方法，配合此时期日本对华政策需要。

《实报》要闻版每天都刊登大量有关日军战况的报道，这些报道主要来源于日本同盟社，还有少部分来自前线部队的报道班。这类报道有的直接展示"皇军"的赫赫战果，如《宁空输机／廿四架被全灭》① 《宁火药库／已被炸毁》② 等；有的则通过与国民党军队"退败"的对比间接展示，如《昨拂晓于暴风雨中／展开闸北大战／华军趁夜逆袭损失甚重／日军卒完成大包围队形》③；有的对战争场面作详细的描述，对日军的侵略行为进行美化和称颂；有的通过士兵的"奋战体验"，塑造"皇军"的"神武"形象。但在报道国民政府方面的消息时，或强调其中央军军纪涣散、军心不稳、军备缺乏，如《宁军弱点暴露／胜算全失》④《宁军筹划战费／极无办法》⑤ 等；或强调其经济窘困、无力维持抗战和缺乏援助，如《宁府财政／已现破绽／战争持续力／已全部灭杀》⑥《宁府经济恐慌／已达极点》⑦ 等；或强调其威信全无、抗战政策与宣传缺乏民众支持，例如《宁府威令／已渐扫地／社会不安之色／亦已愈形浓厚》⑧《宁方仍肆意／作逆宣传／中外人均甚嫌恶》⑨ 等。

侵华战争扩大到上海后，日本政府和军部需为此寻找"大义名分"，便极力制造舆论将战争爆发的原因归咎于蒋介石政府，声称由于"中国方面蹂躏停战协定，出于挑战态度"，⑩ 日本为"膺惩暴戾中国"，不得以将"事态扩大"，其出兵是"为东洋和平且为世界平和"考虑，⑪ 旨在"促宁方（按：指蒋介石政府）之猛省"。⑫ 并指出，如果"宁方"能够"迅速反省"，日本将"立即撤回派遣之军"，而做"亲善之准备"，⑬ 希

① 《实报》1937 年 8 月 18 日。
② 《实报》1937 年 8 月 20 日。
③ 《实报》1937 年 8 月 15 日。
④ 《实报》1937 年 8 月 26 日。
⑤ 《实报》1937 年 11 月 2 日。
⑥ 《实报》1937 年 9 月 16 日。
⑦ 《实报》1937 年 10 月 4 日。
⑧ 《实报》1937 年 9 月 19 日。
⑨ 《实报》1937 年 11 月 6 日。
⑩ 《停战协／定委会／昨开会》，《实报》1937 年 8 月 14 日。
⑪ 《广田外相谈／余之外交方针／坚持到底／宁府不惟助长抗日／更进与赤化相勾结》，《实报》1937 年 9 月 4 日。
⑫ 《广田外相顾念／东亚大局／促宁方之猛省／顺帝国之理想》，《实报》1937 年 9 月 6 日。
⑬ 《广田外相谈／余之外交方针／坚持到底／宁府不惟助长抗日／更进与赤化相勾结》，《实报》1937 年 9 月 4 日。

望蒋介石政府能"顺帝国之理想"。①

　　为渲染民众对日军战争行为的支持及对其战争"正义性"的肯定，《实报》特地对日本国民、侨民以及第三国人民的"献金"行为进行了报道。此外，为塑造日本的"正义的善邻"形象，《实报》刊登了许多中国民众表达对日感情的报道。这些报道有的突出居民对日军的"欢迎"之情，例如《日军清扫南市／难民笑迎／交通完全恢复／遍贴安民告示》② 等；有的侧重日军对当地居民的"帮助"，强调许多受"战祸"侵扰的地方因日军的到来得以"治安恢复"，表达当地居民的"对日感谢"之情，如《日本军人／为救命星／保定回平难民／对日军感谢语》③ 等。

　　1937 年 12 月 13 日南京失陷后，日本当局发现武力压迫并未使国民政府屈服，便开始考虑当国民党政府拒绝日方条件时的对策。华北日军提出了在华北地区建立一个统一的傀儡政权，若国民政府拒绝日方条件，即对该傀儡政权进行承认并与之媾和，再诱导国民政府合流以解决中国问题的构想。

　　其实，华北日军的这个构想已经酝酿多时。从 1937 年 9 月起，旨在协助日本占领军实现其分离华北企图的舆论见诸报端。这些舆论叫嚣应"借重友军之外力""树立一个新的政治机构"，脱离国民党统治，呼吁"华北的父老兄弟，赶快起来，建立华北人之新华北！"④ 为了配合创造"华北人之华北"的舆论造势，日军东城宣抚处于 10 月份举办了悬赏募集《华北民众幸福歌》的活动，要求歌词"须歌颂华北民众衷心忻悦脱离军阀希望和平之意"以及"歌颂民众之乐利福祉"。⑤ 11 月份，《实报》刊登了由北京同盟社提供的稿件，列举了华北应树立"新政权"的两个原因：第一，"华北民众对于宁政权，已完全丧失其信赖，而属望于新政权之出现，此已成华北全民众之冀望"；第二，华北因"水灾与战祸而蒙损害"，"树立新政权，为解决华北现实困难事态之所必至"。并强调"新政权形态"应该是"连亘华北华中之数政权之复合化者"。⑥ 不难看出该文对"新政权"的定位与华北军方期望的傀儡政权何等相似。

----

① 《广田外相顾念／东亚大局／促宁方之猛省／顺帝国之理想》，《实报》1937 年 9 月 6 日。

② 《实报》1937 年 11 月 16 日。

③ 《实报》1937 年 10 月 12 日。

④ 《保定陷落后人民应有之觉悟》，《实报》1937 年 9 月 25 日。

⑤ 《悬赏募集唱歌》，《实报》1937 年 10 月 4 日。

⑥ 《华北自治机运萌动／新政府即将产生／宁府之没落与南北分离为其契机／安定生活复兴文化实为我全民所望》，《实报》1937 年 11 月 24 日。

至南京失陷前后，为配合华北日军的上述构想，同时为"华北新政权"诞生造势，《实报》开始着力报道华北民众、各个伪组织和伪政权对华北统一"新政权"的渴望之情与支持之意，每隔一两天就会在其要闻版（有时是社会新闻版）登载一篇为"新政权"成立造势的报道。1937 年 12 月 14日，伪中华民国临时政府在北京成立，《实报》于次日便开始连载各方各界对"新政权"的"拥戴之情"。但仔细阅读便可发现，表达"拥戴之情"的全都是与华北方面军关系密切的伪政权和伪组织，而日本政府对华北"新政权"的诞生却未表露丝毫的喜悦之情。从下面这条来自同盟社东京方面的报道，即可了解当时日本政府对"新政权"的真实态度：

> 否认中国国民政府一事，南京陷落前，既由日朝野有力主张，而南京既于十三日归日军完全占领，国民政府亦向腹地分散遁走，名实均已失掉中央政权之资格，一方华北十四日于北京从见中华民国临时政府之诞生，但国民政府至今日尚无反省模样，因此帝国政府此际以决定否认国民政府态度，为确立对华方策为前提，于是于十七日阁议，以此问题为中心题，似曾有所论议，年内断行否认蒋政权，以地方政权待遇国民政府之议论，颇占有力。①

可见当时日本政府内部就"是否以地方政权待遇国民政府"这个问题有所争议，尽管赞成派略占优势，但政府最终并未就此达成一致。据此可知，在华北展开的"新政权运动"以及配合此运动进行的舆论宣传，基本上可说是华北日军制造出来的；为"新政权"诞生造势的报道，则可体现出《实报》作为华北日伪治下的言论报道机关的特性。

四 《实报》在伪中华民国临时政府时期报道的倾向与特点（1938.1—1940.3）

伪中华民国临时政府于 1938 年元旦正式对外办公，但由于尚未得到日本政府承认，对"新政权"表达"拥戴"之情的报道未停反增，甚至更借用在

---

① 《日本临时阁议讨论/对华根本策/全体阁员意见完全一致/今后或将不承认党政府》，《实报》1937 年 12 月 19 日。

日华侨之口露骨地表达"要望日本之承认新中国临时政府"的请求。① 直至同年1月16日，日本政府宣布了"不以国民政府为对手"的决定，表示"期待与帝国真足以提携之新兴中国政府之成立发展"② "始终视华北新政权为中国新中央政府"，③ 才对伪中华民国临时政府给予承认。

为顺应"不以国民政府为对手"的对华政策，迫使蒋介石政府迅速投降，《实报》大肆制造国共不合、各方反蒋的报道，企图动摇当时国民政府的合法地位，削弱中国民众抗战的决意，例如《蒋介石强化独裁/将益速国共分裂》④《粤民众反蒋运动/渐浓厚化》⑤《川府反党府空气/突见弥漫》⑥ 等。同时为呼应"视华北新政权为中国新中央政府"的决定，巩固伪中华民国临时政府中央政府的地位，《实报》还对由华中日军支持的伪中华民国维新政府并入伪临时政府的进展情况进行了追踪报道，例如《新政府成立宣言/交通恢复即与临时政府合流》⑦《临时维新两政府合流/原则协定商妥/合流形式尚待最后决议》⑧ 等。

除上述宣传报道外，加强日军在中国占领区的统治与治安，使占领区内的中国人民接受"东亚新秩序"，从而积极与日本提携也是日本占领军的重要工作，同时亦为舆论宣传期望达到的目的。

《实报》围绕"东亚新秩序"进行的报道可分为以下四类：第一类，对日本政府、军方所作声明的报道，这些报道除明示日本政府声明的内容外，有些还对日本政府的动态进行预告。第二类，对各个伪政权发表之言论的报道。第三类，对民众反映及言论的报道，这两类报道多在第一类报道出现后刊登，与第一类消息结合形成"配套"报道，用以表达各个伪政权对日本当局声明的拥护之情及表达日占区内民众对"东亚新秩序"的支持。第四类，围绕建设"东亚新秩序"进行的各种活动的报道。此类报道多见于第四版，与日伪在华北地区开展的各项文化宣传动员活动配

① 《独夫肆虐/归国之留学生/二百名被虐杀》，《实报》1938年1月14日。
② 《日政府向中外宣明/今后决否定国民政府/协力中国更生》，《实报》1938年1月17日。
③ 《日政府积极着手进行/援助中国新政权/决以中国人统治中国为根本原则/始终视华北政权为中国中央政府》，《实报》1938年1月25日。
④ 《实报》1938年4月26日。
⑤ 《实报》1938年1月29日。
⑥ 《实报》1938年1月30日。
⑦ 《实报》1938年3月29日。
⑧ 《实报》1938年5月14日。

合。通常日伪当局在一项活动正式展开前，先就活动的目的、时间、形式及相关要求进行预告式报道，在活动开始前为其进行宣传动员及舆论造势；在活动开展过程中，每日作进一步的跟进式报道；在活动结束后继续作总结性报道。这类报道的特点是持续时间较长，报道密度大，在某一段时期内针对某个具体动员活动作"疾风暴雨式"的报道。

1938 年 12 月 29 日，汪精卫发表"艳电"公开投敌后，其"和平救国"的主张便与"东亚新秩序"相互应和，形成如下舆论思潮："和平救国"是建设东亚新秩序的唯一手段，是使中国百姓安居乐业的必经之路。此时期对"和平救国"主题的宣传，突现了日伪将言论与新闻报道紧密结合的宣传手法。如 1939 年 7 月 10 日，《实报》在刊登《汪精卫昨晚广播讲演/阐述和平救国信念》消息的同时，配发了题为《拥护汪氏主张》社论。8 月 10 日，对"和平救国"进行了近一版的报道后，于 12 日，发表了题为《对汪精卫和平主张的感想》的社论，拥护汪的主张。8 月 16 日，汪精卫再次发表声明，解释停战和平撤兵问题，继续为其"和平救国"的言论造势，次日，《实报》便刊发了题为《汪氏又一剀（按：原文如此）划声明》的社论，为其言论大唱赞歌。

日本政府原本期望通过汪精卫对蒋介石和国民党要员的"和平攻势"，从外部推动国民党政府转换对日政策，以国民党政府对日媾和的方式结束战争，达到"解决中国问题"的目的。但汪的"和平攻势"未能奏效。1939 年 9 月 1 日，第二次世界大战的全面爆发，宣告了日本北进政策时期的结束，南进政策时期的开始。此时的日本政府从北进政策的失败中认识到中国问题不解决，南进政策也难以获得成功。[①] 因此，"二战"全面爆发后，日本政府虽未放弃对国民党政府的诱降工作，但由汪精卫建立"和平政府"以实现日华合作的主张渐渐成为主流。然而要将王克敏的北平临时政府、梁鸿志的南京维新政府并入汪精卫组织的"统一政权"之下，不仅涉及日本军方内部的权力分布问题，还涉及各个傀儡头目的权

---

① 在中日全面战争初期，日本企图以少量兵力，速战速决，尽快解决中国问题，以实施北进战略，但战事的发展迫使日本将用于对苏作战的兵力投入到中国战场，妨碍了其北进的步伐。1938 年 7 月和 1939 年 5 月，日本曾两次尝试北进，均以惨败告终。1939 年 8 月 23 日，苏德签订互不侵犯条约，进一步动摇了日本的北进政策。第二次世界大战的全面爆发，使得英、法、美等国的注意力集中于欧洲，为日本夺取由这些国家控制的"南洋"地区提供了机会，于是日本国策的重心开始向南进政策转移。参见胡德坤《中日战争史（1931—1945）》（修订本），武汉大学出版社 2005 年版，第 289—293 页。

益分割问题，所以"统一的新中央政权"迟迟未能诞生。这种幕后的权力争斗在《实报》的相关报道中亦有所反映。

例如，1939 年 9 月至 1940 年 3 月"南北合流"前，《实报》在报道汪氏"新中央政权"时，基本维持在喊喊空泛口号、聊表拥护之情的水平上，而对"华北政权"之"特殊性"的论证则不遗余力。1940 年 1 月 9 日，《实报》要闻版刊登的一篇强调"华北特殊性"的文章指出，"华北在政治经济文化三方面"存在"特殊性"，故华北应在国防和经济上设置"特殊政务机关"，并保持税收、外交的独立性，仍以"新民主义"为信仰。这就从各方面否定了未来的汪伪政权对华北地区的领导权和指挥权。事实证明，伪华北政务委员会的性质及运作方式与该文章提出的主张如出一辙。

再如，"合流"即将实现前的 3 月 14 日，《实报》要闻版上刊登了日本政府、伪南京维新政府、伪"满洲国"三方对汪氏新政权的支持态度，却唯独没有伪中华民国临时政府表态的报道，由此不难看出华北地区日伪当局对"合流"的微妙态度。

五 《实报》在伪华北政务委员会时期的 报道倾向及特点（1940.3—1944.4）

"合流"完成后不久，日本政府和军部为向南洋地区扩张，对 1939 年欧战爆发时采取的"不干预"政策进行了修订，称虽仍保持"不干预"政策，但鉴于欧战有波及东亚的可能，"日本要求在东亚的生存权"，必要时将"防止欧战波及于东亚"，[①] 从外交角度为日本的"南进"政策铺路。此期间《实报》转载的表明日本政府立场的报道，如《东亚新秩序安定圈/包括中日满及南洋/日外相阐明外交根本》[②]《以日满华人物资源/推进南方政策》[③] 等也可印证"南方政策"已经成为此时日本大陆政策的重点。但这种"新"外交立场并未立刻得到华北伪政权的舆论支持，从《实报》的一篇表明华北方面立场的文章中可以看出，其舆论呼应的重点

---

① 《日将重阐外交新立场/要求在东亚生存权/防止欧战波及于东亚/以处理事变为根本》，《实报》1940 年 6 月 27 日。

② 《实报》1940 年 8 月 2 日。

③ 《实报》1940 年 8 月 5 日。

不在"南进"，而在"期确立协同经济圈"，强调华北在"协同经济圈"中的重要地位。① 这显然与日本政府"推进南方政策"的外交基调有所不同。

此时期，华北日军为加强对华北地区的统治，实现长期统治华北的野心，于 1941 年 3 月到 1942 年 12 月共进行了五次"治安强化运动"（以下简称"治运"），② 在"建立东亚新秩序"（太平洋战争爆发后，改为"建设大东亚共荣圈"）的幌子下，对华北的物资进行了疯狂的掠夺，对华北的人民进行了密集的思想动员。

五次"治运"的舆论宣传过程可以较为明显地分为运动展开前的舆论预热、运动实施期间的舆论造势和运动完成后的舆论总结三个阶段。预热阶段的报道以阐释运动的意义和任务为主。造势阶段的报道围绕每次"治运"的具体目标，在运动实施期间就此进行反复深入的思想动员。如从第二次"治运"开始，《实报》开辟了名为《治安强化运动解说》③ 的栏目，每天刊登一篇 1000—1500 字的议论文，除具体阐释"治运"目标、任务、使命及其与建设华北、建立"东亚共荣圈"的关系之外，更炮制各种虚假事实对共产党和八路军进行诬蔑诋毁，企图以此蒙骗华北民众使之积极剿共。此外还有《治运论说》《治运话题》等栏目，或以简短的论说文章向民众发出号召，或以直白的文章向民众直接提出要求。总结阶段的报道主要总结和称颂"治运"所取得的成绩。这些报道包括伪华北政务委员会"治运"总结广播讲演的文字稿件、华北各地区"治运"成果、治安军的剿共的"英勇"事迹、华北民众慰劳"治运"英雄的行动等。

具体说来，第一次"治运"以"强化乡村自卫力"为目标，旨在动员华北官民协力一体"推进保甲制度，实行清乡自卫"；④ 第二次"治运"的自我定位是"华北民众的伟大精神与体力、物心一体的总动员"，⑤ 强调"谋宣传战之强化"的意义，指出运动目标在于"实行剿共，巩固

---

① 《华北官民赞同近卫国策/期确立协同经济圈/促进建设东亚新秩序》，《实报》1940 年 8 月 2 日。

② 五次"治安强化运动"的实施时间分别为 1941 年 3 月 30 日至 4 月 3 日、1941 年 7 月 7 日至 9 月 7 日、1941 年 11 月 1 日至 12 月 25 日、1942 年 3 月 30 日至 6 月 15 日、1942 年 10 月 8 日至 12 月 10 日。

③ 从第四次"治运"开始改名为"治运解说"。

④ 《治安强化运动意义》，《实报》1941 年 3 月 21 日。

⑤ 《第二次强化治安运动的意义》，《实报》1941 年 7 月 8 日。

治安";① 第三次"治运"在强调"思想战"的同时，以"对蒋共经济战"为"最大方针"，提出运动目标在于"强化剿共工作，对敌匪地区实行经济封锁"。② 在第三次"治运"进行至中期之时，太平洋战争爆发，日本政府将包括侵华战争在内的侵略战争更名为"大东亚战争"，③ 号召"东亚民族"加入"解放东亚"的"圣战"：

> ……此次战争已经随着势态的扩大而形成民族战争……自日美战争揭开，事实上已经成为东方民族对西欧帝国要求自由解放的战争。④

各个伪政权和汉奸组织对此积极响应，因此，第四次"治运"在谋"华北政治力的扩大与加强"的方针指导下，提出了"解放东亚""剿共自卫"和"勤俭增产"三个目标。⑤ 而第五次"治运"则以"巩固华北兵站基地"（有时称为"增产基地""产业基地"）为中心思想，提出了"建设华北完成大东亚战争""剿灭共匪肃正思想""确保农产减低物价"和"革新生活安定民生"四个目标，⑥ 强调"华北乃大东亚战争的产业基地，要完成大东亚战争，惟（唯）有建设华北，亦惟（唯）有完成大东亚战争乃能保障华北的建设"，⑦ 在此宣传基调的指导下，日伪围绕着"勤俭增产""确保地产""革新生活""与盟邦同甘共苦"等更为具体的宣传主题对华北民众进行思想动员。

太平洋战争爆发后，为顺应日本"迅速解决中国事变"政策的需要，《实报》加强了对蒋政府的宣传攻势，尤其在汪伪政权宣告参战后，为使蒋政府的抗战行为"师出无名"，在呼吁其"放弃无谓之抗战"⑧ "勿被

---

① 《谋宣传战之强化/华北成立宣传联盟》，《实报》1941 年 7 月 10 日。

② 《对蒋共经济战！/为此次治运最大方针》，《实报》1941 年 11 月 1 日。

③ 《此次战争定名为/大东亚战争/包括中国事变/日阁议已决定》，《实报》1941 年 12 月 13 日。

④ 《对太平洋战争的观察/战线分明轴心得势/东亚民族解放战争已开始》，《实报》1941 年 12 月 9 日。

⑤ 《第四次治运明日开始/王委员长发表训令》，《实报》1942 年 3 月 29 日。

⑥ 《巩固华北兵站基地/第五次治运即开始》，《实报》1942 年 9 月 26 日。

⑦ 《完成大东亚战争/惟努力建设华北》，《实报》1942 年 9 月 28 日。

⑧ 《北京新闻协会/昨发告重庆民众书》，《实报》1941 年 12 月 17 日。

英人利用"① 的同时，炮制各种蒋政府业已动摇抗战的报道，希望制造舆论，通过诱降蒋政权解决"中国事变"。

及至太平洋战争中后期，《实报》上刊登了很多日本华北方面军部队长级人物，以及以伪华北政务委员情报局长管翼贤为首的大小汉奸对占领区内民众进行思想动员的讲稿和文章，其密集程度前所未有。1943 年 3 月，管翼贤在华北新闻协会第一次编辑委员会上围绕报界的责任与使命作了如下发言：

> 吾人应坚强完成大东亚战争之信念，大东亚战争迈入决战第二年，我国民政府更于一月九日，布告参战，国民负起参加作战之责任，持笔杆之诸位报道界斗士，正与持枪杆在前线捍卫疆土之战士，责任相同，武力战与思想战，应同时配合起来，争取战争之胜利……②

管氏在此时期频频表达了"武力战与思想战应同时配合"的观点，这与日本文人宣扬的"思想战"观点如出一辙，其对报界"持笔杆"以"捍卫疆土"的呼吁亦与日本方面对本国记者、文人加入"笔部队"以"效国"的动员形成呼应。

从《实报》此时期相关报道来看，管氏除利用报纸、广播大肆散播汉奸言论，对民众及报界人士进行思想动员外，还对华北各级宣传机构加强管理，为求"宣传方策"的"一元化"多次召开会议。

综观《实报》在三个不同时期，尤其是战争发展的不同阶段报道主题的变化，并且将此报道变化与日本对华政策的变化进行对比，不难发现后者的变化影响着前者的变化。需要注意的是，《实报》的报道虽与日本政府的对华政策有呼应之处，但更多情况下，该报主要代表华北日军发表言论，甚至不时与日本官方的立场有微妙的差异。如果考虑当时的日本内阁处于军部的实际控制之下，其决策很大程度上是权衡军内各派意见的结果，且各沦陷区内的日军存在利益纷争，就不难理解这种看似矛盾实则

---

① 《劝告重庆军人勿被英人利用》，《实报》1942 年 3 月 3 日。
② 《华北新协昨行/编辑委员会议/集华北报道宣传于一堂/协议新闻宣传问题》，《实报》1943 年 3 月 23 日。

"正常"的现象——《实报》作为华北日军控制下的"言论报道机关"，自然忠实执行华北日伪当局的宣传策略。

六　版面调整、副刊变更背后的政治指导意图

即使是在沦陷期间，《实报》的副刊内容还是在一定程度上（还包括由该报组织的一些媒介事件）延续了自创刊以来的趣味性和"民众的倾向"。这无疑是该报一直以来吸引读者、保障营业效果的有效手段。对于沦陷区的读者而言，这些"日本色彩"和"宣传色彩"相对较弱的副刊内容，尤其是剧评、小说这些他们已经习以为常的娱乐消闲内容，比起那些"为了正确传达日本真意"的言论报道，更具有阅读的价值，成为其购读报纸的动力。

日本的新闻统制机构无疑也注意到了这一点。此前曾提及日本外务省文化事业部于 1939 年针对北京日伪报刊的出版发行情况进行了一次实地调查。该报告指出，以《实报》为代表的小报（该报告将之定位为"小型大众报纸"）同《新民报》《武德报》等报相比，不仅发行数量多，而且拥有的读者多。这些小型大众报纸价格低廉，不仅有精编的政治新闻，还有种类繁多的社会新闻和娱乐内容，后者无疑比前者更能吸引读者的购买与阅读，因此建议应对小报给予足够的重视。此外，调查者还发现，报纸的编辑人员和撰稿者的知名程度是影响不少读者购买报纸的一个重要因素。或许正是意识到小报拥有的高人气（高人气也就意味着影响力可能达到的范围与效果）和北平读者的购买习惯，该报告建议除报道和言论之外，报纸上的文艺作品、小说、游艺与京剧栏目等，都可加以利用进行思想指导。① 由此可知，即使是在读者看来只注重休闲娱乐的副刊内容也被赋予了政治意图和思想指导功能。

因此，从这个角度来看，《实报》维持副刊一贯的趣味性和"民众的倾向"的做法，在促进营业和发挥言论报道机关使命两个方面都有着潜在的积极作用。自 1938 年 10 月下旬起，《实报》在原有"畅观"和"小实报"副刊的基础上，又新增了不少副刊。

1938 年 10 月 21 日，副刊"教育界"在第三版首次发刊，该副刊以

---

① 日本外务省外交史料馆档案：《北京ノ新聞ニ就テ》，1939 年 8 月，第 17、20 页。

青年学生为目标受众，主要刊登教育引导青年的稿件，每逢周五刊登。1938 年 11 月 20 日，"妇女周刊"在第三版发刊，每逢周日刊登旨在启发妇女何为文明的家庭生活，教育妇女在家庭中发挥对丈夫和孩子之引导作用等内容的稿件。1938 年 11 月 24 日，《实报》调整了上述两副刊的发刊时间，"妇女周刊"改为每逢周一出版，"教育界"改为每逢周四出版，但持续了不超过两周的时间，这两个副刊便无声无息地停刊了。

自 1939 年 1 月 1 日起，《实报》由原来的日出一大张，变为日出一张半。扩版后的《实报》利用"附张"，增加了"小雅"和"专业"两个副刊。"专业"每日围绕一个主题组织稿件，来稿者或谈对当日主题的认识或讲述与该主题相关的经历，选题多为日常琐事。"小雅"则以刊登当时名人的"雅事""雅言"为主，但所谓"雅事""雅言"究竟为何物，报纸并未指明，这在一定程度上说明了这个副刊定位的模糊。

《实报》以每日一张半的形式发行了近 8 个月后再次因纸张缺乏，于 1939 年 8 月 24 日刊登启事，声明将恢复日出一大张的形式，同时还向读者承诺《实报》将采取增加栏数、改变字体等措施以保证内容充实。[①] 1939 年 9 月 25 日，《实报》声称经多方努力，解决了纸源问题，定于 10 月 1 日起恢复日出四开六版的形式。10 月 1 日出版的《实报》，取消了原来的副刊"小雅"，增加了副刊"艺园"，专门刊登与戏剧电影相关的新闻和文章，"小实报"也因"艺园"的创办恢复了以往刊登各类连载小说的风格。此外，还增加副刊"生活"，主要刊登名人轶事、爱情经验、亲情故事等内容的稿件，占用第三版的位置，与"畅观"轮流间日刊发。

1939 年 11 月 6 日，《实报》"为增加读者对于研究文学的兴趣"，又增辟"文学"副刊，占用第三版的位置，主要刊登纯文学作品或文学理论稿件，每逢周一发刊一次，若必要时，每周四增刊一次。

从 1940 年 4 月开始，《实报》副刊出现不规律出版的趋势和特点。这种不规律体现在以下三个方面：

第一点，副刊未经说明便随意变更名称。从副刊名称来看，如"妇女周刊"于 1940 年 4 月更名为"妇女之页"，于 1940 年 9 月更名为"妇女生活"。再如 1940 年 5 月"艺园"更名为"大乐天"。再如以零碎知识为主要内容的副刊，时而以"杂缀"为名出版，时而以"常识"为名出版。

---

① 《声明/本报的贡献》，《实报》1939 年 8 月 24 日。

第二点，副刊的位置不固定。各个副刊经常变换位置出版，例如"小实报"有时在第二版出版，有时则移到附加的半张报纸上出版。从1940年5月开始，则与"艺园"挤在附加的半张报纸上出版，版面缩为原来的1/4。

第三点，副刊出版周期不固定。为了改变这种情况，《实报》于1940年9月作出"所有副刊，均一律改为固定日期发表"。如"某夫人信箱"副刊定在每月七日、十四日、二十一日和二十八日出版。① 其他副刊定于哪些日期出版，《实报》并未作出进一步的说明。

从《实报》上述增加和调整副刊的动作来看，该报有将男女老少"一网打尽"、使读者群体涵盖社会各界的打算。对此动作或可作以下两种解读：第一，随着华北日伪当局"整理"报纸工作的进行，沦陷初期存在的一些小报或遭停刊或遭合并，《实报》通过增加副刊种类的方法，吸引上述小报的原有读者，扩大销路，以收获更好的营业效果。第二，为了更好地完成作为"言论报道机关"的使命，利用已经积累起来的声望与人气，通过增加更具群体（如妇女、青少年、学生等）针对性的副刊，对这些人群进行潜移默化的"思想指导"或直接明了的"思想动员"。有关这一点，可从管翼贤在《新闻学集成》中对报纸（即沦陷区内的日伪报刊）登载"家庭版"之意义的解释可以窥见。

管翼贤认为，家庭问题和青年问题、妇女问题等一样，虽然占据报纸的版面不大，和读者见面的机会又不多，但是与社会有极大的影响。因为主妇在家庭中的地位是重要的，如果主妇本身不好，会影响到子女、影响到丈夫，从而间接影响到社会。所以他强调在编辑"家庭版"时要把家庭的责任、家庭与社会的关系讨论清楚。管氏同时指出，自"七七事变"后，京津的许多报纸都增加了"家庭版"，如《新北京报》《实报》《庸报》《新民报》《民众报》等。②

在同书中，管氏还另外介绍了"文艺版""青年版""儿童版""妇女版""游艺版"的意义、特殊性和内容。结合上述各点可推知，在物资供应紧张的条件下，沦陷区内的日伪报刊纷纷增加这些副刊的举动是暗含着一定的政治意图的。

---

① 《重要启事》，《实报》1940年9月21日。
② 管翼贤：《新闻学集成》，北京：（伪）中华新闻学院，1943年第二辑，第284—286页。

尽管《实报》计划使其副刊的出版周期能够具有规律性，但由于配合日伪宣传的需要，其副刊又不得不为各种宣传"特刊"让出位置，尤其在版面不够分配的时候，《实报》不得不采取停办副刊的方法以满足日伪当局的宣传需要。

1944 年 4 月，出于节约物资、加强宣传"一元化"的考虑，日伪决定合并北平《新民报》《实报》《民众报》及天津《庸报》《新天津报》，改组出版《华北新报》。1944 年 4 月 30 日，即将出任《华北新报》社长的管翼贤撰写了《实报停刊辞》刊登在《实报》的最后一期上。文中管翼贤简略回顾了《实报》取得的成就，表达了对读者的感谢之情，并指出了《实报》员工今后"努力"的方向：

> 实报同人今后还是为宣传报道而努力，以服务的热情献于读者。为使华北新报完成其伟大的使命，我们决更全力以赴，同时希望读者以过去爱护实报，扶助实报的热情，对今后的华北新报，一样的爱护，扶助，这是我们十分期待而感谢的。①

在对《华北新报》成功完成"伟大使命"的憧憬中，《实报》退出了沦陷区"宣传战"的舞台，自创刊到停刊历时十五年有余，共出版六千零三十四号。然而，这仅仅是一份名为《实报》的报纸消失了，该报报社的设备和以社长管翼贤为代表的记者群体则扮演着战争协力者的角色。华北沦陷区内的言论机关依然在思想宣传战的一元化统制框架内为日本的侵略战争效力。

---

① 管翼贤：《实报停刊辞》，《实报》1944 年 4 月 30 日。

结　语

商业报刊的"阿喀琉斯之踵"与新闻学研究的现代化盲区

　　帝国的年代不仅是一个经济和政治现象，也是一个文化现象。地球上少数"已开发"地区征服全球的行为，已借着武力和制度，借着示范和社会转型，改变了人们的意象、理想和希望。（中略）帝国主义带给依赖性世界的精英分子以及可能的精英分子的，基本上是"西化"。当然，早在这个时代之前，它便已开始这项工作。对于所有面临依赖或征服的政府和精英而言，这几十年的经验已使他们明白：如果不西化，便会被毁灭。①

　　本书立足于半殖民主义的历史语境，对《实报》自 1928 年创刊到 1944 年毕刊发展演变的历程、该报报道和经营的特征、创办人管翼贤在此过程中起到的关键作用进行了完整和细致的考察。研究所依据的资料主要来源于以下三个方面：第一，《实报》现存 1928 年至 1944 年的报纸原件和《实报半月刊》现存 1935 年至 1937 年的杂志原件，这是最为主要的原始资料；第二，日本外务省外交史料馆所藏的日文档案原件和中国出版的相关史料文献，这是与原始资料构成相互印证关系的文献资料；第三，20 世纪 20 年代至 40 年代中国的新闻学研究和近年来中、日两国学者的历史研究成果，这是对理解历史语境起到参考作用的二手资料。具体考察的过程与结果分别呈现于本书的第二章至第八章中。

　　第二章主要对《实报》创刊时的历史背景、报业生存环境的特点、该报草创期（1928 年至 1929 年）的基本情况（宗旨、定位、资金、人员

---

① ［英］艾瑞克·霍布斯鲍姆：《帝国的年代（1875—1914）》，贾士衡译，中信出版社 2014 年版，第 85—86 页。

构成等）以及"小报大办"方针的总体特征进行了考察。在此基础上，笔者结合当时报人对该报的评价或记述，重构了理解管翼贤提出"小报大办"方针的历史情境。

20世纪20年代末期至30年代初期，包括小型报在内的北方私营报刊所处的生存空间具有如下三个特征：第一，在政策管理方面，国民政府重视报刊的社会动员功能，计划逐步将其纳入国家控制的范畴，尽管"训政"初期对私营报刊的新闻统制相对宽松，但拥护"三民主义"和国民党领导是不容挑战的前提；第二，在新闻思想方面，由"津贴本位"转向"营业本位"、由"政论本位"转向"新闻本位"成为私营报刊改革的主流方向；第三，在报业经营方面，广告来源有限和销量增长困难对私营报刊"营业化"的实现提出了挑战。《实报》的"小报大办"方针和该报的营业志向同上述三个特征均有呼应。

通过考察《实报》在"草创期"社会新闻和副刊的特点，同时对比该报1930年前后新闻版面和广告版面的变化，可以发现该报自创刊伊始便存在视"营业本位"高于"新闻本位"的倾向和做法。事实上，这一做法与倾向在北平报界乃至更大范围的私营商业报刊中都具有代表性。

第三章与第四章以更为丰富的报刊原件为研究资料，主要考察了进入递嬗期（1930年）的《实报》报道政治新闻的要领和报道社会新闻的策略。对上述两类新闻报道技巧的精通是《实报》"小报大办"方针的突出体现，也是该报能在短短两年时间内打开销路，站稳脚跟，赢得各界人士好评的一个重要原因。

通过对与"中原大战"相关报道和言论的分析，可以发现，该报的立场明显偏向以冯玉祥和阎锡山为首的北方军事实力派。这也是当时北平报界的一个共同特征。事实上，不论被迫还是主动，在"中原大战"期间北平的私营报刊都或多或少地充当了军阀混战的协力者。这一事实上的结果与此前报人群体所表明的要摆脱政治对报业之渗透、维护报纸之独立品格的志向大相径庭。造成这种"报格"断裂现象的原因，固然同政治权力对言论环境的控制有关，但也不能忽视报界为维持营业，主动向政治权力采取妥协姿态或与之培养合作关系的潜在目的。有关此点从管翼贤、李诚毅等《实报》主创人员从营业效果出发，主动培养与北平各机构的关系，以保障该报信息渠道和销售渠道畅通的做法即可明了。由此亦可窥见管翼贤在从事新闻实践过程中的政治敏感性，甚至是某种程度的政治投机性。

1931 年至 1937 年是《实报》营业基础日期稳固的一段时期，即"发展成熟期"。1931 年至 1935 年是该报最具民主进步色彩，彰显"报格"的一个阶段；1935 年至 1937 年是该报营业发展最为迅速，销量稳步上升，业务和机构随之扩充的一个阶段。第五章和第六章分别着重考察了该报在此时期（即"国难"时期）言说论调的变化与营业发展的情况。

1931 年至 1935 年期间《实报》一改此前将政治问题社会化的社论写作风格，因明确主张抗日、反对军阀、呼吁停止内战、向读者灌输国家和民族意识的进步倾向，获得了知识界的赞赏。声望的提高毫无疑问地对报纸销路的扩大和销量的上涨有着促进作用。

值得注意的是，《实报》在发表支持"抗日救亡"观点的同时，也一如既往地注意敏锐捕捉舆论氛围和时局的变化，既对受各界支持的观点进行积极呼应，又避免招致当局处罚的风险，在一个不至危害报社营业安全的范围内，巧妙并谨慎地从事言论活动。当政府的对日态度或对日政策发生变化时，该报的立场也随之发生微妙变化。结合学界的相关研究，可以发现这是当时平、津多数私营报刊的普遍反应。尽管当时的大多数私营报刊屡屡号召民众要抱有"宁为玉碎，不为瓦全"的牺牲精神，可是当报纸自身面临攸关生死存亡的危机情况时，特别是面对当局的镇压或处罚时，整个报业并没有发挥这种牺牲精神，为争取言论自由进行足够的斗争，而是作出了"在矛盾中偷生活"的选择。其实平、津私营报纸应对时局或政局的变化，对报道和言论进行调整，即新闻界的言论报道随着时局的演变发生转向的现象在"中原大战"期间（甚至更早的时期）就已有所展现。这种报界的普遍现象较为有力地揭示了视营业为生命的私营报刊（商业报刊）的妥协性与"报格"上的内在矛盾性。

1937 年 7 月底北平沦陷之后，《实报》即为日伪机构接管，为粉饰和美化日军的侵略占领行为（用当时常常出现在报纸上的词汇描述，就是使读者了解"日本的真意"）、协助展开"治安强化运动"、赞颂"大东亚共存共荣"进行宣传和动员。这是《实报》"报格"尽失的一个时期。第七章与第八章结合日本"思想宣传战"的相关理念与华北日伪新闻统制的特征，重点考察了该报在北平维持会时期、伪中华民国临时政府时期、伪华北政务委员会时期报道重点的变化，以及这些变化与日本对华政策调整之间的关系。通过对《实报》个案的分析，亦可管窥华北日伪报刊作为"言论报道机关"的特点与特性。

如第七章和第八章所析，《实报》在某种程度上是华北日伪机构在沦陷区实行新闻统制的受益者。在北京沦陷期间，《实报》的版面从原有的四版扩充到了六版。随着众多小报被迫停刊或并入其他报纸，该报亦获得了扩展市场份额、吸纳新读者的机会。尽管该报有时不得不采取缩小版面的方式发行报纸，但从未间断过出版，这一定程度上也依赖于日伪方面的物资配给。

上述各章的考察，有力揭示了《实报》自创刊以来在各个方面呈现出的"营业本位"的性格特征，同时也暴露了该报在不同发展阶段（同时也是中国近代史发展的不同历史时期）"报格"的断裂表现，即该报在自我标榜与具体实践之间的矛盾。值得玩味和思考的是，《实报》的这种性格特征与"报格"断裂并非个别现象。如果留心观察《实报》与平、津报界、时局变动之间的关系，便能够从特殊性之中发现普遍性，透过《实报》由点及面地把握当时整个华北新闻界，乃至中国新闻事业的特征。

本书各章的考察看似形散，实则神聚，从内在逻辑上由以下两个问题串联起各章内容，并贯穿分析讨论的始终：第一，《实报》兼顾编辑与营业的"小报大办"方针在何种情境中提出、对小型报的发展具有怎样的意义、在不同阶段有着怎样的实践与改进、同该报以营业为本位的性格有着怎样的关系？第二，《实报》的实践与经验同北平（京）私营报纸的生存空间、中国近代史的曲折发展有着怎样的互动关系、反映出中国私营商业报刊的哪些结构性特征？

一　半殖民主义语境中"营业化转型"的困境与二重性

综合本书第二章至第八章的梳理、考察与分析，可以发现自始至终存在于《实报》性格中的两个明显特征：以"民众的报纸"为标榜和"营业（利）主义至上"。

近代以来，受到外来帝国主义势力的压力与干涉，在半殖民地半封建时代的中国社会内部进行着某种程度的"现代化"，那个时候的现代化实际上也就是资本主义化。在此过程中出现了现代城市、城市生活和城市文化，报纸逐渐成为城市民众日常生活的一种必需品。

与此并行的一个历史现象，是民众作为一个潜在的政治群体和社会阶层登上历史的舞台。北伐完成后，由"军政"转为"训政"被提上了南京国民政府的议事日程。与孙中山提出的"训政"和"宪政"国家建设思想紧密关联的一项任务，是将散布于社会各个阶层的民众培育成为具备民族国家意识和基本政治辨别力、参与力的国民。由此便也产生了社会对报纸的需要。

在与南京国民政府成立的同一个时期，南北报界都在涌动着改革的思潮。作为维护报纸的独立品格的一条出路，以"由津贴本位而为营业本位，由政论本位而为新闻本位"为号召的"营业化转型"风潮在北方报界兴起。从时间点上来看，20世纪20年代末到30年代后期，恰恰是中国资产阶级的私营商业报刊发展达致鼎盛的时期。可以说，在这个时期显现的"营业化转型"思潮和诞生的"小型报"是商业报刊办报方针的结晶。

《实报》呼应着上述社会思潮与报界转型风潮而创刊。"民众"对于以《实报》为代表的小型报（或者更广泛意义上的小型大众报纸）而言显然具有两层重要意义：第一，国家对培养"国民"的需要和报纸具备的社会动员能力，为大众报纸的存在提供了合理性；第二，占据社会底边的、群体庞大的中下层民众无疑是购买报纸、保障报纸营业效果的潜在读者群。这也是小型报较之同时期的大报、小报和杂志，更加重视读者的原因所在。

虽然《实报》号称该报的读者遍布社会各个阶层，但很显然，城市中下层民众构成了该报主要的读者群体。《实报》以趣味性为核心的报道手法，以平民立场为标榜的取材策略，以及言论中对民众社会情绪的共鸣与迎合（即"民众的倾向"），都源于该报投合城市中下层民众之阅读兴趣与心理的营业动机。从这个角度来看，《实报》屡屡遭人诟病的煽情耸动的社会新闻，其实只是冰山一角，与其说是报纸发展某一阶段的美中不足，不如说这是该报自创刊之日起，用来吸引读者兴趣，培养读者持续购报、读报习惯的重要法宝。这些手法、策略和倾向都是该报"营业本位"（即以营业为导向）鲜明性格的呈现。

如前所述，"营业化转型"是以维护报纸的独立品格和报道言论的自

由为前提与目标，或者以此为标榜开始。这一报业改革思潮背后的逻辑
是：期望通过营业实现经济独立，避免报纸收受政治津贴，结束报业依附
政治生存的状态，甚至有些"报人"仅为领取津贴而创办报纸的"病态"
现象。单从理论上来看，这种"营业化转型"的出发点有其值得评价之
处。但从报业言论、报道和经营的实践来看，实现"营业化"转型与新
闻事业走上质量提高、报纸品格实现独立的正轨未必能够画上等号。以
《实报》为例，从北平（京）私营报纸的生存空间来看，这与中国所处的
时代特征以及北平（京）所处的地理特征有关。

在鸦片战争之后的一百余年时间里，之所以说在西方帝国主义的压迫
与剥削下，中国社会各个方面发生着某种程度的"现代化"，是因为帝国
主义只允许中国在对其有利的严格范围内发生朝向资本主义的变化。与此
同时，从维护西方各国"国益"的角度出发，各种妨碍中华民族进步发
展的前资本主义社会关系被有意地保留下来。[①] 中国政治的分裂局面和不
间断的军阀混战背后都隐藏着帝国主义势力对中国事务的干涉和渗透。西
方帝国主义势力的侵入和渗透，使得中国国内的矛盾复杂化。在华殖民结
构的多元、分层次、不完全和碎片化特征，造成了中国的政治、文化、思
想等领域的分化、分裂和断裂。1928 年南京政府未能在实质上统一全国、
1930 年"中原大战"的爆发、1931 年至 1935 年南京国民政府对日政策
的转变和华北政局的变迁、1937 年至 1945 年后华北伪政权的建立与更
迭，这些都是鸦片战争后中国半殖民主义语境中的产物。

结合这一历史语境，再加上北平（京）并非商埠，导致报纸营业所
依靠的社会经济基础薄弱；其所处的地理位置特殊，政治局势纷繁复杂；
不难料想"以营业为导向"的私营报刊往往不可能如其所标榜的一般，
通过经济独立，结束对政治权力的依附，实现报业的正常发展。实际上，
多数私营报刊，只能在夹缝中求生存，"在矛盾中偷生活"，很难保持完
整、独立的"报格"。

除去上述外在的、客观的环境制约，从报业自身经营实践的主动选择
来看，以维护报纸独立品格为旨归或标榜的"营业本位"，也往往一转而
成为"营利主义至上"。综观《实报》的发展历程，可以发现牺牲"报
格"往往成为保障该报"营业"效果的一个最为廉价，同时也是最为便

---

① 胡绳：《从鸦片战争到五四运动》上册，人民出版社 1997 年第 2 版，第 8—10 页。

宜的选择。"营业本位"与"营利主义至上"在事实上只有一纸之隔，只存半步之遥，这其实是催生《实报》（以及同时期不少私营报刊）断裂"报格"的一个根本原因。坦直地说，《实报》的"速报主义"、煽情手法和"民众倾向"，特别是该报创办人管翼贤性格的多面性与处事的投机性，其实都是这种"营利主义至上"方针的体现。从这个角度来看，管翼贤从非沦陷区主动返回沦陷区附逆投敌的行为，并非环境所迫走投无路，也非一时"人格分裂"，而是他在衡量个人利益得失之后作出的抉择。与其说是他"嗜报如命"的人生"悲剧"，不如说是他"精打细算""营利主义至上"思考模式的极端表现。

《实报》在自我标榜与经营实践的矛盾，或者说"报格"的断裂现象，在平、津报界具有相当的普遍性，自始至终存在于北方报业"营业化转型"的过程中。这种"报格"的断裂，既反映在私营报纸对时局变动的敏感，在有可能威胁到营业安全时，便在言论和报道上采取克制姿态或者迂回策略；也反应在私营报刊的主办者为保障营业效果，在"招待"与"应酬"的名目下，主动发展和维护与政治权力的合作关系；还反映在"使人快意的新闻"的泛滥，以及以满足"人类兴趣"为判断标准的新闻价值的流行。实际上，这种普遍性的现象也不只发生于平津报界，在更早一步迈入大众化发展阶段的南方报界早已是屡见不鲜。

"报格"的断裂，其实是对资本主义私营商业报纸自我标榜和经营实践的矛盾，即"营业化转型"之二重性的形象化表述。这种二重性实际上是新闻在资本主义商品化过程中的内生矛盾。当时许多报人推崇或构建的新闻观，之所以不能从根本上弥合商业报纸的营利诉求与社会期待报纸应担负的责任之间的差距，正是因为这种内生矛盾无法调和。可以这样说，"营业（营利）本位"往往成为大众化商业报刊的"阿喀琉斯之踵"。

当时的报人对造成"报格"断裂现象的这一根源是有所察觉的。但吊诡的是，不少报人或是通过强调报纸对民众的指导作用，来淡化"营利主义至上"造成的不良印象；或是有选择性地借助于西方新闻学中某些观点作为修辞策略，用以遮蔽报纸自我标榜与经营实践的矛盾（甚至将之合理化）。例如管翼贤通过将"公共兴趣"（public interest）与"人类兴趣"（human interest），"一般读物"与"大众（民众）读物"进行同义互换，推导出"使人快意的新闻"是"一般读物"的必要条件，由此在"趣味性"与"民众化"／"平民化"两者间构建一种看似合理的相关性。再如他通过将"民众"作为"读者"的同义语进行概念置换，以"民众的报纸"为标榜构建符合私营报刊新闻实践特征的新闻论。

二　商业报刊内生矛盾的普遍性 与报纸、报人的社会责任

如前所述，"由政论本位而为新闻本位"和"由津贴本位而为营业本位"是"营业化转型"的两个号召。可见"新闻本位"是与"营业本位"紧密相连的。两者的关系在黄天鹏于 20 世纪 20 年代末期作出的如下论述中展现得较为清楚："新闻事业之将来，果何如乎？……以今日趋势而言，由政论本位而为新闻本位，由津贴本位而为营业本位，证以英美各国报社现状，以型（形）成商品说之理想。"① 这段话同时提醒我们注意到，"营业化转型"的设想并非中国报人所原创，而是存在着可资借鉴、模仿的示范性模式；而新闻在资本主义商品化过程中的内生矛盾所导致的"报格"断裂现象，也不独独存在于中国的新闻界。从英美新闻事业发展史来看，对"新闻本位"的推崇和标榜往往是与对"营业本位"的倡导和强调相辅相成的，甚至可以这样说，"新闻本位"其实是为"营业本位"服务的。

19 世纪 30 年代，便士报（penny papers）作为平等主义时代美国新闻革命的标志，取代此前的政论报纸，成为最有影响力的报纸形态。迈克尔·舒德森（Michael Schudson）将这场新闻"革命"的结果概括为"新闻"战胜了社论，"事实"战胜了观点。② 舒德森还更为具体地解析到，便士报不仅在经济构成（以市场为基础的广告和销售所带来的收入，取代了原有依赖社会关系和政党关系的财源）和政治立场（大部分的便士报都宣称不受政党影响）上首创先例，在内容上也另辟蹊径。便士报在内容上发明了现代的"新闻"概念，使新闻变成了一个市场化的产品。③

传记作家詹姆斯·帕顿（James Parton）在 1866 年论及《先驱报》（当时便士报的典范之一）何以成功时曾指出，社论的时代已经逝去，

---

① 黄天鹏：《苏俄新闻事业》，《新闻学刊全集》，光新书店 1930 年版，第 129 页。
② ［美］迈克尔·舒德森：《发掘新闻：美国报业的社会史》，陈昌凤、常江译，北京大学出版社 2009 年版，第 10 页。
③ 同上书，第 14、16、17、19、20 页。

新闻才是报纸"竞争的重点"。一份报纸的成功在于"它获得新闻、呈现新闻的技巧"。**报纸**一词就是指一个真正的记者致力于对事件进行准确而全面的描述。①

19 世纪 30 年代虽是现代新闻业生根发芽的时期，但此时美国新闻业还没有发展成为一项职业或产业。19 世纪末 20 世纪初，《纽约时报》确立了"只报道事实"的新闻理念，这个理念可视为对便士报新闻理念的"批判式继承发展"。② 以此为标志，美国进入到了"新式新闻事业"的时期。美国现代新闻学跟随着这一"新式新闻事业"的出现而形成，并通过"密苏里帮"的活动在世界范围内得到推广。1924 年，卡斯珀·约斯特（Casper Yost）撰写的《新闻学原理》（*The Principles of Journalism*）出版，和同时代美国的新闻学著作一同推动了美国新闻学的形成与传播。③

一个有意思的现象是，卡斯珀·约斯特在解释新闻采写原则时，再三申明的一个观点是新闻必须是一个可以在市场上成功售出的商品。比如"报纸的第一要义是报纸可拿来销售，新闻的第一要义是该行业能够生产可销售的商品"。再比如"报纸必须收买，如果报纸要可持续发展或者具有影响力，它就必须凭借其自身内在的价值被读者购买，就必须成为市场化的商品"。④

卡斯珀·约斯特在强调的这个观点看似与新闻采写没有关联，实际上暴露了这一时期美国新闻业进行新闻报道时需要遵循的先决的、内在的逻辑。现代"新闻"概念是以市场为基础存在的，"新式新闻事业"时期（实际上也是企业化发展的时期）的新闻生产则是以企业经营发展的目标为首要原则的。

奥罗拉·华莱士（Aurora Wallace）在《报业与现代美国的形成：一段历史》（*Newspapers and the Making of Modern America: A History*）中着重讨论了 20 世纪美国的报业对社区文化和经济发展的形塑作用。她在该书

---

① 转引自［美］迈克尔·舒德森《发掘新闻：美国报业的社会史》，陈昌凤、常江译，北京大学出版社 2009 年版，第 19 页。

② 参见［美］迈克尔·舒德森《发掘新闻：美国报业的社会史》，陈昌凤、常江译，北京大学出版社 2009 年版，第 78—108 页。

③ ［美］卡斯珀·约斯特：《新闻学原理》，王海译，中国传媒大学出版社 2013 年版，第 1—3 页。

④ 同上书，第 17 页。

开篇的序言中，对这一历史研究的问题意识作出了如下描述：

> 美国新闻业的发展是其民族国家建设故事中的一个重要部分，因为报纸通常被认为是民主本身以及实现民主不可缺少的工具。在 19 世纪和 20 世纪，报业也跻身于欣欣向荣的工商业，成为其中的一分子。为了保障自身的利益，报纸上充斥着娱乐新闻、八卦新闻、商业诉求，以及对人性中丑恶一面之煽情报道。（基于上述两点，研究）美国新闻业的历史，在很大程度上就是衡量报纸在多大程度上履行了其第一项功能，即作为民主本身和实现民主的工具；同时判断报纸经由其第二项功能对民主造成了多大损害。①

奥罗拉·华莱士（Aurora Wallace）的上述研究，实际上是对美国新闻界在 19 世纪和 20 世纪，也就是现代新闻业崛起时期，"报格"断裂的表现作出了诊断。

美国现代新闻学和新闻实践几乎同时对日本等亚洲近代国家产生了影响。日本作为中国知识分子探索现代化道路的中介，也成为中国报人所模仿的一个标本。可以这样说，中日两国早期近代报业的发展中，一个突出特征就是以欧美报业发展模式作为参照。商业报刊的内生矛盾所导致的"报格"断裂，在日本则有着另一种呈现。

从日本新闻事业的发展历程来看，20 世纪 10 年代末期至 20 年代初期（即"白虹事件"之后），以《大阪朝日新闻》等标榜"不偏不党"的"营业报纸"纷纷改组成株式会社作为象征，日本报界进入了有计划、有组织追求营利的"企业报纸"时代。当时就职于《东京朝日新闻》报社、于 1915 年出版《最近新闻纸学》一书的杉村楚人冠早在 1913 年就敏锐地捕捉到这一报业新动向，指出若以欧美报纸发展阶段为参照，日本报界进入"营利事业时代"已成为一个既成事实。杉村将那些不承认这一既成事实的新闻论称为"错误陈旧的思想"，并有意提出一种适合当下"营利事业时代"特征的新闻论，即"新闻纸的"（journalistic）新闻论。在这种符合新潮流的新闻论中，杉村认为，报纸作为一项"营利事业"，

---

① Aurora Wallace, Newspapers and the Making of Modern America: A History. New York: Greenwood Press, 2005.

只有依靠单纯的速报主义才能在与其他报纸的竞争中胜出。① 由杉村输入的这种"新闻纸的"新闻论显然是欧美"新闻商品说"的日本化版本。

日本的"新闻商品化"现象在"营业报纸"时期就已存在。在日俄战争、中日甲午战争以及此后一系列日本对外侵略扩张的战争中，"以营业、营利为导向"的日本报纸通过"速报主义""煽情主义"的报道手法，塑造了各种"军神"、制造了各种"美谈"，极大地刺激了读者对战争的兴奋感，从而实现了销路的打开、报份的增加。实际上，日本的新闻事业伴随着日本对外扩张的步伐发展壮大起来的，是日本侵略战争的受益者。② 这些以营业、营利为导向的日本大众传媒在日本统治阶层为侵略战争进行舆论准备的阶段，起到了推波助澜的关键作用；在对外侵略扩张政策的实施阶段，为宣传日本的"国策"和维护日本的"国益"不遗余力。它们不仅是战争的推动者，也是参与者和得益者（战争是刺激日本报份直线上升最大的原动力，是其中一例）。

与管翼贤主动附逆投敌，死心塌地为"大东亚共存共荣"摇旗呐喊不同，日本报纸为其"国运"鸣锣开道，扮演着"加害者"的角色；后者则以"俸侍者"的姿态，协助"加害者"对自己国家和民族的利益进行侵犯。

通过《实报》与管翼贤的个案，可以发现在中国特殊的半殖民主义语境中，"以营业为本位"特别是以"营利主义至上"为方针的民营报刊往往无法坚守以民族和国家利益为旨归的办报理念，在不同时期会采取以不同程度地牺牲"报格"的方式换取营业安全。综合本书各章的考察，可以发现在平、津报界这种具有普遍性的"报格"断裂现象的发生，不仅是纵向的，也是横向的；不仅是历时性，也是共时性。

然而在"国难"日益深重的时代趋势下，不少中国报人越发需要作出何去何从的艰难抉择：是宁愿牺牲个人利益，与整个民族和国家共命

---

　　① ［日］有山辉雄：《近代日本ジャーナリズムの構造：大阪朝日新聞白虹事件前後》，東京：東京出版株式会社1995年版，第154页。

　　② 有关日本近代对外侵略扩张的战争刺激该国报纸销量上涨的分析，参见如下日文专著的相关章节：［日］有山辉雄《近代日本ジャーナリズムの構造：大阪朝日新聞白虹事件前後》，東京：東京出版株式会社1995年版，第二章。［日］山本武利《朝日新聞と中国侵略》，東京：文芸春秋，2011，第五章。［日］山本文雄《日本マス・コミュニケーション史》（増補），東京：東海大学出版会，1983，第二章和第四章。［日］鈴木健二《ナショナリズムとメディア》，東京：岩波書店1997年版，第三章。

运，在艰苦的条件下，发挥报纸的社会责任？还是牺牲民族与国家的利益，继续秉持"营利主义至上"的方针，换取其个人的荣华富贵，乃至"飞黄腾达"？

我们发现，有一些私营报刊的经营者在沦陷初期，或是选择接受日伪的新闻统制，一定程度上与日伪合作；或是选择前往异地继续办报，在受挫后继而回到沦陷区办报。前者如上海的知名私营大报《新闻报》《时报》等，这些私营商业报刊在 1937 年 11 月上海沦陷后，为了不影响继续营业，选择了接受日伪的新闻检查。后者如上海的《申报》，虽然在上海沦陷初期，在接到日伪关于报纸稿件送检的"通知"后，选择了拒绝与日伪合作，毅然停刊，前往汉口、香港办报。但《申报》的汉口版于1938 年 7 月 30 日停刊，香港版于 1939 年 7 月停刊。此后，《申报》的经营者选择返回已被日伪控制的上海恢复办报。也有一些报人和管翼贤一样走上了牺牲民族利益换取个人私利的附逆道路。比如 1942 年太平洋战争爆发后，《新闻报》《申报》陆续由日本占领军所控制，吴蕴斋、陈彬龢分别出任《新闻报》和《申报》社长，为日本在亚洲的侵略战争炮制美化言论。[①]

当然，在抗战全面爆发后，并不是所有报人都做出了管翼贤似的选择，也有不少私营报刊的经营者和报人表现出了高尚的民族气节，宁肯个人财产和事业受到损失，也不与日伪合作。比如，《时事新报》在上海沦陷后，于 1937 年 11 月 26 日决定停刊，成为最早一家在重庆复刊的上海私营大报。再比如，南京的《新民报》、天津的《大公报》分别在两地沦陷前夕作出停刊迁移的决定。[②]

由此可见，并非所有奉行"营业主义"的报纸、认同"营业主义"的报人必然走上出卖民族利益的道路，不少报人对个人荣辱与民族兴亡的关系，以及对报刊、报人的作为与影响有着清醒的认识，并且能够固守大是大非的基本底线。在此参照之下，我们不难发现，管翼贤所谓的"人生悲剧"，固然与其所处的动荡时代和报业环境有着一定联系，但从根本上说是他将新闻事业作为个人投机的工具的结果。对管翼贤个案的解析，不能止步于性格使然论，或者更泛化的人性复杂论。这个具有代表性的反

①　参见吴廷俊《中国新闻史新修》，复旦大学出版社 2008 年版，第 324—326 页。

②　参见同上书，第 320—324 页。

面案例，为我们对现代新闻学中的核心问题——新闻事业的社会功能与价值、新闻人的道德坚守与责任——进行历史的、综合的学理思考提供了契机。

三　主流新闻学理论的局限与中国新闻学的探索方向

本书标题之所以使用了带双引号的"断裂"，意在表达以下四层意思：第一，对《实报》自我标榜与具体实践之间矛盾的描述。第二，对半殖民主义语境的呼应，并揭示在此语境中，中国政治、社会、文化诸多领域的碎片化分布特征对新闻实践乃至新闻学研究的影响。第三，在半殖民主义语境中，这种具有普遍性的"报格"断裂现象，不仅是纵向的分裂与对立，同时也是横向的冲突与矛盾；不仅是历时性的转变，也是共时性的碎片化。第四，这种"报格"的断裂现象根本上是由资本主义新闻商品化的内在矛盾造成的，在不同的历史—社会语境中，有着不同的体现方式，其造成的社会影响也因地、因时而异。综合上述四层意思，便有机会从看似分散、割裂的历史现象中找到内在的关联性。

本书以《实报》和管翼贤的新闻实践作为个案，深入剖析了北方民营报刊"营业化转型"的二重性，以及考察了这种二重性在半殖民主义语境中的社会影响。在研究的过程中，笔者深刻地体会到对大众传媒"营业本位"或"营利主义至上"（或纯粹的市场导向）的评价，以及对新闻媒体的社会功能与历史功过的讨论，不能脱离开具体的历史—社会语境，否则难免掉入"一般论""抽象论"甚至"空论"的理论陷阱，得出简单化的论断。希望这一研究体会在方法论与认识论层面能够起到抛砖引玉的作用。

以这一方法论和认识论的体会为基础，并且结合北方私营报刊"营业化转型"的二重性，便可进一步发现，"新闻性"（或"新闻本位"）不能成为判断新闻事业正常发展或衡量其现代化发展程度的绝对标准。

任何理论的生成都有其具体和特殊的历史—社会背景，包括新闻学在内的很多理论不仅反映了一种历史过程，其本身也是一种历史现象。一个多世纪以来，被中外新闻传播领域中的研究者与实践者，视为描述现代新闻事业（journalism）诸多特征的理论，实际上是与以营利为导向、以组织（企业）经营为旨归的大众化新闻生产模式相适应的。这种大众化的报刊模式继政党报刊之后逐渐成为主流，其模板是 19 世纪 30 年代出现在美国的廉价报纸（cheap paper），其成熟的形态出现于 19 世纪末 20 世纪初。大众化报纸的新闻实践、新闻观和继而逐渐成型的新闻理论，也随着美国新闻学和新闻教育的兴起逐渐在全球范围内扩散。

新闻论跟随新闻业的发展而推陈出新，这一现象不仅存在于美国新闻事业演变的进程中。有山辉雄在考察日本近代新闻事业的构造时曾指出，新闻纸的（按：实际上也是美国式的）新闻论在日本之所以能够成型，主要是因为日本的新闻事业发展到了一个新的历史阶段（即企业化报纸的阶段），对与其特性相衬的观点和理论的建构提出了要求。

20 世纪二三十年代，中国新闻业的不少先驱曾远赴欧美、日本等国进行访问和学习，对新闻采编和报纸发行之"欧美经验""日本经验"及至"苏俄经验"的关注与介绍，是中国早期新闻学研究的一个重要组成部分。这个特点呈现出鲜明的"后进国"色彩。在半殖民主义的文化结构内，中国的报界前辈和新闻学研究前辈在引介这些观点、理论或模式时，未能对与之关联的历史过程给予足够的重视。面对上述"营业化转型"的二重性，或者资本主义新闻商品化的内生矛盾，不少报人继续选用舶来的观点、理论、事例作为合理化报纸营业活动的资源。这无疑是在对原有理论局限缺乏敏感的同时，对半殖民主义语境中中国新闻事业自身的问题又进行了掩盖，形成了理论对现实的"双重遮蔽"。

这种"双重遮蔽"暴露了中国新闻事业在自身现代化进程中的局限或盲点，即不仅将新闻事业的"现代化"等同于"西化"（甚至是"美国化"），并逐渐将之等同于"商业化""企业化""市场化"。在此过程中，在新闻学研究及新闻学教育领域发生的一个并行的现象是，原本相互竞争的各种外来经验与外来模式，逐渐被"欧美经验"甚至主要是"美国经验"所取代。

在传播、传授主流新闻学理论时，往往容易被研究者和实践者所忽视的一点是：美国新闻学原理诞生和成长的土壤，恰恰是由美国大众化商业报刊的新闻实践所提供的。美国新闻学与新闻教育中各种有关现代新闻事业（journalism）的观点和理念，实际上是在美国大众化商业报刊发展到一个新的历史时期（企业化发展的时期）才建构起来的。这种现代新闻观，不仅以"事实"取代"观点"，以"新闻"取代"政论"，而且将新闻视为商品，强调新闻机构需要盈利，并设计出"二次贩卖"的盈利模式。"低价策略""刊登广告""速报主义""煽情主义"成为企业化的新闻机构提升报纸发行量、以广告收入补贴办报成本从而实现扩大再生产的"自然"选择。这种现代新闻论指导下的新闻实践发展到极端的当代典型就是《苹果日报》。

在本书建构的横向对比与纵向比较的参照系中，可以发现"新闻""报纸"并非也不能成为单纯的"商品"。作为一种特殊的"文化商品"，新闻媒体同时担负着不能推卸的社会责任。有关报纸、报人的社会责任，归根结底就是"为何服务"与"为谁服务"的问题，这是新闻学理论不能回避的重要问题。

然而吊诡的是，当代新闻学研究者一方面痛斥"苹果化"在新闻传播行业内引发的各种的乱象，另一方面却将更为全面深入的市场化视为新闻事业健康发展的良药。这种似曾相识的景象，不仅以戏剧化的方式提醒人们意识到历史与当下的某些相似之处，而且以极端隐秘的形式呼唤着当代新闻学研究者的主体意识和文化自觉。

结合中国近代新闻学产生的条件与背景，在半殖民主义语境中，尤其是在中国人民百余年来寻求民族独立、建设统一国家、反帝反殖民的斗争进程中，新闻媒体（或者更广泛意义上的大众传媒）与国家、民族、社会有怎样的关系，应承担怎样的责任，能够发挥怎样的功能，这些无疑是在讨论中国新闻事业的现代化问题时不能回避的重要议题。从历史发展的趋势来看，任何一个国家不可能拒绝"现代化"的发展趋势和潮流，但"现代化"是谁的现代化，是怎样的现代化以及如何到达现代化，围绕着如上问题其实存在着多种声音以及可能的发展路径。

以新闻传播领域为例，如何立足于中国的历史和现实，展示中国新闻事业发展进程的独特性与普遍性，思考报纸的基本服务对象与目标，在占据霸权地位的"商业报刊"这种已然被尊为"典范"报刊形态之外寻求另外的可能性，既是中国新闻传播业界与学界不能不深思的现实问题，也是新闻史论研究今后值得探寻的一个理论方向。

参考文献

一 中文专（译）著与工具书

1. ［英］艾瑞克·霍布斯鲍姆：《帝国的年代（1875—1914）》，贾士蘅译，中信出版社 2014 年版。

2. ［英］保罗·法兰奇：《镜里看中国：从鸦片战争到毛泽东时代的驻华外国记者》，张强译，中国友谊出版公司 2011 年版。

3. 陈芳明：《殖民地摩登：现代性与台湾史观》，台北：麦田出版社 2004 年版。

4. 陈志让：《军绅政权——近代中国的军阀时期》，广西师范大学出版社 2008 年版。

5. 程曼丽：《外国新闻传播史导论》，复旦大学出版社 2004 年版。

6. ［美］杜赞奇：《从民族国家中拯救历史》，王宪生等译，江苏人民出版社 2009 年版。

7. 方汉奇、张之华主编：《中国新闻事业简史》，中国人民大学出版社 1995 年第二版。

8. 方汉奇：《中国近代报刊史》，山西人民出版社 1981 年版。

9. 方汉奇主编：《中国新闻事业编年史》，福建人民出版社 2000 年版。

10. 冯健：《中国新闻实用大辞典》，新华出版社 1996 年版。

11. 复旦大学历史系：《中国近代对外关系史资料选辑》，上海人民出版社 1977 年版。

12. 甘惜分主编：《新闻学大辞典》，河南人民出版社 1993 年版。

13. 戈公振：《中国报学史》，生活·读书·新知三联书店 1955 年版。

14. 管翼贤：《新闻学集成》，北京：（伪）中华新闻学院，1943 年。

15. 贺圣遂、陈麦青编：《沦陷痛史：抗战实录之二》，复旦大学出版社

1999 年版。

16. 洪煜：《近代上海小报与市民文化研究（1897—1937）》，上海书店出版社 2007 年版。

17. 胡德坤：《中日战争史（1931—1945）》（修订本），武汉大学出版社 2005 年版。

18. 胡绳：《从鸦片战争到五四运动》，人民出版社 1997 年第 2 版。

19. 黄天鹏：《新闻学刊全集》，光新书局 1930 年版。

20. 蒋国珍：《中国新闻发达史》，世界书局 1927 年版。

21. ［日］今井武夫：《今井武夫回忆录》，《今井武夫回忆录》翻译组译，上海译文出版社 1978 年版。

22. ［日］井上清：《日本军国主义：军国主义的发展和没落》，马黎明译，商务印书馆 1985 年版。

23. ［日］井上清：《日本军国主义：天皇制军队的形成》，姜晚成译，商务印书馆 1985 年版。

24. ［美］卡斯珀·约斯特：《新闻学原理》，王海译，中国传媒大学出版社 2013 年版。

25. ［美］柯博文：《走向"最后关头"——中国民族国家构建中的日本因素（1931—1937）》，马俊亚译，社会科学文献出版社 2004 年版。

26. 李彬：《中国新闻社会史（1815—2005）》，上海交通大学出版社 2007 年版。

27. 李诚毅：《三十年来家国》（再版），香港：振华出版社 1962 年版。

28. 李楠：《晚清、民国时期上海小报研究——一种综合的文化、文学考察》，人民文学出版社 2005 年版。

29. 李秀云：《中国现代新闻思想史》，中国社会科学出版社 2007 年版。

30. 梁家禄、钟紫、赵玉明、韩松：《中国新闻业史（古代至一九四九年）》，广西人民出版社 1984 年版。

31. 刘家林：《中国新闻通史》（修订版），武汉大学出版社 2005 年版。

32. 刘敬忠：《华北日伪政权研究》，人民出版社 2007 年版。

33. ［美］迈克尔·舒德森：《发掘新闻：美国报业的社会史》，陈昌凤、常江译，北京大学出版社 2009 年版。

34. 孟兆臣：《中国近代小报史》，社会科学文献出版社 2005 年版。

35. ［加］文森特·莫斯可：《传播政治经济学》，胡正荣等译，华夏出版社 2000 年版。

36. 邱沛篁、吴信训等编：《新闻传播百科全书》，四川人民出版社 1998 年版。

37. 任白涛：《日本对华的宣传政策》，商务印书馆 1930 年版。

38. 沈予：《日本大陆政策史（1868—1945）》，社会科学文献出版社 2005 年版。

39. ［美］史书美：《现代的诱惑——书写半殖民地中国的现代主义（1917—1937）》，何恬译，江苏人民出版社 2007 年版。

40. ［日］藤原彰：《日本近现代史》，伊文成等译，商务印书馆 1983 年版。

41. 王向远：《“笔部队”和侵华战争——对日本侵华文学的研究与批判》，昆仑出版社 2005 年版。

42. 王向远：《日本对中国的文化侵略——学者、文化人的侵华战争》，昆仑出版社 2005 年版。

43. 文斐：《我所知道的伪华北政权》，中国文史出版社 2005 年版。

44. 吴廷俊：《新记〈大公报〉史稿》，武汉出版社 2002 年版。

45. 吴廷俊：《中国新闻史新修》，复旦大学出版社 2008 年版。

46. 肖效钦、钟兴锦：《抗日战争文化史》，中共党史出版社 1992 年版。

47. 熊沛彪：《近现代日本霸权战略》，社会科学文献出版社 2005 年版。

48. 许纪霖：《大时代中的知识人》，中华书局 2008 年版。

49. 杨公素：《中华民国外交简史》，商务印书馆 1997 年版。

50. 喻血轮：《绮情楼杂记——一位辛亥报人的民国记忆》，眉睫整理，中国长安出版社 2010 年版。

51. 袁旭等：《第二次中日战争纪事（1931.9—1945.9）》，档案出版社 1988 年版。

52. 费正、李作民、张家骥：《抗战时期的伪政权》，河南人民出版社 1993 年版。

53. 张宪文等：《中华民国史》，南京大学出版社 2006 年版。

54. 张宪文等主编：《中华民国史大辞典》，江苏古籍出版社 2002 年版。

55. 赵君豪：《中国近代之报业》，香港：申报馆，1938 年。

56. 中国大百科全书总编辑委员会：《中国大百科全书·新闻出版卷》，中国大百科全书出版社 1990 年版。

57. 中国第二历史档案馆：《中华民国史档案资料汇编》，江苏古籍出版社 1997 年版。

58. 中国人民政治协商会议北京市委员会、文史资料研究委员会：《日伪统治下的北平》，北京出版社 1987 年版。

59. 中国人民政治协商会议全国委员会文史资料研究委员会：《文化史料》（丛刊）第四辑，文史资料出版社 1983 年版。

60. ［新］卓南生：《中国近代报业发展史 1815—1874》（增订版），中国社会科学出版社 2002 年版。

61. ［新］卓南生：《卓南生日本时论文集》（日本社会卷），世界知识出版社 2006 年版。

二　中文论文与文章

62. 蔡铭泽：《三十年代国民党新闻政策的演变》，《新闻与传播研究》1996 年第 2 期。

63. ［新］蔡史君：《日本南侵与其文化政策》，载《亚太研究论丛》（第三辑），北京大学出版社 2006 年版。

64. 陈贝贝：《成舍我的报业经营管理思想研究》，硕士学位论文，河北大学，2010 年。

65. 陈昌凤、刘扬：《日本占领时期〈新民报〉研究》，载程曼丽《北大新闻与传播评论》（第一辑），北京大学出版社 2004 年版。

66. 陈建云：《报人成舍我的成功之道》，《新闻大学》2011 年第 2 期。

67. 陈英程：《成舍我办报理念的核心价值观及成因探析》，硕士学位论文，暨南大学，2011 年。

68. 程曼丽：《华北地区最后一份汉奸报纸——〈华北新报〉研究》，《北大新闻与传播评论》（第一辑），北京大学出版社 2004 年版。

69. 单波：《论管翼贤的新闻观》，《新闻与传播研究》2001 年第 2 期。

70. 丁淦林：《20 世纪 30 年代中国小型报浅议》，载《丁淦林文集》，复旦大学出版社 2005 年版。

71. 杜成会：《理解报纸大众化——关于我国 20 余年报业改革的思考》，博士学位论文，复旦大学，2003 年。

72. 甘艺娜：《中西小型报溯源及比较——以〈立报〉与〈每日镜报〉为

例》,《新闻窗》2008 年第 2 期。

73. 郭贵儒、陶琴:《日伪在华北新闻统制述略》,《民国档案》2003 年第 4 期。

74. 郭永:《小报的历史沿革及对报业大众化的意义——以上海的小报为例》,《新闻窗》2007 年第 3 期。

75. 贺孝贵:《寻访张阆村故居》,http://blog.hbenshi.gov.cn/u/lqh0415/4715.html,2009 年 2 月 1 日。

76. 黄俊华:《"小报"大世界——成舍我"小报大办"思想研究》,硕士学位论文,河南大学,2007 年。

77. 陈琼珂:《成舍我的小型报思想研究——以上海"立报"为个案》,硕士学位论文,复旦大学,2008 年。

78. 黄天鹏:《中国新闻界之鸟瞰》,《新闻学刊》1927 年第 4 期。

79. 江沛:《南京政府时期舆论管理评析》,《近代史研究》1995 年第 3 期。

80. 李杰琼:《"北大新闻学茶座"首次学术研讨活动掠影》,《国际新闻界》2010 年第 6 期。

81. 李杰琼:《北大新闻学茶座(17)——清华大学李彬教授谈"学术何为? 前沿安在?"》,《国际新闻界》2011 年第 12 期。

82. 李君山:《一九三五年"华北自治运动"与中国派系之争——由〈蒋中正总统档案〉探讨战前中日关系之复杂性》,《台大历史学报》2004 年第 34 期。

83. 李磊:《成舍我"二元化"办报思想初探——对上海〈立报〉发刊辞的解读》,《现代传播》2009 年第 5 期。

84. 李时新:《"大报小办"与"小报大办"——近代上海报业发展的两种取向》,《湖北大学学报》(哲学社会科学版)2010 年第 3 期。

85. 李文卿:《共荣的想像:帝国日本与大东亚文学(1937—1945)》,博士学位论文,台湾政治大学,2009 年。

86. 刘豁轩:《中国报业的演变及其问题》,《报学》1941 年第 1 期。

87. 吕莎:《成舍我"小型报"思想探究》,《新闻窗》2008 年第 2 期。

88. 满恒先:《管翼贤与〈实报〉》,北京西城档案馆,http://210.73.80.58/onews.asp? id=739,2008 年 5 月 23 日。

89. 彭垒:《民国时期小型报的政治传播意义探微(1927—1937)》,《新闻界》2009 年第 5 期。

90. 萨空了：《北平小报之研究》，《实报增刊》（再版）1929 年 11 月。

91. 唐志宏：《成舍我的小型报广告策略》，《广告大观》（理论版）2008
　　年第 4 期。

92. 王琳：《对抗日战争时期华北伪政权的考察》，《延安大学学报》（社
　　会科学版）1997 年第 1 期。

93. 谢文耀：《陶孟和与〈北平生活费之分析〉》，《中国社会工作》1998
　　年第 1 期。

94. 许邦兴：《中国小型报纸》，《报学》1941 年第 1 期。

95. 杨建宇：《汉奸报人管翼贤的人生悲剧》，《青年记者》2005 年第
　　7 期。

96. 袁玮：《成舍我的办报实践与办报思想研究》，硕士学位论文，湘潭大
　　学，2011 年。

97. 张友渔：《我和实报》，《新闻研究资料》1981 年第 4 期。

98. 张云笙：《华北沦陷期间日人宣传活动之研究》，学士毕业论文，燕京
　　大学文学院，1947 年。

三　中文报纸原件

99.《北方日报》1946 年 11 月。

100.《大公报》1946 年 11 月。

101.《实报》1928—1944 年。

102.《实报半月刊》1935—1937 年。

103.《实报增刊》1929 年 11 月。

104.《新华日报》1945 年 8 月。

105.《新民报》1938 年 5 月、1939 年 3 月、1940 年 1 月、1941 年 6 月、
　　1942 年 9 月和 1943 年 8 月。

106.《益世报》（北平）1946 年 11 月。

107.《庸报》1928 年 10 月 19—24 日。

108.《中央日报》1946 年 11 月。

四 英文文献（英文文献全部为专著）

109. Aurora Wallace, *Newspapers and the Making of Modern America*：*A History*, Greenwood Press, 2005.

110. David Stand, *Rickshaw Beijing*：*City People and Politics in the 1920s*, University of California Press, 1989.

111. John Hunter Boyle, *China and Japan at War 1937 – 1945*：*The Politics of Collaboration*, Stanford University Press, 1972.

112. Peter Duus, Ramon H. Myers, and Mark R. Peattie, eds., *The Japanese Informal Empire in China*, *1895 – 1937*, Princeton, New Jersey：Princeton University Press.

113. W. G. Beasley, *Japanese Imperialism 1894 – 1945*, New York：Oxford University Press, 1987.

114. Wolfgange J. Mommsen and Jürgen Osterhammel, eds., *Imperialism and After*：*Continuities and Discontinuities*, London：Allen and Unwin, 1986.

五 日文文献与档案

115. 北根豊主編：《新聞総覧》（昭和十八年版），東京：大空社，1995 年。

116.《東京朝日新聞》1934 年 9 月 12 日。

117. 東洋協会調査部協会：《支那に於ける国共合作問題》，東洋協会，1938 年 5 月。

118. 高木教典、福田喜三：《日本ファシズム形成期のマス・メディア統制（二）——マス・メディア組織化の実態とマス・メディア》，《思想》1961 年 11 月。

119. 光田剛：《中国国民政府期の華北政治——1928—37 年》，東京：御茶の水書房，2007。

120. 鶴見俊輔：《戦時期日本の精神史 1931—1945 年》，東京：岩波書店，2001。

121. 荒瀬豊、掛川トミ子：《天皇"機関説"と言論の"自由"——日本ファシズム形成期におけるマス・メディア統制（三）》，《思想》1962年 8 月。

122. 历史学研究会编：《日本史年表》 （第 4 版），東京：岩波書店，2010。

123. 栗原彬、小森陽一、佐藤学、吉見俊哉：《内破する知：身体・言葉・権力を編みなおす》，東京：東京大学出版会，2000。

124. 鈴木健二：《ナショナリズムとメディア》，東京：岩波書店，1997。

125. 内川芳美、香内三郎：《日本ファシズム形成期のマス・メディア統制（一）──マス・メディア組織化の政策および機構とその変容》，《思想》1961 年 7 月。

126. 日本外務省外交史料館档案：《北平新聞／専門的総覧》訳報ノ件，公第五五五号，昭和九年八月二十八日（1934 年 8 月 28 日）。

127. 日本外務省外交史料館档案：《北京ノ新聞ニ就テ》，1939 年。

128. 日本外務省外交史料館档案：《北京新聞記者協会成立ノ件》，1939 年 1 月 7 日。

129. 日本外務省外交史料館档案：《外国に於ける新聞》（昭和四年版），1929 年。

130. 日本外務省外交史料館档案：《外国に於ける新聞》（昭和五年版），1930 年。

131. 日本外務省外交史料館档案：《外国に於ける新聞》（昭和六年版），1931 年。

132. 日本外務省外交史料館档案：《外国新聞記者、通信員関係雑件》，1937 年。

133. 日本外務省外交史料館档案：《新聞調査報告ニ関スル件》。

134. 日本外務省外交史料館档案：《支那に於ける内外通信社の組織及活動》，1929 年 4 月。

135. 日本外務省外交史料館档案：《北平ニ於ケル新聞調査報告ノ件》。

136. 山本文雄：《日本マス・コミュニケーション史》（増補），東京：東海大学出版会，1983 年。

137. 山本武利：《朝日新聞と中国侵略》，東京：文芸春秋，2011。

138. 山本武利：《新聞と民衆──日本型新聞の形成過程》（再版），東京：紀伊国屋書店 2005 年版。

139. 山中恒：《新聞は戦争を美化せよ！戦時国家情報機構史》，東京：小学館，2001。

140. 土屋礼子：《大衆紙の源流——明治期小新聞の研究》，京都：世界思想社 2002 年版。

141. 有山輝雄、竹山昭子編：《メディア史を学ぶ人のために》，京都：世界思想社 2004 年版。

142. 有山輝雄：《"中立"新聞の形成》，京都：世界思想社 2008 年版。

143. 有山輝雄：《近代日本ジャーナリズムの構造：大阪朝日新聞白虹事件前後》，東京：東京出版株式会社 1995 年版。

后　记

　　本书是在笔者博士学位论文的基础上，于 2014 年春开始动笔改写，几经调整、修订而成。现实总是存在诸多让人苦不堪言且充满挫败感的问题，书稿中难以消灭殆尽的文字错误就是一例。想必在这一稿中仍存在不少令人见笑的错字、别字以及冗长拗口的句式。首先要由衷感谢各位老师及同仁的包容与谅解。希望在未来的某日能够有机会将这些错漏之处给予订正。

　　回首求学的道路，漫长而又简单。从 2001 年考入北京大学到 2012 年博士毕业，不知不觉间，我在燕园生活、学习和工作了 11 年，度过了我的本科、硕士和博士三个阶段。也许是一直没有离开这里的缘故，我对于"毕业"一词所包含的各种情绪并没有太多的实感。"毕业"于我，往往只是送走了一批批共度了不少时光的同窗，我好像一个"守园人"，继续留了下来。直到 2012 年 6 月 19 日完成博士学位论文的答辩，7 月 4 日在毕业典礼上完成了拨穗仪式，我才真切地意识到，这一次，我要离开了。

　　所幸的是，毕业后，我同导师、学友、同窗保持了紧密的联系以及学术上的互动，并且还能常常回到燕园，或是参加"北大新闻学茶座"，或是参加"华媒读书会"。在这里遇到了很多志同道合的师友，北大于我，已经是难以离弃的精神家园。

　　在守园的日子里，在完成博士论文、准备答辩的日子里，从毕业入职到本书成稿的日子里，有太多人需要感谢。

　　这么多年来，我由衷地感谢养育我和疼爱我的父母，他们对我在学术道路上的探索给予了极大的理解和支持。每每牺牲掉和他们共处的时间而去做我"自己的事情"时，我会内疚，会自责，也会觉得幸福。

　　我的导师程曼丽教授、卓南生教授还有蔡史君教授，是三位对我的学术发展与人格养成有着极大影响的学者。在我心中，三位学者既是我的学术导师，也是我的人生导师，同时还是在各方面给予我关心与关怀的亲切长辈。

从 2004 年撰写本科毕业论文开始，程教授就是我的指导老师。一直以来，她引导我在学术道路上学步，提供给我很大的发挥空间，鼓励我前行，支持我探索。记得硕士二年级的时候，我第一次提交有关《实报》和管翼贤的阶段性研究心得给程老师。对这样一份不成样子的报告，程老师会有怎样的回复？我怀着惴惴不安的心情等待。很快，答案就揭晓了。我至今仍记得读到邮件后，自己被莫大的欣喜和感动所包裹的状态。

小杰：你好！

看了你的心得，很感欣慰。从中看出，通过课堂学习，通过自己的探索，你已经在新闻史研究的道路上迈出了坚实的第一步，并且开始体味其中的甘苦了。这让我想起我做《蜜蜂华报》研究时的情景。那时为研究这份报纸跑了不少图书馆，翻阅了大量尘封的旧籍，有时几天下来找不到一点相关资料，一旦发现有，就欣喜若狂。后来每天抱着地球仪数着航道，计算着航程的时间，进入一种半痴半狂的状态。因为研究领域窄，无法和别人更多地交流，度过了很多寂寞的日子，甘苦自知。就像你所体味的，这是新闻史研究（包括所有史学研究）必经之路，相信经过这番"炼狱"，你定能有所收获，有所成就，我（和卓老师）对你寄予厚望。

祝好！

程曼丽

2006 年 12 月 27 日

在此后的研究中，每每我遇到困难或瓶颈而感到气馁时，翻阅程老师的这封邮件，就能很快"满血复活"，继续披甲上阵了。

2005 年春夏之交，因为程老师的关系，我有幸结识了新加坡旅华学者卓南生教授和蔡史君教授，并以此为契机，在两位学者的引领下迈入了学术研究的大门，逐渐确定研究方向和人生方向。每每与两位教授品茶聊天，也是进行学术头脑风暴的快乐时间，让我得以有机会从一个不同的窗口审视这个世界。蔡老师敏锐的观察视角和一针见血的批判，往往能启发我从更立体的维度认识、理解、评价历史事件。每当我取得一点点小进步时，蔡老师总是不吝啬给予我鼓励，期待我能更进一步。

从硕士、博士论文的撰写、成稿到本书的修改、出版，卓南生教授给予我诸多富有启发性的建议。卓老师以严谨出名，他在课堂内外常常对学生强调，无论撰写报刊文章还是研究论文，都要努力做到"准确、连贯和清楚"，其中准确最为重要。他对自己的文稿至少要改三遍以上才能基本放心，往往在文稿刊发出来之后，还要再做修改与润色，为的就是力求准确。这份言传身教的严谨，在开始时让我倍感压力，但也逐渐习惯去发现并享受修改论文的快乐。文章越改越好，越改越精，是有道理的。

程教授、卓教授和蔡教授于我有知遇之恩。我在三位老师身边耳濡目染多年，才得以有今天的些许成绩，这于我真的是莫大的幸运。愚钝如我，却有幸获得三位学者的赏识与栽培，唯有努力勤奋，才有可能不辜负恩师的教诲与期盼。

我还要特别感谢清华大学的李彬教授。我虽非李老师门下正式在册的学生，但李老师的一两句点拨之语往往给我醍醐灌顶之感。毕业至今，李老师对我的博士论文和学术研究给予了极大的鼓励；每每见面，总是问我："论文何时出版？要快些出版才好。"在本书修订过程中，李老师发现文中存在"民营报刊"与"私营报刊"混用的现象，并就这两个概念的些微差别，给出了中肯的意见。李老师儒雅谦和的文人气质以及博览群书的治学精神，都让我感到"虽不能至，心向往之"。

作为北大新闻与传播学院新闻学专业的第一批本科生，我有幸以资深"新传人"的身份陪同学院一起成长，并见证了学院的发展。感谢学院提供给我赴中国台湾地区交流的机会，并积极为我争取公派日本留学的名额。在构思选题和撰写论文的过程中，感谢徐泓教授、肖东发教授、关世杰教授、杨伯溆教授、陆绍阳教授、吴靖教授、师曾志教授、陈开和副教授、张积副教授和吕艺副教授提供了许多宝贵且有益的指导意见。感谢高忠欣和张蓉丁两位和蔼可亲的教务老师，一直以来对我的关心与照顾。

我的博士学位论文是硕士学位论文的延长与拓展，其中的部分章节作为对《实报》和管翼贤持续研究的阶段性成果，分别发表在《新闻与传播研究》《国际新闻界》和学术研讨会上，在此过程中获得诸多学者的指点，实属幸运。由衷感谢尹韵公教授、吴廷俊教授、陈昌凤教授、郭镇之教授、王润泽教授、刘小燕教授和夏春祥副教授给予我的启发、指导与帮助。感谢日本龙谷大学的李相哲教授在我留学日本期间对我的照顾、鼓励与指导。感谢暨南大学的邓绍根副教授在我留日期间费心帮忙搜集收藏在人民大学新闻学院资料室的《实报增刊》。特别感谢台湾文化大学的王翔郁副教授，不辞辛苦帮我复印了收藏在海峡对岸的文献资料。同时还要感谢国家留学基金委 2010 年国家建设高水平大学公派研究生项目的资助，使我有机会赴日收集和整理资料，并撰写论文初稿。

在北大求学的十一年间，在这个成为我精神家园的地方结识了很多可爱的人。感谢师兄刘扬博士和王维佳博士对我的鼓励，毫不吝啬地提供给我诸多富有助益的观点与视角，促使我更快地在迷雾中找到方向。感谢毛章清老师、涂晓华老师、阳美燕博士和刘泱育博士对我的关心，虽然平时见面机会不多，但每每相聚倍觉亲切。感谢参加读书会的各位朋友，和大家共度的午后时光，丰富又快乐。感谢学妹李松蕾、潘理娟和刘晶晶在我预答辩和答辩期间给予我的帮助。感谢孙晓萌在我初到日本时的悉心照顾，感谢吕艳宏在我从日本回国前的慷慨收留，与两位同窗在京都一同读书探讨又一起去东京参访研习的那些日子，是我在日本留学期间最快乐也最怀念的时光。感谢我亲爱的可爱的博士室友郭嘉，真心谢谢你的懂得。

2012 年 7 月，我加入了北京工商大学艺术与传媒学院新闻系的大家庭。感谢学院各位领导以及新闻系诸位同事给予我的肯定、包容与支持，使我能够快速融入新的环境，适应新的角色，迎接新的挑战，实现自我的进步与成长。请容许我特别感谢沈毅教授、王擎教授、董华锋教授、吴玉玲副教授、范敏副教授、路鹃副教授在此过程中给予我的诸多帮助。

本书得以顺利出版，要感谢北京工商大学给予的经费支持，同时要感谢中国社会科学出版社田文编辑的推动。

任性如我，却能够与诸多朋友邂逅、相识并相知，幸运至此，除感恩、感激与感怀外，唯愿且行且珍惜。

李杰琼

2014 年 8 月 18 日　于北京